2023 최신판

합격의 공식 | SD에듀

신체 손해사정사 2차

신체손해사정사 2차 시험 강의노트

편저 한치영

온라인 동영상 강의

합격의 모든 것!

- 제1과목 의학이론
- 제2과목 책임보험 · 근로자재해보상보험의 이론과 실무
- 제3과목 제3보험의 이론과 실무
- 제4과목 자동차보험의 이론과 실무(대인배상 및 자기신체손해)

본 도서는 항균잉크로 인쇄하였습니다.

Profile

▌한치영 편저

명지대학교 경영대학 국제통상학과 졸업

국민대학교 법무대학원 손해사정학 전공

신체손해사정사

(현) 손해와평가손해사정법인 & SNP Insurance Research Center CEO

(현) 시대고시기획 SD에듀 교수

편집진행 서정인 | **표지디자인** 조혜령 | **본문디자인** 김민설 · 하한우

2023 최신판

합격의 공식 | SD에듀

신체 손해사정사 2차

신체손해사정사 2차 시험 강의노트

D R I L L N O T E

머리말

Preface

손해사정사 시험은 2014년부터 기존 시험방식에서 대폭 변경하여 시행되고 있습니다. 손해사정사의 종류를 1종에서 4종까지 업무영역에 따라 분류하던 방식에서 재물 · 차량 · 신체의 세 영역으로 새롭게 분류하였습니다.

신체손해사정사 2차 시험과목은 의학이론, 책임보험 · 근로자재해보상보험의 이론과 실무, 제3보험의 이론과 실무 및 자동차보험의 이론과 실무(대인배상 및 자기신체손해)로 구성되어 있으며, 약술형 + 주관식 풀이형으로 시험을 치르게 됩니다.

본 교재는 강의용 교재를 목적으로 제작되었습니다. 강의는 아래와 같이 3단계로 구성됩니다.

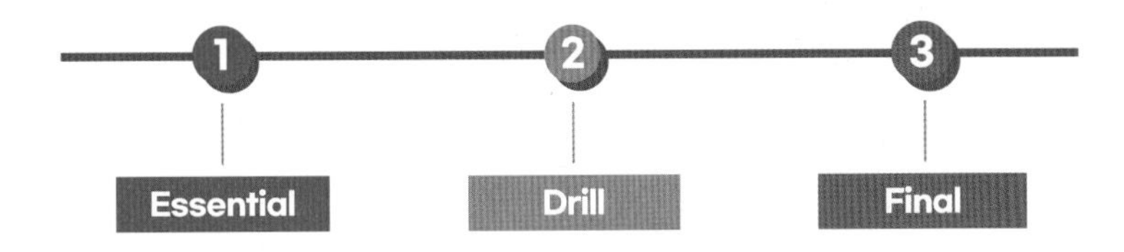

본 교재는 2단계와 3단계 Driil과 Final 강의를 진행하기 위해 구성된 교재입니다.

해당 교재를 선택해 주신 수험생분들에게 감사의 마음을 전하며, 합격의 행운이 함께하기를 기원합니다.

편저자 일동

도서의 구성 및 특징

STEP 01

약술형 + 주관식 풀이형 대비 문제 풀이

각 과목별 주요 쟁점 사항을 문제화하여 해당 문제에 대한 약술형 + 주관식 풀이 과정을 학습할 수 있도록 하였습니다.

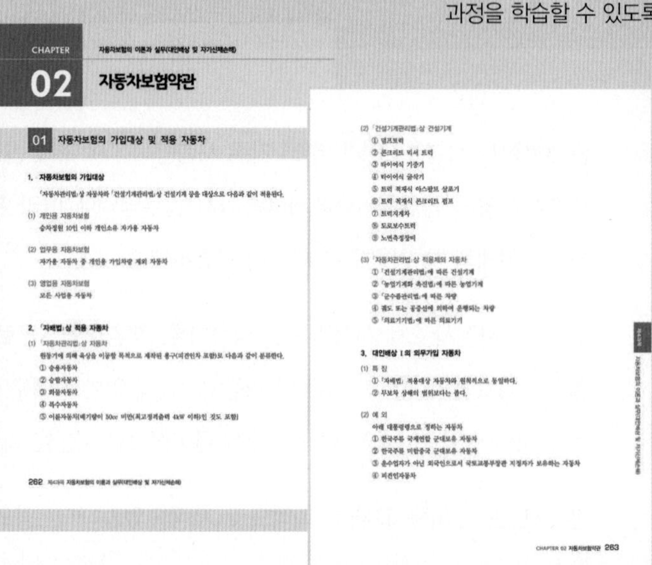
CHAPTER 02 자동차보험의 이론과 실무(대인배상 및 자기신체손해)

자동차보험약관

01 자동차보험의 가입대상 및 적용 자동차

1. 자동차보험의 가입대상

「자동차관리법」상 자동차와 「건설기계관리법」상 건설기계 등을 대상으로 다음과 같이 적용된다.

(1) 개인용 자동차보험
승차정원 10인 이하 개인소유 자가용 자동차

(2) 업무용 자동차보험
자가용 자동차 중 개인용 가입차량 제외 자동차

(3) 영업용 자동차보험
모든 사업용 자동차

2. 「자배법」상 적용 자동차

(1) 「자동차관리법」상 자동차
원동기에 의해 육상을 이동할 목적으로 제작된 용구(피견인차 포함)로 다음과 같이 분류한다.
① 승용자동차
② 승합자동차
③ 화물자동차
④ 특수자동차
⑤ 이륜자동차(배기량이 50cc 미만(최고정격출력 4kW 이하)인 것도 포함)

262 제4과목 자동차보험의 이론과 실무(대인배상 및 자기신체손해)

(2) 「건설기계관리법」상 건설기계
① 덤프트럭
② 콘크리트 믹서 트럭
③ 타이어식 기중기
④ 타이어식 굴삭기
⑤ 트럭 적재식 아스팔트 살포기
⑥ 트럭 적재식 콘크리트 펌프
⑦ 트럭지게차
⑧ 도로보수트럭
⑨ 노면측정장비

(3) 「자동차관리법」상 적용제외 자동차
① 「건설기계관리법」에 따른 건설기계
② 「농업기계화 촉진법」에 따른 농업기계
③ 「군수품관리법」에 따른 차량
④ 궤도 또는 공중선에 의하여 운행되는 차량
⑤ 「의료기기법」에 따른 의료기기

3. 대인배상 I의 의무가입 자동차

(1) 특 징
① 「자배법」 적용대상 자동차와 원칙적으로 동일하다.
② 무보험 상해의 범위보다는 좁다.

(2) 예 외
아래 대통령령으로 정하는 자동차
① 한국주둔 국제연합 군대보유 자동차
② 한국주둔 미합중국 군대보유 자동차
③ 운수업자가 아닌 외국인으로서 국토교통부장관 지정자가 보유하는 자동차
④ 피견인자동차

CHAPTER 02 자동차보험약관 263

STEP 02

심화학습

어려운 이론과 용어는 심화학습을 통해 학습할 수 있도록 하였습니다.

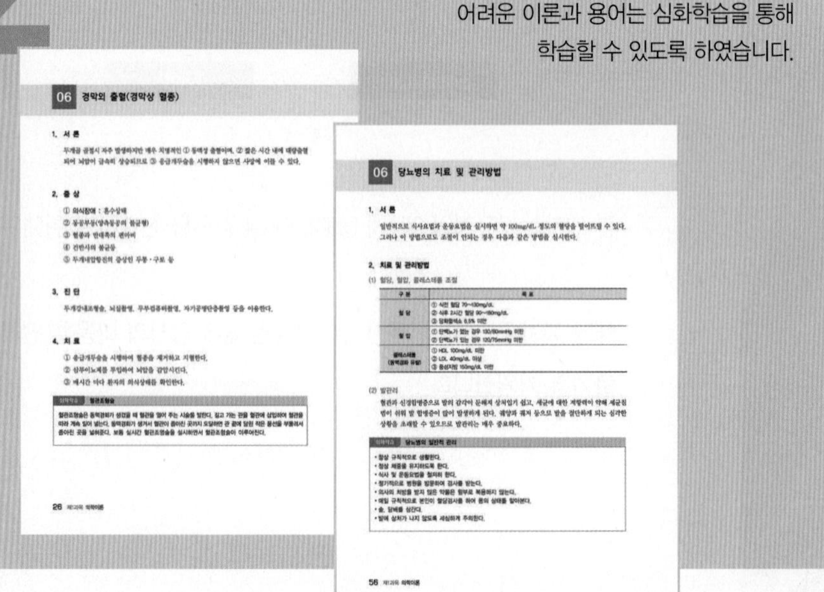
06 경막외 출혈(경막상 혈종)

1. 서 론

두개골 골절시 자주 발생하지만 매우 치명적인 ① 동맥성 출혈이며, ② 짧은 시간 내에 대량출혈되어 뇌압이 급속히 상승되므로 ③ 응급개두술을 시행하지 않으면 사망에 이를 수 있다.

2. 증 상
① 의식장애 : 혼수상태
② 동공부동(양측동공의 불균형)
③ 혈종과 반대측의 편마비
④ 건반사의 불균등
⑤ 두개내압항진의 증상인 두통·구토 등

3. 진 단

두개강내조영술, 뇌심환영, 두부컴퓨터촬영, 자기공명단층촬영 등을 이용한다.

4. 치 료
① 응급개두술을 시행하여 혈종을 제거하고 지혈한다.
② 삼투이뇨제를 투입하여 뇌압을 감압시킨다.
③ 매시간 마다 환자의 의식상태를 확인한다.

심화학습 혈관조영술

혈관조영술은 동맥경화가 생겼을 때 혈관을 열어 주는 시술을 말한다. 길고 가는 관을 혈관에 삽입하여 혈관을 따라 계속 밀어 넣는다. 동맥경화가 생겨서 혈관이 좁아진 곳까지 도달하면 관 끝에 달린 작은 풍선을 부풀려서 좁아진 곳을 넓혀준다. 보통 실시간 혈관조영술을 실시하면서 혈관조영술이 이루어진다.

26 제1과목 의학이론

06 당뇨병의 치료 및 관리방법

1. 서 론

일반적으로 식사요법과 운동요법을 실시하면 약 100mg/dL 정도의 혈당을 떨어뜨릴 수 있다. 그러나 이 방법으로도 조절이 안되는 경우 다음과 같은 방법을 실시한다.

2. 치료 및 관리방법

(1) 혈당, 혈압, 콜레스테롤 조절

구 분	목 표
혈 당	① 식전 혈당 70~130mg/dL ② 식후 2시간 혈당 90~180mg/dL ③ 당화혈색소 6.5% 미만
혈 압	① 단백뇨가 없는 경우 130/80mmHg 미만 ② 단백뇨가 있는 경우 120/75mmHg 미만
콜레스테롤 (동맥경화 유발)	① HDL 100mg/dL 미만 ② LDL 40mg/dL 이상 ③ 중성지방 150mg/dL 미만

(2) 발관리

혈관과 신경합병증으로 발의 감각이 둔해져 상처입기 쉽고, 세균에 대한 저항력이 약해 세균침범이 쉬워 발 합병증이 많이 발생하게 된다. 궤양과 괴저 등으로 발을 절단하게 되는 심각한 상황을 초래할 수 있으므로 발관리는 매우 중요하다.

심화학습 당뇨병의 일반적 관리

- 항상 규칙적으로 생활한다.
- 정상 체중을 유지하도록 한다.
- 식사 및 운동요법을 철저히 한다.
- 정기적으로 병원을 방문하여 검사를 받는다.
- 의사의 처방을 받지 않은 약물은 함부로 복용하지 않는다.
- 매일 규칙적으로 본인이 혈당검사를 하여 몸의 상태를 알아본다.
- 술, 담배를 삼간다.
- 발에 상처가 나지 않도록 세심하게 주의한다.

56 제1과목 의학이론

STEP 03

저자의 TIP

저자가 알려주는 두문자 암기법 저자의 TIP을 통해 내용 이해 및 암기에 도움이 되도록 하였습니다.

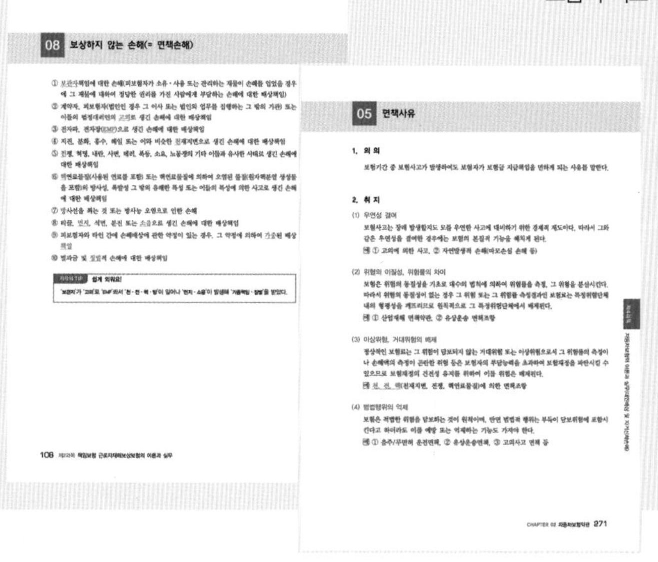
08 보상하지 않는 손해(= 면책손해)

05 면책사유

1. 의 의

2. 취 지

STEP 04

기출문제

9개년 기출문제를 통해 출제경향을 파악할 수 있도록 하였습니다.

※ 기출문제에 대한 해설은 유료 동영상 강의를 통해 확인하실 수 있습니다.

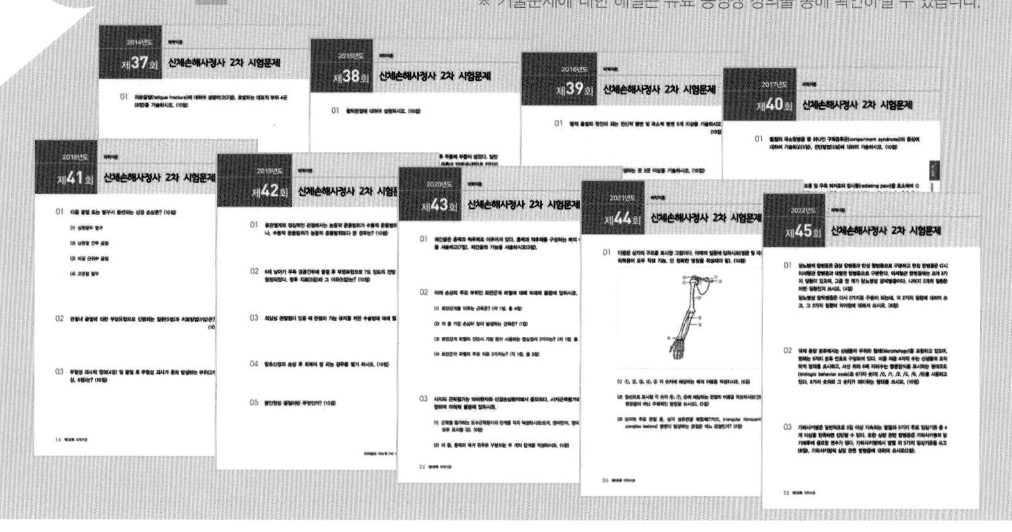
제37회 신체손해사정사 2차 시험문제

제38회 신체손해사정사 2차 시험문제

제39회 신체손해사정사 2차 시험문제

제40회 신체손해사정사 2차 시험문제

제41회 신체손해사정사 2차 시험문제

제43회 신체손해사정사 2차 시험문제

제44회 신체손해사정사 2차 시험문제

제45회 신체손해사정사 2차 시험문제

손해사정사 자격시험 소개

손해사정사란

보험사고 발생시 손해액 및 보험금의 산정업무를 전문적으로 수행하는 자로서 보험금 지급의 객관성과 공정성을 확보하여 보험계약자나 피해자의 권익을 침해하지 않도록 해주는 일, 즉 보험사고 발생시 손해액 및 보험금을 객관적이고 공정하게 산정하는 자를 말합니다.

손해사정사 업무

- 손해발생 사실의 확인
- 보험약관 및 관계법규 적용의 적정여부 판단
- 손해액 및 보험금의 사정
- 손해사정업무와 관련한 서류작성, 제출 대행
- 손해사정업무 수행 관련 보험회사에 대한 의견 진술

손해사정사의 구분

업무영역에 따른 구분	업무수행에 따른 구분
재물손해사정사 차량손해사정사 신체손해사정사 종합손해사정사	고용손해사정사 독립손해사정사

※ 단, 종합손해사정사는 별도의 시험없이 재물 · 차량 · 신체손해사정사를 모두 취득하게 되면 등록이 가능합니다.

자격취득

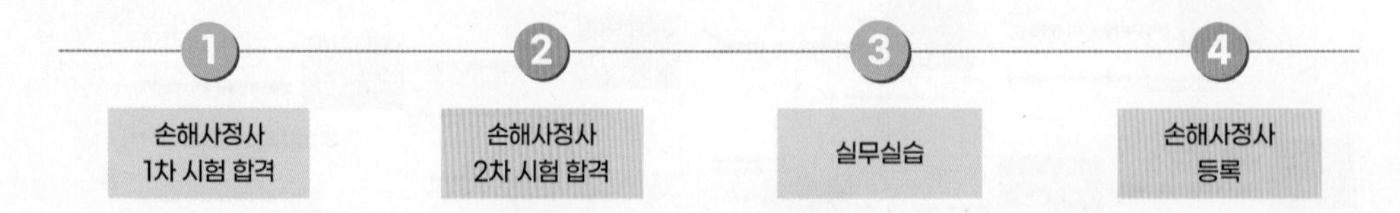

※ 금융감독원에서 실시하는 1차 및 2차 시험에 합격하고 일정기간 수습을 필한 후 금융감독원에 등록함으로써 자격을 취득합니다.

시험일정

구 분	원서접수기간	시험일자	합격자발표
1차 시험	2023.2.21~2023.2.24	2023.4.9	2023.5.26
2차 시험	2023.6.13~2023.6.16	2023.7.23	2023.9.22

신체손해사정사 2차 시험 소개

시험과목 및 방법

구분	내용
시험과목	• 의학이론 • 제3보험의 이론과 실무 • 책임보험 · 근로자재해보상보험의 이론과 실무 • 자동차보험의 이론과 실무(대인배상 및 자기신체손해)
시험방법	논문형(약술형 또는 주관식 풀이형)

합격자 결정

절대평가에 의해 합격자를 결정하며, 절대평가에 의한 합격자가 최소선발예정인원에 미달하는 경우 미달인원에 대하여 상대평가에 의해 합격자를 결정합니다.

❶ 2차 시험 합격자를 결정할 때에는 매 과목 100점을 만점으로 하여 매 과목 40점 이상, 전 과목 평균 60점 이상 득점한 사람을 합격자로 합니다. 다만, 금융감독원장이 손해사정사의 수급상 필요하다고 인정하여 미리 선발예정인원을 공고한 경우에는 매 과목 40점 이상 득점한 사람 중에서 선발예정인원의 범위에서 전 과목 총득점이 높은 사람부터 차례로 합격자를 결정할 수 있습니다.

❷ 손해사정사의 선발예정인원은 전환응시자를 제외하고 일반응시자에게만 적용합니다.

❸ 전환응시자에 대한 합격결정은 응시한 매 과목에 대하여 40점 이상 득점한 자 중, 전체 응시과목 평균점수가 일반응시자 중 합격자의 최저점수(평균점수) 이상을 득한 경우에 합격자로 결정합니다.

검정현황

구 분	접수(명)	합격(명)	합격률(%)
2015년 제38회	3,247	501	15.43
2016년 제39회	3,323	470	14.14
2017년 제40회	2,786	381	13.68
2018년 제41회	3,177	409	12.87
2019년 제42회	3,249	328	10.10
2020년 제43회	3,121	325	10.41
2021년 제44회	2,981	343	11.51
2022년 제45회	3,075	340	11.06

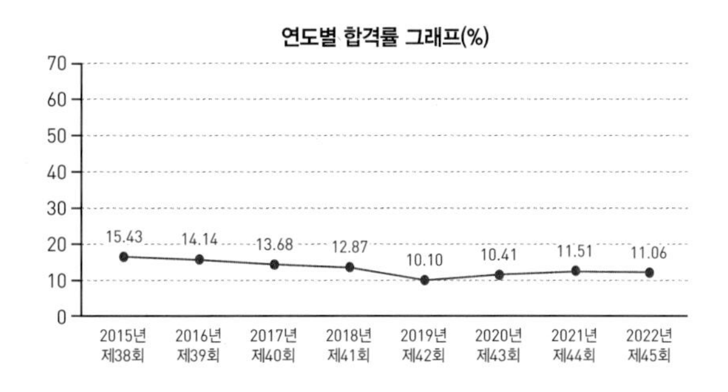

최고득점 & 커트라인

구 분	2015	2016	2017	2018	2019	2020	2021	2022
최고득점	71.67	76.17	67.89	69.25	68.75	65.50	67.92	71.67
커트라인	44.08	50.25	44.42	50.83	50.42	51.25	53.50	55.00

이 책의 차례

신체 손해사정사

2차 시험

제1과목 의학이론

제2과목 책임보험 · 근로자재해보상보험의 이론과 실무

제3과목 제3보험의 이론과 실무

제4과목 자동차보험의 이론과 실무(대인배상 및 자기신체손해)

신체손해사정사 2차 시험 Drill Note

제1과목

의학이론

CHAPTER 의학이론

01 상해의학 - 상 · 하지

01 몬테지아(Monteggia) 골절 vs 갈레아찌(Galeazzi) 골절

구 분	몬테지아 골절	갈레아찌 골절
의 의	척골의 근위부 골절과 요골두의 탈구가 동반한 상태를 말한다.	① 요/척골 원위부 골절과 하요/척관절 탈구가 동반된 골절을 말한다. ② 역몬테지아 골절 또는 수술적 치료가 필요하다는 의미에서 필요골절이라고도 한다.
원 인	① 직접력 : 전박부에 직접적인 타격에 의한 경우 ② 간접력 : 과회내전, 과신전 등에 의한 경우	완관절의 후외면에 직접적인 타격을 받거나 이 부위로 손을 짚고 넘어져서 발생된다.
증 상	요골신경 손상	외전장애
치 료	① 소아의 경우 : 비수술적 치료(도수정복, 석고고정)만으로도 만족할만한 결과를 얻을 수 있다. ② 성인의 경우 : 수술적 치료로서 요골두의 도수정복과 척골골절시 압박금속판에 의한 고정술이나 핀을 이용하여 견고한 고정을 한다.	① 소아의 경우 : 비수술적 치료(도수정복, 석고고정)만으로도 만족할만한 결과를 얻을 수 있다. ② 성인의 경우 : 변형력이 작용되는 요소가 많고, 추후 전위나 퇴행성 방지를 위해 수술적 치료가 필요하다.
예 후	성인의 경우, 수술 후에도 만족할만한 결과를 얻기 어렵기 때문에 척골의 견고한 내고정으로 재탈구되는 것을 막는 정도가 양호한 결과이다.	유합 상태의 지속적 관찰이 필요하다.

02 콜레스(Colles) 골절 vs 스미스(Smith) 골절

구 분	콜레스 골절	스미스 골절
의 의	요골 원위부의 후방전위 골절로 요골골절의 90%이다.	골절이 요골의 원위부가 전방으로 전위된 것으로 역콜레스 골절이라고도 한다.
원 인	① 상지의 신전, 외전 상태에서 손바닥을 짚고 넘어질 때 일어난다. ② 골다공증(골조송증)이 빈발하는 중년 이후의 여자에게서 호발한다.	전방으로 굴곡된 수근관절의 후면 또는 손등으로 넘어지거나 직접타격을 받아 일어난다.
증 상	① Dinner Fork 골절 또는 Silver Fork 골절의 변형을 초래한다. ② 자발통, 동통, 종창, 감각이상, 염발음 등이 발생한다.	① 정원삽 모양으로 변형된다. ② 기타 통증, 감각이상 등이 발생한다.
치 료	골절의 전위 정도에 따라 비수술적 치료와 수술적 치료를 결정한다. 즉 골절의 전위가 적으면 석고붕대를 하여 고정하고, 심하면 도수정복후 석고붕대를 하거나, 핀에 의한 수술적 고정방법을 사용한다.	도수정복하나 유지되지 않으면 핀고정을 시행한다.

심화학습 Barton 골절

1. **의의** : 요골 원위부의 골편이 수근골과 함께 전/후방으로 전위되어 아탈구 또는 탈구되는 불안정골절이다.
2. **기전** : 수관절부로 지면을 짚고 넘어질 때 일어난다.

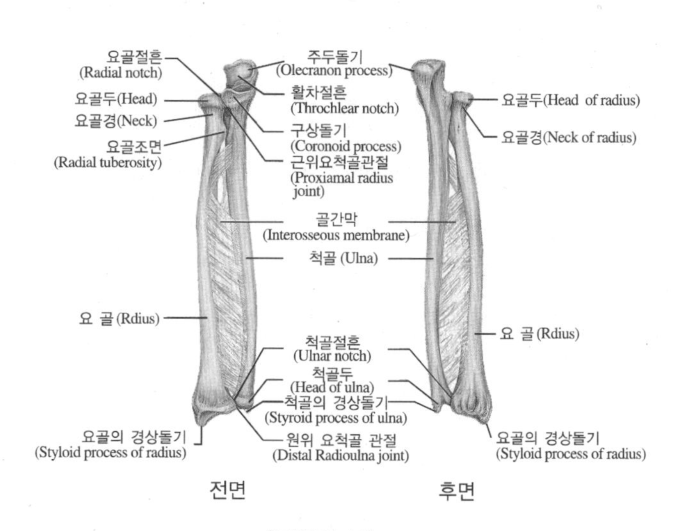

[전완의 뼈]

03 수근관 증후군

1. 의 의

수근관(손목 수장부에 위치한 섬유골 터널)의 협착 또는 수근관내 조직(정중신경, 수지굴근건 등)의 비대로 수근관 내압이 증가되어 정중신경이 압박되는 증후군으로, 상지에서 가장 흔한 신경압박증후군이다.

2. 원 인

(1) 수근관 내부의 해부학적 변화

① 수근관절/요골 원위부의 골절/탈구

② 류마토이드 관절염

③ 기타 부종이나 종양

(2) 혈관/신경세포질환을 야기하는 전신질환

당뇨, 알코올 중독, 갑상선 기능저하증 등

(3) 반복적 운동

논란이 있다.

3. 증 상

① 손바닥과 무지, 시지, 중지 및 환지의 요측부의 감각이상이 나타날 수 있다.

② 장기간 압박이 심한 경우에는 단무지외전근과 무지대립근의 약화, 위축 소견을 보인다.

③ 중년 여자에서 호발하며, 새끼 손가락을 제외한 손이 쑤시거나 저린 감각 이상이 주된 증상이다. 손과 손목을 많이 사용한 후 증상이 더 심해진다.

4. 검 사

(1) 운동검사

원숭이 손(무지구 근육 특히 무지대립근의 약화나 위축) 여부를 검사한다.

(2) 티넬징후(Tinel's sign) 검사

손목부위 정중신경을 타진하여 통증이나 감각이상 여부를 검사한다.

(3) 진동수용역치 검사

음차를 이용하여 진동에 대한 역치를 측정한다.

(4) 피부감각역치 검사

나일론단 섬유를 이용한 압력에 대한 피부감각역치를 측정한다.

(5) 팔렌검사(Phalen's test)

손목을 1분 정도 수동적으로 굴곡시켜 저린감이나 감각이상 여부를 검사한다.

(6) 전완압박 검사

전완부의 정중신경 부위를 직접 압박하여 감각이상을 검사한다.

(7) 근전도 검사

손목부위의 신경전달 속도의 지연과 무지구근의 근전도 이상을 검사한다.

5. 치 료

(1) 보존적 치료

증상이 경한 경우, 특히 근위축이나 감각이상이 없는 경우 시도해 볼 수 있다.

(2) 수술적 치료

보존적 치료에도 반응하지 않는 경우, 증상이 심하거나 근 위축과 감각이상이 지속된 경우(10개월 이상), 무지 및 수지의 지속적인 무감각과 무지구근의 위축이 있는 경우 시행한다.

04 회전근개 파열

1. 회전근개를 구성하는 근육

회전근개는 어깨 관절 부위를 덮고 있는 극상근, 극하근, 소원근, 견갑하근의 4개의 근육으로 형성되어 있다. 4개의 근육은 하나의 기관처럼 움직이며, 어깨 관절의 회전운동과 안정성에 기여한다.

2. 원인 및 증상

(1) 원 인

① 지나친 신전 상태에서 외력을 받은 경우

② 어깨를 과도하게 사용하여 연부조직이 스트레스를 받은 경우

③ 50세 이상의 연령층에서 퇴행성 변화에 따라 자연적으로 파열되는 경우

(2) 증 상

① 어깨 통증, 근력 약화, 어깨 결림, 삐걱거리는 소리 등을 동반한다.

② 팔을 들어올리거나 무거운 물건을 들어올릴 때 통증이 심해지며, 누운자세에서 악화된다.

3. 진 단

환자의 진단 및 진찰을 토대로 먼저 진단하며, X-ray, 초음파, MRI 등의 영상검사를 병행한다.

4. 치 료

(1) 비수술적 치료

① 회전근개 파열을 동반하지 않은 회전근개 질환이나 부분적 파열이 있는 경우 비수술적 치료를 먼저 시행한다.

② 약물 또는 주사를 이용한 통증치료, 스트레칭을 이용한 관절운동, 어깨 주위근력강화운동을 시행한다.

③ 주로 75세 이상 고령환자에게 시행한다.

(2) 수술적 치료

① 3~6개월 간의 비수술적 치료가 호전이 없는 경우, 파열의 크기가 큰 경우 시행한다.

② 견봉성형술, 회전근개 봉합술 등이 널리 이용되고 있다.

05 골반골 골절

1. 서 론

골반골 골절은 비교적 심한 외력에 의해 발생하는 경우가 많고, 동반손상이 흔하여 사망률이나 이환율이 높으며, 비구골절과 동반시 치료가 쉽지 않고, 후유장해가 남는 경우가 많다.

> **저자의 TIP**
>
> 골절에 대한 문제에서는 일반적인 골절의 국소적/전신적 증상에 대해 체크를 해보면 좋다.

2. 골반의 구조

골반은 세개의 관골(장골, 좌골, 치골)과 천골, 미골로 구성되어 있으며, 앞쪽에서는 치골결합이라는 연골로 연결되고, 뒤쪽 양측에는 매우 강한 인대로 연결된 관절에 의해 골반고리를 형성한다.

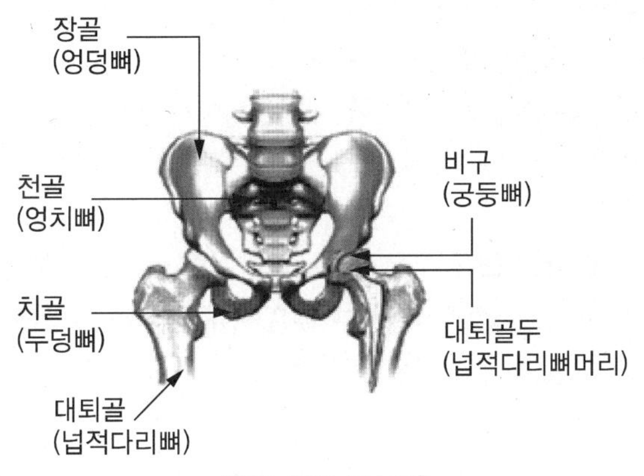

[골반 부위 모식도]

3. 원인 및 증상

(1) 원 인

① 대부분의 골반골절은 교통사고, 추락사고, 낙상사고와 같은 강력한 외부의 힘에 의해 발생한다.

② 고령이거나 골다공증이 심한 사람에게서도 많이 발생한다.

(2) 증 상

① 골반골절은 상당히 큰 외력에 의하여 일어나므로 50% 정도가 골반 내부장기 손상, 타 부위 골절, 연부조직 손상 등을 동반하다.

② 골절자체로 출혈도 많으나, 주위의 대소혈관이 손상되어 더욱 많은 출혈이 생겨 골반골의 골절에 의한 사망원인의 약 60%를 차지한다.

③ 출혈량은 대개는 500cc, 많게는 3,000cc 이상 출혈될 수 있다.

4. 분 류

(1) 외력의 크기에 따른 분류

① 작은 외력골절 : 골기의 견열골절

② 큰 외력골절

㉠ 전후방 압박골절 : 치골결합이 분리되고 전방 천장인대가 파열되어서 편측 골반이 외회전되어 골반환의 전방이 벌어지는 골절

㉡ 측방 압박골절 : 손상된 편측골반이 내회전되어서 골반환의 전방부가 중첩된 골절

㉢ 수직전단에 의한 골절 : 손상된 편측골반이 후상방으로 전위한 골절

(2) 비구골절의 동반유무에 따른 분류

추락 및 교통사고시 대전자부, 슬관절전방부 혹은 족부에 가해진 외력이 대퇴골간부, 경부 및 골두를 경유하여 비구에 전해져 골절된다.

① 비구골절

골반골의 골절이 비구골절을 동반한 경우의 골절이다.

② 골반골절

비구골절을 동반하지 않은 경우의 골절이다.

5. 진단 및 치료

(1) 진 단

골반골의 골절은 동통, 종창, 압통 등의 국소증상이 나타나며, 골절의 전위가 심할 때에는 골절면에서 다량의 출혈과 골반강 내의 출혈이 합병되어서 출혈성 쇼크상태에 빠지는 수가 많기 때문에 뇌손상과 함께 감별하여야 한다.

(2) 치 료

골반 골절의 치료방법 및 시기는 골절의 양상 이외에도 동반손상 등으로 인한 환자의 상태에 따라 크게 좌우된다.

① 보존적 치료(비수술적 치료)

골반고리의 손상이 없는 골절이나 골반고리의 손상은 있으나, 금만 가있는 골절의 경우 대개 침상 안정 등 보존적 치료가 가능하다.

② 수술적 치료

골반고리에 손상이 있고 뼈가 어긋난 경우에는 일단 보존적 방법으로 뼈를 맞추어 보고, 뼈가 잘 맞지 않고 심각한 다리 길이의 차이 및 하지의 운동제한 등이 예상되는 경우에는 보통 금속고정술(핀 고정)을 통해 수술적 치료를 하게 된다.

심화학습 **말가이그니씨(Malgaigne's) 골절**

1. 의 의
   골반고리의 가장 약한 부분을 관통하여 동시에 여러 개의 뼈가 골절하는 것으로 주로 장골, 좌골, 치골을 관통하고 세로로 골절하여 골반골이 중복골절 된다.
2. 증 상
   통증 때문에 하지 및 골반의 운동불능이 오고 종창, 피하출혈, 염발음, 이상가동성, 장골전상극의 상행이 온다.
3. 합병증
   방광, 질, 골반내 대혈관 등의 손상이 동반된다.

06 슬관절 주위의 근육 및 인대

1. 굴곡운동에 관여하는 근육

① 대퇴이두근(장두, 단두)
② 반막양근
③ 반건양근

2. 신전운동에 관여하는 근육

① 대퇴직근
② 중간광근
③ 내/외측광근
④ 봉공근

3. 내측안정성에 관여하는 구조물

① 내측측부인대
② 반막양근
③ 거위발건
④ 사슬와인대

4. 외측안정성에 관여하는 구조물

① 외측측부인대
② 장경대
③ 슬와건
④ 대퇴이두건

5. 전후방 안정성에 관여하는 구조물

전/후방십자인대

심화학습 슬관절내장증(슬내장)

전후십자인대, 반월상연골, 경골극, 측부인대 등의 특별조직이 외력에 의하여 손상을 받으면 그 결과로 슬관절의 기능장애, 운동통을 가져오는 상태를 총칭하여 슬관절내장증이라 부른다. 즉 슬관절 내・외의 병변으로 기능 장해를 일으키는 것들을 총칭하며, 주로 외상에 의한 것이 대부분이다.

07 반월상 연골 손상

1. 의 의

대퇴골과 경골의 관절연골 접촉면 사이에 위치하며, 슬관절에서 관절접촉면의 안정성을 높이고, 외력을 분산 또는 흡수하여 관절연골을 보호하는 기능을 가지고 있다. 손상시 관절염이 급속하게 올 수 있으며, 연골 내연부에는 혈관분포가 없으므로 손상시 치유가 어렵다. 내측반월상 연골과 외측반월상 연골이 있다.

2. 기전 및 원인

슬관절의 굴곡 위에서 회전운동이 가해질 때 발생한다. 즉, 내회전 시에는 내측반월상 연골이 손상되고, 외회전 시에는 외측반월상 연골이 손상된다.

3. 형태 및 증상

(1) 형 태

① 종파열
외상성으로, 주로 전방십자인대 손상과 동반된다. 내측반월상 연골의 후각부에서 흔하다.

② 횡파열
퇴행성으로, 후각부에서 흔하다.

③ 사파열(판상파열)
후각부와 중간부에서 가장 흔하다.

④ 양동이 손잡이형 파열
손상정도가 심한 형태로, 불안정한 경우 잠김증상을 보인다. 내측반월상 연골의 후각부에서 흔하다.

⑤ 복합형
관절연골의 퇴행성 변화와 자주 동반되며, 40세 이상의 환자에서 흔하다.

(2) 증 상

① 급성 동통 및 관절부종

관절내 출혈로 심한 통증을 호소하며, 삼출액의 증가로 슬관절의 종창소견이 자주 반복된다.

② 운동제한

특히 신전운동 제한이 나타난다.

③ 무릎잠김(Locking)

굴곡 위에서 신전시, 일시적으로 신전이 되지 않는 것으로, 양동이 손잡이형에서 흔하다.

④ 무릎꺾임(Giving way)

슬관절의 무기력증으로, 울퉁불퉁한 길을 걷거나, 계단을 내려올 때 등에서 많이 느껴진다.

⑤ 대퇴사두근과 내광근 위축

수상 후 시일이 경과하면, 사두근이 위축되어 건측에 비해 가늘어진다.

4. 진 단

(1) McMurray test

똑바로 누운 자세에서 슬관절을 90도로 굴곡, 발과 하지를 외측/내측으로 회전시킨 후, 서서히 슬관절을 펴면서 덜컥거리는 소리가 나는지 확인한다.

① 외측손상 : 내전, 내회전시 이상

② 내측손상 : 외전, 외회전시 이상

(2) Apley test

엎드린 자세에서 대퇴부를 고정하고, 90도 굴곡위에서 2가지 검사를 한다.

① 신연검사 : 하퇴를 위로 견인하여 인대손상을 확인한다.

② 마멸검사 : 슬관절을 향하여 압력을 가하는 검사와 진단을 한다. 연골판의 손상이 있다면 동통이나 마찰음이 관찰된다.

(3) 웅크리기 검사

선 상태로 양 하지를 내외전/외회전 한 후 앉았다 일어서도록 할 때 통증을 호소한다(손상된 연골이 관절면에 끼면서 통증유발).

(4) 관절경 검사

피부를 절개하여 관절경을 삽입한 후 내부를 관찰하는 방법으로, 손상부위와 범위를 정확히 판정할 수 있다.

(5) 관절조영술

조영제를 주입하여 방사선촬영으로 손상을 확인하는 방법으로, 관절경 검사 등으로 진단이 어려운 경우 시행한다.

(6) 기 타

컴퓨터 단층촬영(CT), 자기공명단층촬영(MRI)검사

5. 치 료

(1) 보존적 치료

불완전 파열, 십자인대 손상과 같은 다른 소손상이 없는 경우 시행한다.

(2) 수술적 치료

보존적 치료에 반응하지 않거나 통증이나 운동제한이 심한 경우, 잠김현상이 있을 때 시행한다. 주로 관절 내시경을 이용한 반월상 연골 부분절제술이나 봉합술을 시행한다.

08 십자인대 손상으로 인한 증상과 치료

1. 의 의

(1) 전방십자인대

경골이 대퇴골에 대해 전방으로 미끄러지는 것을 방지하고, 무릎의 회전안전성을 제공한다.

(2) 후방십자인대

대퇴골과 경골을 이어주는 인대로, 경골이 후방으로 미끄러지는 것을 방지한다.

2. 원인 및 증상

(1) 원 인

① 전방십자인대 손상

슬관절의 과신전과 경골의 내회전으로 발생한다.

② 후방십자인대 손상

대퇴골에 대한 경골의 과신전 혹은 후방전위를 일으키는 외력으로 발생한다. 일반적으로 자동차사고에서 무릎이 굽혀진 상태에서 대시보드를 치거나 운동선수들이 무릎이 구부러진 상태에서 바닥이 떨어지는 상황에서 발생한다.

(2) 증 상

급성기(①, ②)를 거쳐 만성기(③, ④, ⑤)로 이행한다.

① 심한 통증, 종창

② Popping sound

③ 불안정성

④ 무력감(Giving way)

⑤ 종창의 반복적 재발

3. 진 단

(1) 전방전위검사

고관절 및 슬관절을 70~90°로 구부린 후 하퇴부를 전방으로 당겨 시행한다. 경골 및 족부를 중립위치, 내회전, 외회전하여 스트레스를 가함으로써 회전 불안정성을 관찰할 수 있다.

(2) 후방전위검사

슬관절을 90°로 구부린 상태에서 뒤쪽으로 밀어 검사하는 방법으로 건측과 비교하여 5~10mm 이상 뒤로 밀리면 인대파열을 진단할 수 있다.

4. 치 료

(1) 보존적(비수술적) 치료

십자인대의 부분파열이거나 불안정성이 심하지 않으면, 비수술적 치료를 시행한다.

(2) 수술적 치료

십자인대가 완전 파열되고, 다른 인대파열의 손상 등이 동반된다면 인대재건술(자가건, 동종이식건) 등의 수술적 치료를 시행한다.

CHAPTER 의학이론

02 체간부

01 두개부 봉합선과 뇌막

1. 두개부 봉합선

(1) 관상봉합

두정골과 전두골 사이의 봉합

(2) 시상봉합

두정골과 두정골 사이의 봉합

(3) 인상봉합

두정골과 측두골 사이의 봉합

(4) 람다봉합(삼각봉합)

두정골과 후두골 사이의 봉합

2. 뇌 막

뇌를 지지・보호하고, 영양과 혈액을 공급한다.

(1) 경 막

가장 바깥쪽에서 중추신경 전체를 감싸는 매우 질기고 단단한 섬유질 막이다.

(2) 지주막(중막, 거미막)

경막과는 밀접하게 접해 있으며, 연막과는 지주막하강이라는 넓은 공간을 두고 있다. 지주막하강에는 뇌척수액이 차 있고, 뇌를 출입하는 혈관들이 통과한다. 척수까지 혈관이 닿기 때문에 지주막하 출혈시 허리에서 척수를 뽑아 검사한다.

(3) 연막(유막)

뇌막 중 가장 얇으며, 가는 혈관이 망상으로 퍼져있고, 뇌에 밀착해 있으며 많은 신경절을 포함하고 있다.

02 두개강 내압 상승에 따른 기전과 증상

1. 발생기전

① 뇌는 단단한 두개골에 둘러싸여 있으며, 두개골 안에는 두부와 같은 성상을 갖는 뇌 외에도 혈액과 척수액이 있다. 이 세 가지 구성요소의 용적은 상호 균형을 이루며, 정상 뇌압을 유지하게 된다. 그러나 외상 등으로 뇌의 수종, 부종, 출혈 등이 생기면 두개강 안의 용적이 증가하면서 두개강 내압이 상승하게 된다.

② 두개강 내압이 상승하면 뇌조직은 압력이 낮은 곳으로 이동하게 되면서 뇌허니아가 일어나게 되고, 이로 인해 뇌간, 뇌신경, 소뇌 등이 압박받게 된다. 의식저하, 반대측 편마비, 뇌신경 마비(동공산대, 동안신경 마비, 안면신경 마비 등), 소뇌기능 저하 등의 증상을 일으키며, 심한 경우 호흡 중추와 심혈관 중추가 있는 연수의 마비로 사망에 이르게 된다.

2. 증상/징후

(1) 뇌허니아

뇌 조직이 압력이 낮은 곳으로 이동하여 뇌간, 뇌신경, 소뇌 등이 압박받으면서 이상증세가 나타난다. 뇌허니아의 증상은 두개강 내압 상승, 뇌 연부조직의 변화, 뇌조직의 이동, 뇌용적의 증가 등이 있으며, 심한 경우 연수의 호흡중추를 압박하여 사망에 이르게 한다.

(2) 두 통

두개강 내압 항진으로 발생하는 두통은 아침에 심한데, 이는 수면 중 이산화탄소 분압이 증가되고 뇌혈관이 확장되어 뇌압이 상승하였기 때문이다.

(3) 구 토

구토중추는 연수의 심부, 즉 제4뇌실의 최우부에 있다. 구토를 한 후 두통이 호전되는 경우가 있는데, 이는 구토를 할 때 과호흡을 하게 되어 뇌 혈류량이 감소되고 두개강 내압이 저하되기 때문이다.

(4) 유두부종

안저 유두부의 울혈에 의한 부종으로 흔히 양측성으로 발생한다. 두개강 내압이 상승하여 중심망막 정맥에 압력이 가해지고, 이는 안구로 유입되었던 혈액이 정맥으로 흐르지 못해 발생한다.

(5) 외전신경마비

뇌간부터 안와까지 두개골 기저부를 따라 분포하는 외전신경은 두개강 내압 항진시 뇌 및 주위 구조물로부터 압박을 받으며, 이 때 복시가 나타난다.

(6) 이명 및 현기증

내이의 내임파압이 상승하여 뇌척수액의 정상순환에 교란이 초래되어 전정기능의 장애가 발생한다.

(7) 호흡과 연관성

뇌압 상승으로 뇌간이 압박되어 호흡중추에 이상이 오며 호흡이 불규칙해진다.

3. 치료(항진 낮추기 → 뇌의 부종 감소)

① 치료목적은 뇌혈류를 증가시키고 뇌허니아를 막기 위해 두개강 내압을 감소시킨다. 기도를 확보하고 산소를 공급하며 보존적 요법을 시행한다.

② 두개강 내압 항진으로 인한 고혈압시 혈압강하제를 쓰지 않는데, 그 이유는 혈압강하제로 인한 뇌관류압 저하와 뇌혈류 감소 때문이다.

③ 일반적으로 두개강 내압 상승시 내과적 치료시점은 20~25mmHg이며, 이런 치료시점은 수치뿐 아니라 임상적 소견과 두부 단층촬영을 종합하여 판단해야 한다. 우선적으로 기도의 확보와 전신적인 혈압의 유지가 첫 단계이다.

④ 내과적 치료방법으로는 일반적 지지요법(기침 등 억제, 항경련제 등), 과호흡, 두부거상, 혈압과 수액, 심부정맥 혈전증과 소화기계 치료, 삼투성 제제와 이뇨제, 스테로이드, 저체온 요법 등이 있다.

03 두부외상의 형태와 특징

1. 서 론

두부외상이란 외부의 힘으로 두부가 충격을 받아 손상된 것으로 국내에서는 교통사고로 인한 빈도가 가장 높다.

2. 두부외상의 형태

두부외상으로 발생되는 손상은 1차적 손상과 그로 인하여 병발하는 2차적 손상으로 구분할 수 있다.

(1) 1차적 손상

두피손상, 두개골 골절, 뇌혈관/신경 손상, 뇌좌상, 뇌손상 등 기계적이고 비가역적인 손상이 많다.

(2) 2차적 손상

1차 손상 후 수 시간에서 수 주내에 걸쳐 ① 저산소증, 저혈압 같은 전신적 증상과, ② 두개강 내압 항진에 의한 뇌허혈 등이 주로 나타난다.

3. 두부외상의 특징

① 사망률이 높고, ② 응급치료를 요하며, ③ 후유장해가 다발한다. 특히, 두개골 함몰골절로 인한 두개강 내압 상승 또는 두개골 골절에 동반된 뇌 손상이나 두개강내 출혈 등은 생명과 직결되며, 후유장해의 가능성이 높다.

4. 결 론

뇌는 혈액차단이 2~3분정도만 되어도 재생불능의 손상을 가져오고, 1차 손상을 입었을 경우 이로 인해 손상을 입은 뇌 신경세포들이 2차 신경에 매우 취약해지기 때문에 상해 후 후속조치 시 매우 유의해야 한다. 특히 환자 수송시 머리를 단단히 고정시켜 머리의 운동을 제어해야 한다.

04 두개골 기저부 골절 의심증상

1. 서 론

두개골 기저부 골절이란 두개골에 강한 충격으로 골 기저부의 연속성이 소실된 것을 말하며, 기저부의 뇌신경 및 혈관에 손상이 올 수 있으므로 검사시 주의가 필요하다. 단순 X선 검사보다는 CT나 임상적 소견이 중요하며, 특히 CT의 경우 측두골에서 골절선을 볼 수 있는 경우가 많다.

2. 의심증상

(1) 고막내 출혈(Hemotympanum)

골절이 내측으로 향하고 고실이 손상받지 않은 경우 혈액이 고실에 고일 가능성이 있다.

(2) 귀 후방 점상출혈(Battle's sign)

중두개와 골절 때 유상돌기 주위의 반상출혈이 나타난다.

(3) 너구리 눈 징후(Racoon's eye sign)

눈 주위에 반상출혈 및 부종이 나타나 마치 너구리 눈 모양으로 보이는 징후로 전두와 골절시 발생한다.

(4) 뇌척수액의 이루, 비루

골절로 인해 뇌경막이 손상되어 출혈되거나 뇌척수액이 흘러 귀와 코로 나올 수 있다.

(5) 신경손상

안면신경손상이 가장 많고 청신경, 외전신경, 동안신경, 활차신경 등의 손상을 유발할 수 있다.

(6) 기뇌증

골절부위로 공기가 유입되어 단순 X선이나 CT에서 뇌실질내 또는 지주막하강에 공기음영이 보인다.

3. 치 료

뇌 척수액루의 유무에 따라 치료를 결정하게 된다.

* **뇌 척수액루** : 두개내의 거미막하강에 있는 뇌척수액이 파열된 경막(硬膜)을 통하여, 비공(鼻孔), 이공(耳孔) 등에서 누출하여 오는 병적상태를 말한다.

(1) 뇌 척수액루가 없는 경우

① 3~5일 동안 관찰하며, 그 기간 동안은 머리를 높여주고 강하게 코를 풀거나 입으로 부는 행위를 금한다.

② 감염 예방차원에서 항생제를 투여하기도 한다.

③ 합병증이 발견되지 않을 경우 통원치료도 가능하다.

(2) 뇌 척수액루가 있는 경우

항생제를 투여하여 감염을 예방하고, 심한 출혈이 있는 경우 손상된 혈관은 수술이 필요하다.

05 뇌진탕 vs 뇌좌상

1. 서 론

① 뇌진탕이란 두부 외상 후 일시적인 의식상실을 가져오는 상태를 말하며, ② 뇌좌상이란 두부 외상 후 뇌출혈이 발생한 상태이다. 이 둘의 근본적인 ③ 병리학적 차이는 뇌의 기질적 변화 유무에 있는데 기질적 변화가 없으면 뇌진탕, 있으면 뇌좌상이라 한다.

2. 증 상

(1) 뇌진탕

① 의식 장애/상실의 경우 주로 일시적이지만, 회복 없이 사망에 이르기도 한다.

② 구토, 안면창백, 체온하강, 분뇨실금 등이 있다.

③ 호흡이 느리거나, 때때로 심호흡을 한다.

④ 미주신경의 이상으로 맥박이 약하고, 느리며 불규칙해진다.

(2) 뇌좌상

① 의식 장애/상실의 경우 경한 경우 수시간 내에 회복되나, 중한 경우 지속적 장애(혼수)나 상실로 식물인간이 되거나 사망에 이르기도 한다.

② 뇌세포, 혈관 등의 파열, 출혈, 경색, 괴사 등 병리해부학적 변화가 온다.

③ 외상성 간질, 정신병, 중추신경마비, 운동실조증 등이 오기도 한다.

* **운동실조증** : 어떤 행동을 하려고 할 때 근육들의 협조관계가 잘 이루어지지 않으면서 일어나는 증상

3. 치 료

(1) 뇌진탕

① 별도의 치료 없이 안정하면 치유되고 후유증이 남지 않는다.

② 강심제를 투여하는 등 대증적 치료를 하기도 한다.

(2) 뇌좌상

① 절대적 안정이 필요하며 특히 환자를 운반할 때 세심한 주의가 필요하다.

② 뇌출혈이 심하고 두개강 내압이 높을 경우 즉시 수술한다.

4. 결 론

뇌좌상의 경우 전두엽과 후두엽에서 발생하는데, ① 전두부의 충격으로 전두엽에 직접 손상이나 좌상이 일어나기 쉽고, ② 후두골의 충격으로 반동에 의해 전두엽과 측두엽의 선단에 반충손상이 된다. ③ 또한, 측방의 충격으로 반대 편에 좌상이 일어나기 쉽다.

이러한 뇌좌상은 사망률이 매우 높으며, 특히 다른 뇌손상을 동반하거나 고령인 경우, 수술 전 의식상태가 나쁠 경우 예후가 좋지 않다.

* **반충손상** : 충격을 받은 쪽의 반대쪽 뇌에 생기는 손상

06 경막외 출혈(경막상 혈종)

1. 서 론

두개골 골절시 자주 발생하지만 매우 치명적인 ① 동맥성 출혈이며, ② 짧은 시간 내에 대량출혈되어 뇌압이 급속히 상승되므로 ③ 응급개두술을 시행하지 않으면 사망에 이를 수 있다.

2. 증 상

① 의식장애 : 혼수상태
② 동공부동(양측동공의 불균형)
③ 혈종과 반대쪽의 편마비
④ 건반사의 불균등
⑤ 두개내압항진의 증상인 두통·구토 등

3. 진 단

두개강내조형술, 뇌실촬영, 두부컴퓨터촬영, 자기공명단층촬영 등을 이용한다.

4. 치 료

① 응급개두술을 시행하여 혈종을 제거하고 지혈한다.
② 삼투이뇨제를 투입하여 뇌압을 감압시킨다.
③ 매시간 마다 환자의 의식상태를 확인한다.

심화학습 혈관조형술

혈관조형술은 동맥경화가 생겼을 때 혈관을 열어 주는 시술을 말한다. 길고 가는 관을 혈관에 삽입하여 혈관을 따라 계속 밀어 넣는다. 동맥경화가 생겨서 혈관이 좁아진 곳까지 도달하면 관 끝에 달린 작은 풍선을 부풀려서 좁아진 곳을 넓혀준다. 보통 실시간 혈관조영술을 실시하면서 혈관조형술이 이루어진다.

07 지주막하 출혈

1. 서 론

지주막하강 내에 혈액이 일혈(출혈)된 상태이며, 뇌동맥의 파열로 지주막과 유막 사이에 출혈이 발생한 것으로 ① 뇌좌상, ② 지주막열상, ③ 개방성 뇌손상, ④ 정맥기형 등이 원인이다.

2. 증 상

두통, 경부강직, 안망막 출혈, 찌르는 듯한 통증 등이 있다.

3. 진 단

요추천자, 초음파촬영, 혈관조영술, 컴퓨터단층촬영(CT) 등을 이용한다.

4. 치 료

동맥류가 파열된 경우에는 수술을 요한다.

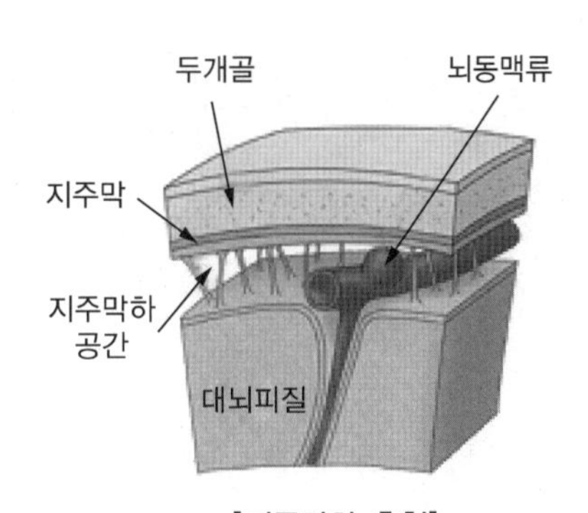

[지주막하 출혈]

〈자료출처〉 : 서울아산병원 홈페이지

심화학습 뇌출혈(뇌일혈)의 원인과 증상

1. **뇌출혈의 정의**

뇌혈관의 출혈이 원인이 되어 일어나는 뇌혈관장애를 말한다. 갑작스러운 의식장애 · 이완성 반신불수 등이 나타나는 뇌졸중을 일으키는 대표적인 질환이다.

2. **뇌출혈의 원인**

뇌출혈은 두개강 내의 여러 곳에서 일어날 수 있는 무서운 질환이다. 일반적으로 고혈압과 동맥경화증을 일으킨 혈관이 터져서 일어나는 것이 일반적인 현상이다. 드물게 백혈병이나 재생불량성 빈혈 등의 혈액질환과 종양 · 외상 · 매독 등이 원인이 된다.

3. **뇌출혈의 증상**

① 초기 증상 : 코피나 후두부 동통 외에 현기증 · 마비 등의 전조에 이어 발작이 일어나기도 한다.

② 일반적 증상 : 구토는 중요한 증세의 하나이며, 안면홍조를 보이는 경우도 있다. 맥박은 강하고 느리며, 양 쪽 눈의 동공의 차이가 있다. 혈압은 발작시에 고혈압인 경우가 많고, 발작 직후 더 상승하는 경우가 많다. 체온도 발작 후 차츰 상승한다.

③ 의식장애 : 갑자기 일어나는 의식장애가 특징인데, 그 정도는 출혈의 정도와 부위에 좌우된다. 경증은 아주 단시간이기 때문에 환자 자신이나 주위에서 전혀 알지 못하고 간과되기도 하지만, 치명적인 뇌출혈인 경우는 대부분이 깊은 혼수상태에 빠진다. 일반적으로 혼수상태가 24시간 이상 계속되는 것은 중증이며 예후가 좋지 않다.

④ 마비 : 운동마비는 편마비(片痲痺)라고 하여 반신마비가 오는 경우가 대부분(약 80%)이다. 혼수상태인 동안은 마비가 온 쪽을 알기 어렵지만 마비된 쪽 볼이 붓고 축 늘어지고 침을 흘리며 그 쪽 팔다리를 움직이지 못하는 등의 증세로써 판정할 수 있다.

08 뇌졸중(뇌경색, 뇌출혈)의 종류 및 위험인자

1. 뇌졸중의 종류

뇌졸중의 종류는 크게 뇌경색과 뇌출혈로 나눌 수 있다.

(1) 뇌경색(허혈 뇌졸중)

뇌혈관이 막혀서 뇌가 혈액과 산소 공급을 받지 못하여 뇌세포가 죽게 되는 경우이다.

① **혈전성 뇌경색** : 동맥경화로 큰 뇌혈관이 막힌 경우

② **색전성 뇌경색** : 심장이나 경동맥에서 생긴 혈전이 뇌혈관을 막은 경우

③ **열공성 뇌경색** : 작은 뇌혈관이 막힌 경우

(2) 뇌출혈(출혈 뇌졸중)

뇌혈관이 터져 피가 흘러나와 뇌에 고여서 뇌 손상이 오는 경우이다.

① **뇌내출혈** : 주로 고혈압, 뇌혈관 기형 등에 의한 뇌출혈

② **지주막하 출혈** : 뇌동맥류 파열에 의한 출혈

2. 뇌졸중의 위험인자

(1) 연 령

뇌졸중 1위 위험인자이다.

(2) 고혈압

고혈압은 뇌출혈 1위 위험인자로 연령 다음으로 가장 강력한 위험인자이다. 고혈압이 오래되면 '동맥경화증'이 생기고, 결국 혈관이 막히거나 터질 수 있다. 동맥경화증에 의한 가장 대표적인 고혈압 합병증은 '뇌졸중'과 '심근경색'이다.

(3) 심장질환

심방세동(발작성 심박세동)은 뇌졸중의 중요한 위험인자로 이 질환이 있는 환자에서 약 5배 정도 뇌졸중 발생률이 높으며, 관상동맥질환, 심부전, 심근경색, 승모판탈출증 등에서도 뇌졸중의 발생률이 높다.

(4) 당뇨병

뇌경색 1위 위험인자로 당뇨병 환자에서는 당뇨병의 유병, 성별, 나이, 고혈압 등과 무관하게 1.5배 내지 3배 정도 뇌졸중이 더 많이 발생한다. 당뇨병은 동맥경화, 심장질환 유발, 작은 혈관 손상 등의 기전으로 혈전성, 색전성 및 열공성 뇌경색을 모두 일으킬 수 있다.

(5) 흡 연

담배를 피우는 사람은 비흡연자보다 뇌졸중 발생의 위험이 높고, 금연하면 급속하게 그 위험성이 감소한다.

(6) 일과성 뇌허혈 발작

일과성 뇌허혈 발작은 후속적으로 뇌졸중이 발생될 수 있는 강력한 표지로, 일과성 뇌허혈 발작이 생긴 후 1년 이내에 뇌졸중이 발생할 위험률이 가장 높다.

심화학습 **일과성 뇌허혈 발작**

심하게 좁아진 뇌혈관으로 피가 흐르지 못하다가 다시 흐르거나 뇌혈관이 피떡(혈전)에 의해 막혔다가 다시 뚫린 것으로 뇌졸중 증상이 잠깐 왔다가 수 분에서 수 시간 내에 곧 좋아진다. 일과성 뇌허혈 발작은 금방 아무 일도 없었던 듯이 증상이 사라지기 때문에 대부분의 사람들은 이를 무시하기 쉽다. 또한 이런 증상들이 고령, 피로 등의 원인으로 발생했다고 여기고 간과하기 쉽다. 그래서 중요한 치료의 시기를 놓치는 경우가 많다. 경미한 뇌졸중이지만 가볍게 보아서는 안 될 것이다. 일과성 뇌허혈 발작은 당장 심각한 후유증을 남기지는 않지만 앞으로 발생할 뇌졸중의 강력한 경고이다. 일과성 뇌허혈 발작의 경험자 중 1/3에서 뇌졸중이 발생한다.

09 추간판탈출증의 손상기전과 종류

1. 손상기전

외력 등으로 추간판 중심부에 있는 수핵이 약해진 섬유륜을 찢고 후방돌출되어 척추의 신경근을 압박하여 신경증을 유발한다. 요추, 경추, 흉추 순으로 호발한다.

2. 종 류

(1) 연성과 경성

① 연성(Soft)
수핵이 찢어진 섬유륜을 통하여 후방으로 돌출된 상태이다.

② 경성(Hard)
척추골에 골극, 골증식체가 발생하여 신경근을 압박하는 상태이다.

(2) 탈출정도에 따른 분류

① 팽윤(Bulging)
퇴행성 변화에 의해 섬유륜이 추간판 정상범위 바깥쪽으로 3mm 이상 밀려난 것으로, 추간판탈출증으로 보지 않는다.

② 돌출(Protrution)
추간판이 후방으로 탈출되었으나, 후종인대를 넘어서지 않은 정도이다.

③ 탈출(Extrusion)
후종인대를 넘어 척추관 또는 신경근관내로 전위된 상태이다.

④ 격리(Sequestrated)
탈출된 수핵이 모체와 완전히 단절되어 격리된 상태이다.

10 추간판탈출증의 치료

1. 보존적 치료

침상안정, 보조기 착용, 약물치료, 물리치료 등이 실시된다.

2. 수술적 치료

(1) 적응증

① 보존적 요법이 효과가 없는 경우

② 배뇨장애를 동반한 급성 마미총 증후군

③ 하지 근육의 운동 약화나 족하수와 같은 마비증상이 있는 경우

④ 견딜 수 없는 통증으로 정상 생활이 안되는 경우

(2) 절제술

추간판절제술, 추궁판절제술, 추간공천개절제술, 관절고정술 등이 있다.

(3) 화학적 수핵 용해술

척추의 수핵 내에 단백질용해효소인 키모파파인(Chymopapain)을 주입하여 추간판을 용해시키는 방법이다.

(4) 경피적 수핵 제거술

국소마취하에 경피적으로 추간판탈출증을 일으킨 척추간강 내에 직경 2~3mm, 길이 20cm의 흡인바늘을 삽입하여 수핵을 잘게 절단하면서, 절단된 수핵조각을 진공펌프로 흡입해서 빼내는 방법이다.

(5) 레이저 수술

레이저를 이용하여 탈출부위를 없애는 방법으로, 수술이 간편하고 회복시간도 매우 짧아서 효과적이나, 재발의 가능성이 다소 많다.

심화학습 **마미총 증후군**

허리척추뼈 아래 부위에 있는 여러 다발의 신경근이 압박을 받아 생기는 병으로 허리 통증, 양측 하지의 통증 및 감각이상, 근력저하, 회음 주변부위의 감각이상, 배변 및 배뇨기능 장애 등의 복합적인 증상을 일으키는 질환이다. '마미(馬尾)'는 요추 1~2번에서 시작되는 척추 신경 말단 부분을 나타내는 말로 말의 꼬리와 생김새가 유사하여 붙여진 이름이다. 요추추간판탈출증(허리디스크)이나 척추관협착증을 동반하는 경우가 흔하며, 요추 수술 후에 드물게 발생하기도 한다.

11 추간판탈출증의 검사방법

1. 영상검사

X-ray 검사, 근전도 검사, 척추강조영술, 추간판조영술, 컴퓨터단층촬영(CT), 자기공명단층촬영(MRI) 등의 방법이 있다.

2. 임상검사

(1) 경추검사

① Spurling test

두부를 환부방면으로 돌리면서 압박을 가하여서 증상유발을 유도하여 진단하는 방법이다.

② Jackson test

머리를 똑바로 하고 위에서 누르거나, 경추를 정상측으로 타동적인 방법에 따라 경사지게 하며, 환측 어깨를 눌러 통증이 유발될 경우에 진단이 가능하다.

(2) 요추검사

① 하지직거상 검사(Straight leg raising test)

슬관절을 신전시킨 상태에서 서서히 하지를 거상시켜(고관절 굴곡), 좌골신경 긴장시키고 하지의 통증을 유발하는 검사로, 진단가치가 높다.

② 라세그 징후(Rasegue's sign)

하지직거상 검사와 동일한 방법으로 하지를 거상시키면서 족관절을 배굴시킬 때 통증이 악화되는 것을 관찰한다.

③ 페이톤 징후(Peyton sign)

정상측 하지를 거상시킬 때 통증이 유발되는 것으로, 추간판이 후방으로 완전히 탈출되었음을 의미한다.

12 추간판탈출증과 섬유륜팽윤증의 비교

구 분	추간판탈출증	섬유륜팽윤증
정 의	외력 등으로 추간판 중심부에 있는 수핵이 약해진 섬유륜을 찢고 후방돌출되어 척추의 신경근을 압박하여 신경증을 유발하는 질환이다.	퇴행성 변화에 의해 섬유륜이 추간판 정상 범위 바깥쪽으로 3mm 이상 밀려난 것이다.
진 단	① CT, MRI ② 근전도, DITI ③ 요추 : 하지직거상 검사, 라세그 징후(Rasegue's sign) ④ 경추 : 스펄링테스트(Spurling test) ⑤ 임상진단, 정밀검사, 신경학적 소견 등이 모두 일치해야 한다.	① CT, MRI ② 근전도, DITI ③ 하지직거상 검사상 저림증세가 없음(신경근을 압박하지 않으므로) ④ 요통의 잔존
치 료	① 보존적 치료 : 침상안정, 견인, 보조기 등 ② 수술적 치료 : 척추고정술, 수핵 절제술/용해술, 레이저 수술 등	보존적 치료
외상과의 인과관계	퇴행성 변화가 선행될 가능성이 높으므로 연령, 교통사고내용, 검사상 퇴행성 병변 등을 고려하여 사고관여도를 산정한다.	퇴행성 변화로 외상과의 인과관계가 매우 적다.

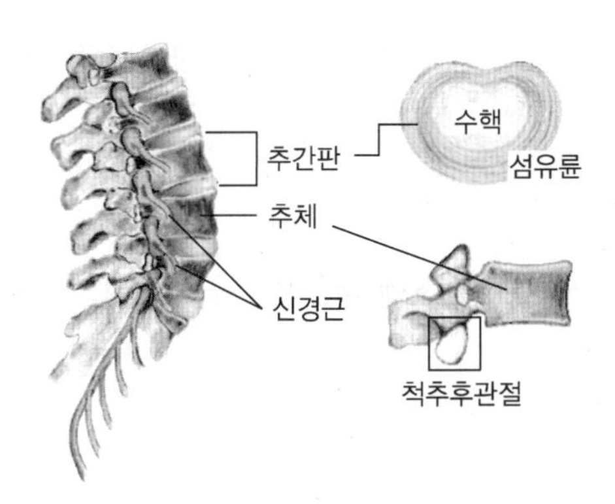

[척추체의 구성요소]

13 척추의 기왕증

1. 섬유륜팽윤증

섬유륜팽윤증은 척추에서 수핵을 싸고 있는 섬유륜이 부풀어 올라 부종이 일어나는 것이다. 보통 상해나 후유장해 여부를 판단할 때에 염좌에 준한다. 척수손상으로 인한 압박은 거의 없고, 수술하는 경우도 거의 없으며, 염좌와 같이 보존적 치료로 회복하는 것이 보통이다.

2. 척추관협착증

척추관은 척수에서부터 척추뼈 사이를 통해 신경이 나오는 공간으로, 척수 및 연결된 신경을 보호하는 역할을 한다. 척추관협착증은 나이가 들어가면서 생기는 변화로서, 척추관이 여러 가지 원인으로 좁아져 신경을 압박하고 신경에 혈액공급이 적게 되어 요통과 더불어 하지에 여러 가지 신경 증상을 일으키는 퇴행성 척추 질환이다.

3. 척추분리증

(1) 의 의

척추 후궁의 협부에 한쪽 또는 양쪽으로 골결손이 발생하는 것으로, 대부분 외상과 무관하며, 협부의 골절이 발생하는 경우 외상으로 오게 된다.

(2) 원 인

명확하진 않지만, 피로성 골장애(한 곳에 작은 압력을 계속적으로 받아 결국 골절 발생)가 가장 인정되고 있다.

(3) 호발부위

요추(특히 4~5번)이며, 남녀 차이가 없다.

(4) 진 단

X선 촬영을 사위로(Oblique) 좌측과 우측에서 찍어야만 나타난다.

4. 척추전방전위증

척추분리증이 진행되어 상부추체가 전방으로 전위된 경우이다.

5. 척추이분증

선천성 기형의 하나로 추궁이 완전히 닫히지 않은 경우를 말한다. 무증상 형(type)과 척수신경(마미신경)의 마비형이 있다.

6. 후종인대 골화증

후종인대가 퇴행성 변화로 석회화되는 것을 말하는데 경추에서 주로 발생한다. 주로 수술적 치료(후종인대 제거술, 척주관 확장술)가 필요하다.

7. 강직성 척추염

추간(후)관절의 관절낭과 추간인대에 점진적으로 골화가 일어나 결국 척추 전체가 한 덩어리가 되는 질환을 말한다.

14 척추관협착증

1. 의 의

척추관협착증은 척추관, 신경근관, 추간공이 좁아져 신경근의 압박, 혈류장애로 인한 파행성 통증 및 방사통을 유발하는 임상증후군으로 선천성과 후천성으로 구분된다.

2. 원 인

척추의 퇴행성 변화가 주요 원인이다.

① 골 극

② 황색인대 비후

③ 변성 탈출된 추간반

3. 진 단

(1) 증 상

① 허리, 둔부, 하지의 통증

허리통증이 빈번하게 나타나며, 엉덩이나 항문 쪽으로 찌르는 듯한 통증과 함께 다리의 감각 장애와 근력저하가 동반된다.

② 신경인성 파행성 하지통증 및 방사통

보행시 다리가 아프고 이상한 감각을 느끼게 되어 보행을 중지하고, 자세를 구부리고 쪼그리고 앉거나 누우면 곧 없어진다.

(2) 검 사

하지직거상 검사에서 음성을 보이고, 허리 신전시 증상은 악화된다.

* 참고로, 추간판탈출증에서는 하지직거상 검사에서 양성이고, 허리 굴곡시 증상이 악화된다.

4. 치 료

(1) 보존적 치료

① 안정과 운동제한

② 약물치료(소염진통제, 근육이완제 투여)

③ 보조기 착용

④ 물리치료법(열치료, 초단파치료, 마사지, 견인치료)

⑤ 운동요법(급성기 증상 완화 후에 등척성 굴곡운동과 과신전운동)

(2) 수술적 치료

보존적 치료를 실패하거나, 보행시 심한 통증과 장애, 근력감소 등의 신경학적 증상이 있을 때 수술적 치료를 고려한다.

15 척추보조기

1. 보조기의 종류

(1) 경추 보조기

① 필라델피아 칼라

② 토마스 칼라

③ 포포스터

④ SOMI

(2) 흉/요추 보조기

① Back Brace(허리 지지대)

② 유연한 코르셋

③ 나이트-테일러 보조기

④ 쥬엣(과신전) 보조기(Jewett Brace)

2. 보조기의 효과 및 단점

(1) 보조기의 효과

① 동통 감소

② 변형의 예방과 교정

(2) 보조기의 단점

장기간 착용시, 근위축 및 에너지 소모의 증가, 심리적 의타심이 생긴다.

CHAPTER 의학이론

03 질병의학 - 심혈관계

01 심근경색증 vs 종류별 협심증

1. 정 의

심근경색증		관상동맥 혈류장애로 인한 지속적 심근허혈로, 심근의 비가역적 괴사가 일어나는 질환
협심증		관상동맥의 협착으로 인한 심근허혈 상태
	안정형(만성)	동맥경화증으로 인한 관상동맥의 만성적 협착으로 생기는 협심증
	불안정형	죽상경화판의 파열로 생긴 혈전으로 인한 급작스런 협착이 심해져서 생기는 협심증 예 운동시에만 있던 흉통이 상황에 관계없이 발생
	변이형(이형성)	관상동맥의 연축(경련)에 의한 혈류장애로 생기는 협심증

2. 증상(임상적 진단)

심근경색증		통증이 가장 흔한 증상으로 협심증과 비슷한데 지속시간(20~30분 이상)이 더 길다. ① 흉골 부위의 심한 통증(호흡곤란을 동반) ② 목, 턱, 등, 좌측 팔로 퍼지는 방사통 ③ 조임, 짓누름, 쥐어짬 ④ 상당수(특히 고혈압, 당뇨환자, 노인)가 비정형적인 증상이나 무증상 경험 예 흉통 없는 구토나 속쓰림
협심증		증상이 비슷하지만 통증이 상대적으로 가볍고 지속시간이 짧다.
	안정형(만성)	흉통 지속시간은 3분~10분 이내이다.
	불안정형	① 새로 발생한 흉통 : 심한 통증과 하루 3번 이상 나타나는 협심증이 최근 2개월 이내 새로이 발생하고, 그로 인해 일상생활에 장애가 있다. ② 점강성 흉통 : 원래의 흉통보다 빈도나 정도가 점차 악화된다. ③ 안정시 흉통 : 주로 20분 이상 지속되는 흉통이 있다(심근경색과 구분 필요). • 급성 : 48시간 이내 안정시 흉통이 있는 경우 • 아급성 : 한 달 이내 안정시 흉통이 있는 경우
	변이형(이형성)	① 특정시간대(주로 새벽, 특히 음주 후) 증상이 발현된다. ② 휴식할 때 발생한다(예 관상동맥 협착이 심하거나 급성으로 혈전이 발생한 경우). ③ 두근거림, 심한 호흡곤란, 공포감 증상이 나타난다. ④ 비교적 젊은 나이에 발병할 수 있다.

3. 검사소견

<table>
<tr><td colspan="2">심근경색증</td><td>다음 중 2가지 이상에서 이상소견이 있을 때 추정한다. 특히, CK－MB(크레아티닌 키나아제)와 트로포닌(troponin) 수치가 상승되었을 때 더욱 의심할 수 있다.
① 심전도 : 허혈치료로도 정상화되지 않는 ST분절 상승
② CK(크레아틴 인산효소) : 4~8시간 내에 상승, 48~72시간 후 정상
③ CK－MB : 24시간 동안 간격을 두고 측정(심근손상 3~8시간 이내 검출, 12~24시간에 최고치, 24~48시간 후 정상)
④ LDH : 24시간 후 상승, 3~6일 정점, 7~14일 후 정상
⑤ 트로포닌 I, T
• 급성 심근경색 후 20배 증가
• 트로포닌 I : 7~10일간 상승, 트로포닌 T : 10~14일간 상승
⑥ 미오글로빈 : 경색 후 24시간 내 정상
* 흉부 X선 : 좌심실 확장이 보일 수 있다.</td></tr>
<tr><td colspan="2">협심증</td><td>CK－MB 정상</td></tr>
<tr><td rowspan="3"></td><td>안정형(만성)</td><td>① 흉부 X선 : 대부분 환자는 정상 소견을 보이나 심근경색, 고혈압 병력을 가진 자는 좌심실 확장이 보일 수 있다.
② 안정 심전도 : 비특이성 ST분절 변화가 가장 흔하다. 50%의 환자에서는 안정시 심전도가 정상으로 나온다.</td></tr>
<tr><td>불안정형</td><td>① CK, CK－MB, LDH 상승이 없다.
② 1/3의 경우 트로포닌 I, T의 상승을 보인다.</td></tr>
<tr><td>변이형(이형성)</td><td>–</td></tr>
</table>

02 선천성 심질환

1. 의 의

선천성 심질환은 출생 시에 알 수 없는 원인으로 심장의 기형 및 기능 장애를 나타내는 질환을 말한다. 유아와 어린이일 때 교정술을 받는다면 생존율을 높일 수 있으며, 수술결과가 좋더라도 계속적 추적 관찰이 필요하다.

2. 원인 및 증상

(1) 원 인

태아의 심장 형성은 임신 3개월 이전에 이미 완료되는데 선천성 심장병은 태아의 심장이 형성되는 임신 초기 과정에 이상이 생겨서 발생하게 된다.

일부 밝혀진 원인은 다음과 같다.

① 임신 중 모체 감염(풍진, 기타 바이러스 감염 중 일부) 및 당뇨병

② 임신 중의 약물 복용(탈리도마이드, 흡연, 알코올 섭취, 아스피린, 마약 등)

③ 다운증후군, 터너증후군과 같은 염색체 이상

④ 미숙아(동맥관 개존증 빈도가 높아짐)

* **동맥관 개존증** : 동맥관 열림증(Patent Ductus Arteriosus ; PDA)

⑤ 다인자 요인(유전적 소인과 환경적 요인과의 상호 작용)

(2) 증 상

① 심한 선천성 심장병은 출생 1주 만에 사망할 수도 있다.

② 심방중격결손증 같은 경우는 성인이 되어서야 증상이 나타날 수도 있다.

③ 유아나 아동기에는 수유 곤란을 겪거나 호흡곤란, 발육부전, 청색증을 보이기도 한다.

④ 10대 이후에는 피곤함, 운동시 숨참 등의 증상이 주로 나타난다.

3. 분 류

(1) 비청색증형 심장병

① 난원공결손

② 심방중격결손

③ 심실중격결손

④ 동맥관 개존증

⑤ 대동맥 축착증

⑥ 폐동맥 협착증

⑦ 대동맥 협착증

(2) 청색증형 심장병

① 팔로 4징후(Tetralogy of Fallot)

② 대혈관 전위증

③ 엡슈타인 기형(Ebstein's Disease)

④ 아이젠멩거 증후군(Eisenmenger Syndrome)

심화학습 **아이젠멩거 증후군(Eisenmenger Syndrome)**

커다란 심실중격결손, 동맥관 개존증, 방실중격결손 등이 있는 경우에 적절한 시기에 치료를 하지 않으면, 폐로 가는 혈류량이 많아지게 되고, 이는 높은 폐동맥 고혈압을 유발하게 된다. 폐동맥 고혈압은 결국 폐혈관을 망가뜨리는 결과를 초래하고, 폐저항을 높여 더 이상 수술로는 치료할 수 없는 상태가 된다. 이때에는 결손을 통하여 혈액이 보통 때와는 반대쪽으로, 즉 좌심실이나 대동맥으로 흘러 청색증이 보이게 되며, 이러한 상태를 아이젠멩거 증후군이라고 한다.

03 팔로 4징후(Tetralogy of Fallot)

1. 의 의

청색증을 나타내는 선천성 심질환 중 가장 흔하며, 전체 선천성 심장병의 10%를 차지하고 있다. 1세 이상의 청색증형 선천성 심장병의 75%를 차지하는 질환으로 아래 4가지 증상이 복합적으로 동반된다.

(1) 폐동맥 협착

폐동맥 협착으로 폐로 향하는 혈류의 공급 장애가 발생한다.

(2) 우심실 비대

협착으로 좁아진 폐동맥에 혈류공급을 늘리기 위해 우심실이 점점 비대하게 된다.

(3) 심실중격결손

심실중격의 결손으로 인해 우심실의 혈액이 대동맥으로 유입되어 전신순환이 이루어지고, 청색증이 발생하여 운동능력에 제한을 받게 된다.

(4) 대동맥 기승

대동맥이 정상보다 오른쪽에 위치하여, 심실중격 결손으로 인해 우심실과 좌심실에서 대동맥으로 흐르는 혈액의 흐름이 마치 Y자 형태를 띠는 것을 말한다.

2. 원인 및 증상

(1) 원 인

① 가족력(유전적 요소)

② 다운증후군(유전 질환)

③ 약물복용(태아기에 과도한 알코올이나 페니토인 등과 같은 약물)

④ 선천성 감염(풍진 감염)

(2) 증 상

① 청색증

② 무산소발작

③ 심잡음

④ 호흡곤란

04 관상동맥 질환의 위험인자

1. 의 의

관상동맥은 심장의 근육인 심근에 산소와 영양을 공급하는 동맥을 말한다.

2. 위험인자

(1) 고 령

신체 노화에 따른 질환이나, 혈관의 약화로 나타난다.

(2) 경구피임약

심혈관질환 환자의 경구피임약 복용은 위험하기 때문에 복용시 반드시 의사의 처방이 필요하다.

(3) 흡 연

① 혈관을 수축시킨다.

② 경구피임약으로 인한 색전증 유발 위험을 더욱 증가시킨다. 이 위험은 나이와 흡연량에 따라 증가되고, 특히 35세 이상 여성들에게 현저하게 나타나므로 경구피임약을 복용하는 여성은 흡연을 삼가야 한다.

(4) 음 주

① 심장운동량을 증가시킨다.

② 음주시 음식섭취 등으로 인해 지방을 축적시킨다.

(5) 고혈압

혈압이 140/90mmHg 이상이거나, 항고혈압제를 복용하고 있는 경우 발생빈도가 증가한다.

(6) 혈관질환

고지혈증, 죽상경화증 등으로 위험이 증가한다.

(7) 당뇨병

다양한 혈관질환과 기타 전신질환의 원인이 된다.

(8) 가족력

특히 가족 중 남자 55세 이하, 여자 65세 이하의 연령에서 허혈성 심질환을 앓은 경우 유의해야 한다.

(9) 심전도 이상소견

① 허혈성 흉통 발생 : 특히 운동부하 심전도시 흉통으로 운동을 중지하게 되는 경우 발생한다.

② 운동능력 이상

③ 수축기 혈압 반응 이상

④ 심박수 반응 이상

⑤ ST분절 하강 : 허혈성 심질환을 의심해 볼 수 있다.

⑥ ST분절 상승 : 관상동맥의 심한 폐쇄로 인한 심근경색증으로 혈관 재개통술이 필요하다.

(10) 스트레스 및 성격

스트레스는 다양한 질병의 원인이 될 수 있으며, 호전적이고 다혈질인 성격의 경우 심장 운동량이 급격히 증가하는 상황에서 특히 위험하다.

(11) 기 타

비만, 운동부족 등

04 질병의학 - 기타

01 당뇨병의 정의 및 종류

1. 의 의

당뇨병이란 인슐린이 부족하거나 인슐린에 대한 감수성이 떨어져 당・탄수화물대사에 이상이 생기는 질환을 말한다.

2. 종 류

(1) 제1형 당뇨병(인슐린의존형 당뇨병)

① 호발요인
급성으로 주로 어린 나이(30세 이전)에 많이 발생하여 소아형 당뇨라고 한다.

② 원 인
선천성 또는 바이러스 침입이나 자가면역기전의 췌장손상으로 발병한다.

③ 치 료
인슐린을 투여한다.

(2) 제2형 당뇨병(인슐린비의존형 당뇨병)

① 호발요인
주로 성인층에서 발생하며 성인형 당뇨라 한다.
㉠ 비 만
㉡ 45세 이상
㉢ 가족력

② 원 인
인슐린에 대한 조직의 거부반응으로 발병한다.

③ 치 료
운동, 식이요법을 기본으로 하나 필요에 따라 약물요법을 시행한다.

(3) 임신성 당뇨병

① 호발요인

임신의 시작과 동시에 또는 임신 중 발생한다.

② 원 인

임신으로 신체적 변화가 나타나 태반 호르몬이 분비되어 인슐린 작용을 방해한다.

③ 치 료

임신 중 혈당수치를 정상으로 유지해야 하며, 실패시 태아 사망이나 선천성 기형아 출산율이 높아진다.

02 당뇨병 진단을 위한 검사

1. 소변검사

소변에서 당과 아세톤을 쉽게 발견할 수 있다. 그러나 당이 나왔다고 해서 무조건 당뇨병을 의미하는 것은 아니다.

2. 혈액검사

(1) 혈중 당 검사

공복시 혈당 126mg/dL 이상, 식후 2시간 혈당 200mg/dL 이상일 때 당뇨병으로 진단한다(정상 혈당은 80~120mg/dL).

(2) 포도당 내인검사

아침 공복 시에 혈액을 채취하고 포도당을 75g 경구 투여한 후 1시간, 2시간의 혈당을 측정한다.

(단위 : mg/dL)

시 간	정 상	내당능력 장애	당뇨병
공 복	109 이하	110~125	126 이상
1시간	180 이하	200 이상	200 이상
2시간	140 이하	140~199	200 이상

(3) 당화 혈색소(HbA1c) 검사

지난 2~3개월 동안의 혈당조절 상태를 추측할 수 있는 방법으로 검사 결과 수치가 6.5% 이상이면 당뇨로 진단한다.

(4) C-Peptide 검사

췌장의 기능을 알아보는 검사로 현재 어느 정도의 인슐린이 분비되고 있는지 미리 알아보고 거기에 맞는 방법을 알기 위해 실시한다. 즉, 1형 당뇨인지, 2형 당뇨인지 또는 인슐린 저항성 당뇨인지에 따라 약제의 처방에 참고가 될 수 있다.

심화학습 **당뇨병의 진단기준**

다음 네 가지 항목 중 어느 한 가지에 해당될 경우 당뇨병이라고 진단할 수 있다.
1. 8시간 이상 금식한 상태에서 측정한 혈당(공복혈당)이 126mg/dL 이상인 경우
2. 포도당 75g을 물 300cc에 녹여 5분에 걸쳐 마신 후(경구당부하검사) 2시간째 측정한 혈당이 200mg/dL 이상인 경우
3. 당화혈색소 검사결과가 6.5% 이상인 경우
   ※ 위의 세 가지 검사는 명백한 고혈당이 아니라면 다른 날에 반복 검사
4. 다뇨, 다음, 체중감소와 같은 당뇨병의 전형적인 증상이 있으면서 식사 시간과 무관하게 측정한 혈당이 200mg/dL 이상인 경우

03 2형 당뇨병의 고위험군

2형 당뇨병의 위험인자는 다음과 같다.

① **나이** : 45세 이상

② **과체중** : BMI 25kg/m^2 이상

③ 직계가족의 당뇨병 경력

④ 신체활동 저하

⑤ 고위험 인종

⑥ **과거 당 조절장애** : 공복혈당 장애 또는 내당능 장애(=당내인성장애)

⑦ 임신성 당뇨병 진단, 몸무게 4.1kg 이상 아기 출산 과거력

⑧ **고혈압** : 140/90mmHg 이상

⑨ HDL 콜레스테롤 35mg/dL 이하

⑩ 중성지방 250mg/dL 이상

⑪ 다낭성 난소 증후군

⑫ 혈관 질환의 병력

04 당뇨병 급성 합병증

1. 고혈당성 혼수

처음에 다뇨현상이 있다가 심해지면 구토, 설사, 복통 등 위장장애까지 동반되어 탈수로 인해 혼수에 빠질 수 있다.

2. 케톤산혈증

인슐린 결핍상태가 심하여 당분을 에너지원으로 사용할 수 없게 되면 저장된 지방질을 분해하여 에너지를 얻게 되는데, 이 때 생성된 케톤체가 혈중에 많아져 체내의 액성이 산성으로 바뀌고 호흡과 심박동이 빨라지며 의식이 소실되거나 사망할 수 있다. 이 경우 인슐린을 투여하거나, 수분 및 전해질을 공급해야 한다.

3. 저혈당

혈당이 50~60mg/dL 이하로 떨어졌을 때 증상이 나타나는데, 심한 경우 즉시 치료하지 않으면 경련, 무의식, 뇌손상을 유발하여 사망에 이를 수 있다.

05 당뇨병 만성 합병증

1. 서 론

혈당이 올라가면 혈관 안에 있는 내피세포가 변형을 일으키므로, 당뇨병은 혈관질환에 속한다. 미세혈관(망막, 신장, 신경 등) 및 대혈관(뇌혈관, 관상동맥, 하지동맥 등)에 합병증이 올 수 있다.

2. 만성 합병증

(1) 당뇨병성 망막증

당뇨병 환자의 약 절반 이상에서 병증이 눈을 침범하여 당뇨병성 망막증이 일어난다.

① 비증식성 당뇨 망막증

90%의 환자가 여기 속하며, 방치할 경우 증식성 당뇨 망막증으로 발전할 수 있다.

② 증식성 당뇨 망막증

망막에 비정상적인 신생 혈관들이 나타나 증식하게 되는데, 이 혈관들은 쉽게 출혈을 일으키고 또 그 주위로 막들이 자라 나와 망막을 잡아당겨서 망막 박리가 생기기도 한다.

(2) 당뇨병성 신증

당뇨병이 발생하면 사구체의 여과율이 증가하면서, 미세알부민뇨가 생기고, 그 이상이 지나면 단백뇨가 심하게 증가한다. 결국 신장에서 노폐물이 배설되지 않아 만성 신부전이 되고, 결국 요독증에 빠져 혈액투석을 하거나 신장 이식을 받아야 한다.

(3) 당뇨병성 신경병증

당뇨병성 신경병증은 신장 합병증, 안과적 합병증과 더불어 당뇨병 환자의 가장 흔한 합병증 중 하나로, 이 자체가 사망의 원인이 되는 경우 드물지만, 병적상태에 의해 일상생활의 장애를 초래하게 된다.

① 단발성 신경병증

② 다발성 말초 신경병증

③ 자율 신경병증

(4) 심혈관계 질환

당뇨병은 혈관 내 포도당이 많게 되어 혈액의 점성도가 높아 혈관이 좁아지거나 막히게 되어 심장질환과 뇌혈관 질환, 말초혈관 질환이 생길 위험이 높다.

(5) 기타 합병증

① **고혈압**

② **피부질환** : 농피증, 습진, 당뇨병성 가려움증, 괴저

③ **구강질환** : 치조농루 등(치아가 흔들려서 빠지고, 충치가 많은 중년 이후에 걸릴 확률이 큼)

④ **말초 신경병증** : 당뇨병이 없는 사람에 비해 약 5배 정도 높으며, 이환기간이 긴 당뇨병 환자의 30% 이상에서 말초혈관 질환이 나타난다.

⑤ **당뇨병성 백내장**

심화학습 **당뇨병성 족부 궤양**

1. 의 의

장기 당뇨병 환자에게서 필연적으로 발생하는 신경장애, 혈관장애, 면역기능장애 등으로 인해 형성되는 발의 모든 질환을 총칭하는 것이다.

2. 증 상

① 신경은 서서히 파괴되고, 혈관도 점점 막히면서 몸의 가장 말단에 위치한 발에서 문제가 발생한다.
② 쉽게 상처가 나며, 일단 상처나 감염이 되면 잘 치료가 되지 않고, 점점 상부로 번지게 된다.
③ 초기에 치료시기를 놓치면 급속히 진행되어서 돌이킬 수 없게 된다.

3. 고위험군

① 10년 이상의 당뇨환자
② 남성환자
③ 당 조절이 잘 안되는 자
④ 기타 만성 합병증 동반자

4. 관 리

① 잘 맞는 신발을 착용한다.
② 작은 상처도 세심히 살핀다.
③ 발톱을 깎을 때 매우 조심하며, 티눈이나 굳은살을 제거해서는 안 된다.

06 당뇨병의 치료 및 관리방법

1. 서 론

일반적으로 식사요법과 운동요법을 실시하면 약 100mg/dL 정도의 혈당을 떨어뜨릴 수 있다. 그러나 이 방법으로도 조절이 안되는 경우 다음과 같은 방법을 실시한다.

2. 치료 및 관리방법

(1) 혈당, 혈압, 콜레스테롤 조절

구 분	목 표
혈 당	① 식전 혈당 70~130mg/dL ② 식후 2시간 혈당 90~180mg/dL ③ 당화혈색소 6.5% 미만
혈 압	① 단백뇨가 없는 경우 130/80mmHg 미만 ② 단백뇨가 있는 경우 120/75mmHg 미만
콜레스테롤 (동맥경화 유발)	① HDL 100mg/dL 미만 ② LDL 40mg/dL 이상 ③ 중성지방 150mg/dL 미만

(2) 발관리

혈관과 신경합병증으로 발의 감각이 둔해져 상처입기 쉽고, 세균에 대한 저항력이 약해 세균침범이 쉬워 발 합병증이 많이 발생하게 된다. 궤양과 궤저 등으로 발을 절단하게 되는 심각한 상황을 초래할 수 있으므로 발관리는 매우 중요하다.

심화학습 당뇨병의 일반적 관리

- 항상 규칙적으로 생활한다.
- 정상 체중을 유지하도록 한다.
- 식사 및 운동요법을 철저히 한다.
- 정기적으로 병원을 방문하여 검사를 받는다.
- 의사의 처방을 받지 않은 약물은 함부로 복용하지 않는다.
- 매일 규칙적으로 본인이 혈당검사를 하여 몸의 상태를 알아본다.
- 술, 담배를 삼간다.
- 발에 상처가 나지 않도록 세심하게 주의한다.

07 통 풍

1. 서 론

통풍은 체내에 요산이 결정체를 만들어 관절이나 다른 조직에 침착되어 염증 반응을 일으키는 대사성 질환이다. 주로 중년 이상의 남성에서 많이 발생한다.

2. 통풍의 4단계

(1) 고요산혈증

① 의 의

혈장에서 약 7.0mg/dL 이상일 때 고요산혈증이라 한다.

② 원 인

퓨린을 많이 함유한 음식을 섭취하거나, 체내 용혈성 질환, 림프종, 백혈병, 진성 적혈구과다증 등의 질병으로 요산 생성이 많아지는 경우 발생한다.

③ 치 료

이뇨제, 저용량 아스피린 등을 투여한다.

(2) 급성 통풍관절염(통풍 발작)

① 호발부위

제1중수족지관절, 발목, 발뒤꿈치, 슬관절, 팔목, 손가락, 팔꿈치 등이다.

② 증 상

수 일에서 1~2주간 서서히 호전되는 발작, 열, 발적, 종창, 통증 등 염증소견을 보인다.

(3) 무발작 기간의 통풍

① 통풍 발작 후 수 개월 혹은 수 년 동안 아무런 증상 없이 지낼 수 있다.

② 통풍 발작이 있었던 사람은 1년내 재발률이 60%, 2년내 재발률이 78%, 10년내 재발하지 않을 확률이 7%이다.

③ 증상이 없는 기간에도 지속적인 관리가 필요하다.

(4) 만성 결절성 통풍

① 원 인

발작과 무증상의 과정이 반복되다가 아무런 치료를 받지 않으면 결국에는 만성 결절성 통풍으로 진행한다.

② 호발부위

발등, 발목, 뒤꿈치, 무릎, 팔꿈치, 손목, 손가락 등에서 관절통이 생기게 된다.

③ 증 상

관절을 파괴하여 만성 2차성 퇴행성 관절염을 유발한다.

3. 진 단

통풍 발작이 와 있는 관절의 관절액을 뽑아 요산결정을 특수한 편광 현미경으로 확인함으로써 진단한다.

4. 치 료

(1) 약물요법

① 급성 관절염 발작의 치료로서 이 시기에는 안정과 약물치료를 하게 되며, 약물은 소염제를 처방한다.

② 약물은 통풍이 완화되었다고 해서 복용을 중단해서는 안 되며, 장기간 복용하면서 통풍을 관찰해야 한다.

(2) 비약물요법

① 관절 발작의 빈도가 매우 드물거나 다른 신체의 통풍 합병증이 없으면 식이요법이나 금주 등의 비약물요법을 우선 시도할 수도 있다.

② 관절염의 발작이 빈번하고 가족력이 있거나, 관절의 손상, 요로 결석, 통풍결절이 이미 온 경우에는 혈액내 고요산혈증을 낮추는 치료를 평생 계속하여 관절염의 예방은 물론 다른 장기에 합병증을 예방해야 한다.

(3) 식생활 개선

① 고단백, 고칼로리식은 요산을 발생시키는 퓨린이 많이 들어 있으므로 식단을 개선한다.

② 저퓨린식이와 금연을 해야 한다.

③ 음주, 비만, 고콜레스테롤혈증, 당뇨, 고혈압 등이 있는지 확인하고 이에 대한 치료를 같이 한다.

08 통풍성 관절염

1. 의 의

대사 후 생성된 요산이 과도하게 많이 생산되고 콩팥을 통해 배설이 제대로 안되어 혈중에 많아진 요산이 조직에 침착하여 생기는 병이다.

2. 원 인

① 요 산
② 가족력
③ 60세 이상의 남자
④ 비 만
⑤ 육식 또는 술을 많이 하는 사람
⑥ 간과 신장의 기능이 약해서 노폐물을 배설하는 기능이 약해진 경우

3. 증 상

① 저녁 또는 아침에 첫 번째 발가락 관절이나 한 개의 관절이 심하게 아프고, 붓고, 열이 나고 빨갛게 변하면서 3일 내지 10일 정도 지속된 후 가라 앉는다.
② 초기에는 재발의 빈도가 낮으나, 시간이 갈수록, 혈중 요산치가 높을수록 재발의 횟수가 많아지게 된다.

4. 진 단

① 주사기로 염증이 있는 관절에서 관절액을 빼내어 현미경으로 요산결정체를 확인한다.
② 관절액 검사결과를 못 믿는 경우 특징적인 통풍증상과 혈액검사로 진단한다.

5. 치 료

(1) 약물요법

① 진통소염제 및 콜키친(통풍 특효약)으로 염증치료를 한다.

② 이후에는 재발을 막기 위해 요산을 낮추는 약제(알로퓨리놀, 프로베네시드)를 사용한다.

(2) 식이요법

① 요산의 재료가 되는 퓨린이 많이 함유된 식품의 섭취를 줄여야 한다.

② 비만이 혈중 요산치가 높은 것과 관련되어 있으므로 비만하다면 체중을 줄여야 한다.

09 만성 신부전 합병증

1. 의 의

만성 사구체신염, 당뇨병성 신증, 신증후군 등의 원인으로 수 년에 걸쳐 신기능이 서서히 저하되는 상태이며, 사구체여과율이 50% 이하로 떨어지는 단계쯤에서 만성 신부전이라 한다.

2. 원 인

만성 사구체신염에서 발전하는 것이 대부분이며, 그 외 당뇨 합병증, 고혈압 합병증이 3대 원인이다.

3. 신기능 장애 분류

제1기 예비력 저하	정상 배설 기능이 50% 이상
제2기 신기능부전	배설 기능이 30~50%
제3기 신부전	배설 기능이 5~30%
제4기 요독증	배설 기능이 5% 이하

4. 진단 및 치료

(1) 진 단

① 요 검사
혈뇨나 단백뇨 등을 파악할 수 있다.

② 신기능 검사
사구체 여과율을 측정하여 신기능을 평가한다.

③ 방사선학적 검사
신요관방광 사진, 경정맥 요로 조영술, 초음파검사가 있다.

(2) 치 료

① 보존적 치료(식이요법과 약물요법 등)

② 신장이식술

③ 인공 신장기(혈액투석, 복막투석 등)

5. 만성 신부전의 합병증

(1) 전해질 불균형

고혈압, 울형성 심부전, 골연화증

(2) 대사의 변화

당, 지질, 단백질 대사 장애

(3) 혈액계 변화

빈혈, 혈액 응고장애

(4) 위장관 장애

식욕부진, 오심, 구토, 위장관 출혈, 설사, 변비

(5) 면역계 변화

항체 생성이 둔화되고, 백혈구의 탐식기능이 저하된다.

(6) 심혈관계 변화

동맥경화의 진행속도가 빨라져 고혈압, 심낭염, 울혈성 심부전, 다리부종 등

(7) 호흡기계 변화

폐수종, 호흡수 증가

(8) 근골격계 변화

비타민D 대사 장애, 골연화증, 골다공증

(9) 신경계 변화

건망증, 집중력 저하, 판단력 장애, 신경불안증, 발작, 혼수

10 신기능 검사의 종류

1. 혈액 요소 질소(BUN, Blood Urea Nitrogen)

요소 질소는 90% 이상 거의 대부분이 신장을 통해 배설되므로 신장의 배설 기능을 알아보는 데 좋은 지표이다(정상치 9~29mg/dL).

2. 크레아티닌(Creatinine)

크레아틴은 신장과 간에서 생합성되며, 근수축 에너지로 사용되기 위해 크레아틴인산의 형태로 존재하다가 ATP에 의해 크레아티닌이 되어 신장을 통해 배출된다. 만성 신질환의 진행단계를 판단하는 지표로 사용된다(정상치 0.4~1.5mg/dL).

3. 요산(Uric acid)

요산은 DNA를 구성하는 퓨린의 최종분해산물인 질소화합물이며, 간에서 합성 75%는 신장으로 배설되며 25%는 소화기로 배설된다. 급성신부전에서는 요산이 대개 15mg/dL을 초과하며, 통풍 치료시 요산의 목표치는 5mg/dL 미만이다.

4. CCr(Creatinine Clearance, CrCl, 크레아티닌 청소율)

간단한 혈액검사와 24시간 채집한 소변을 이용해 신장의 노폐물 배설기능, 즉 사구체 여과율을 추정하는 검사이다. 크레아티닌은 세뇨관에서 분비도 재흡수도 되지 않고, 혈중농도도 안정한 상태이므로 특별한 약제를 투여하지 않고서도 간단히 사구체 여과치를 알 수 있다.

(1) 정상치 : 75~125ml/min

① 경도 신기능장애 : 50~70ml/min

② 중등도 신기능 장애 : 31~50ml/min

③ 고도 신기능 장애 : 30ml/min 이하

(2) 임상적 의의

신기능의 정도를 아는데 일반적인 지표가 된다.

① 감소하는 경우

사구체 병변, 만성, 급성 사구체 신염, 간질성 세뇨관 질환, 신혈관성 병변, 신부전, 쇼크, 세뇨관혈압 상승 질환, 탈수 등 신장의 기능이 저하되었을 때이다.

② 증가하는 경우

당뇨병성 신증, 임신 등이다.

11 대사증후군

1. 서 론

대사증후군이란 각종 심혈관 질환과 제2형 당뇨병의 위험 요인들이 서로 관련되어 질환이 함께 동반된다(증후군)는 현상을 개념화시킨 것이다. 고중성지방혈증, 낮은 고밀도콜레스테롤, 고혈압 및 당뇨병을 비롯한 당대사 이상 등 각종 성인병이 복부비만과 함께 동시 다발적으로 나타나는 상태를 말한다.

2. 원인 및 증상

(1) 원 인

대사증후군의 발병 원인은 잘 알려져 있지 않지만, 일반적으로 인슐린 저항성(insulin resistance)이 근본적인 문제라고 추정하고 있다.

(2) 증 상

대개 복부비만이 특징적이다.

3. 진단기준

세계보건기구는 아래 중 3가지 이상이 있는 경우 대사증후군으로 정의한다.

(1) 복부비만

한국인의 경우 허리둘레 남자 ≥ 90cm, 여자 ≥ 85cm

(2) 중성 지방

150mg/dL 이상

(3) 고밀도지방

남자 40mg/dL 미만, 여자 50mg/dL 미만

(4) 높은 혈압

130/85mmHg 이상 또는 고혈압약 투약 중

(5) 혈당 장애

공복혈당 100mg/dL 이상 또는 혈당조절약 투약 중

4. 치 료

대사증후군에 대한 가장 중요한 치료방법은 체지방, 특히 내장지방을 줄이는 것이다. 이를 위해서는 적절한 식사 조절 및 규칙적이고 꾸준한 운동이 가장 중요하다.

12 류마티스 관절염의 진단기준

1. 의 의

류마티스 관절염은 활막(synovium)의 염증을 시작으로 관절과 뼈를 손상시켜 변형과 장애를 유발하는 대표적인 전신적 만성 자가면역질환이다.

주로 손과 발의 작은 관절에서 시작해 큰 관절로 진행하며, 관절뿐 아니라 다른 장기도 침범하여 류마티스 결절, 심막염, 폐섬유화, 말초신경염 등 관절외 증상을 초래할 수 있다.

2. 원인 및 증상

(1) 원 인

① 정확한 원인은 밝혀지지 않았지만 자가면역현상이 주요 기전으로 알려져 있다.

② 유전적 감수성과 환경적 요인이 복합적으로 작용하여 발생하는 것으로 알려져 있다.

③ 신체적 또는 정신적 스트레스를 받은 후 발병하기 쉽다.

④ 남성보다 폐경 초기의 여성이 발병률이 높다.

(2) 증 상

① 초기 증세는 주로 손마디가 뻣뻣해지는 것으로, 특히 아침에 자고 일어난 직후에 심하며, 1시간 이상 관절을 움직여야만 뻣뻣한 증세가 풀린다.

② 무릎이나 팔꿈치, 발목, 어깨, 발까지 침범하는 경우도 흔하고 통증이 있는 마디를 만지면 따뜻한 열감을 느낄 수 있다.

③ 관절의 통증과 동시에 전신 무력감이 나타난다.

3. 진 단

(1) ACR 류마티스 관절염의 분류기준(1987년)

다음 7가지 항목 중 4가지 이상을 만족하면 류마티스 관절염으로 진단하였으며, 이 중 ①~④번 항목은 최소한 6주 이상 지속되어야 한다.

① 1시간 이상 지속되는 손가락의 아침강직

② 3곳 이상의 관절염

③ 손관절의 관절염

④ 대칭성 관절염

⑤ 류마티스 결절

⑥ 혈청 류마티스인자 양성

⑦ 손관절의 단순 X선 검사에서 골미란(bone erosion) 또는 골감소증의 소견

(2) ACR/EULAR 류마티스 관절염의 분류기준(2010년)

침범된 작은 관절의 수(A), 혈청 류마티스인자와 항CCP항체 검사(B), 혈청 염증반응물질, 적혈구 침강속도(erythrocyte sedimentation rate, ESR)와 C단백반응(C-reactive protein, CRP) (C), 증상의 발생 기간(D) 등을 기준으로 삼아 그 결과에 따라 총 10점 만점에 합이 6점 이상의 점수를 만족하면 류마티스 관절염으로 진단하여 조기 진단이 가능하게 되었다.

① 대상 환자

㉠ 적어도 하나의 관절에서 분명한 활막염의 증상을 갖는 환자

㉡ 다른 질환에 의해 잘 설명되지 않는 활막염

② 새로운 분류기준

분류기준 범주 A~D에서 10점 만점 중 합이 6점 이상이면 확실한 류마티스 관절염으로 분류한다.

구 분		점 수
관절 침범	큰 관절 1개	0점
	큰 관절 2~10개	1점
	작은 관절 1~3개	2점
	작은 관절 4~10개	3점
	작은 관절 1개 이상 포함 10개 이상	5점
혈청 검사	류마티스인자와 항CCP항체 모두 음성	0점
	낮은 역가의 류마티스인자 또는 항CCP항체 양성	2점
	높은 역가의 류마티스인자 또는 항CCP항체 양성	3점
혈청 염증반응물질 (ESR 또는 CRP)	혈청 염증반응물질 음성	0점
	혈청 염증반응물질 양성	1점
증상의 발생 기간	6주 이내	0점
	6주 이상	1점

13 전신홍반성 루푸스의 진단기준

1. 의 의

만성 염증성 자가면역질환으로 피부, 관절, 혈액 등 신체의 다양한 기관에 침범하는 전신성 질환으로, 신체의 일부에만 나타나는 경미한 경우가 있는가 하면 생명을 위협하는 심각한 합병증이 동반되는 경우도 있다.

2. 원인 및 증상

(1) 원 인

루푸스의 정확한 원인은 아직 밝혀지지 않았지만 자가면역질환으로 몇 가지 호르몬, 유전적, 환경적 요인이 복합적으로 작용하여 발생하는 것으로 알려져 있다.

(2) 증 상

① 피부, 점막 증상

80~90%의 환자에게서 나타나는 증상으로 뺨의 발진, 원반성 발진, 광 과민성, 구강 궤양 등이 나타난다.

② 근골격계 증상

관절통과 관절염은 가장 흔히 보이는 증상으로, 주로 손, 팔목 등 작은 관절과 무릎관절을 대칭적으로 침범하는 양상을 보인다. 또한 부종이나 열감, 발진 등 관절염의 증상 없이 관절통만 나타나기도 한다.

③ 신장 증상

25~75%의 환자에서 신장기능 저하가 발생한다.

④ 뇌신경 증상

우울증, 불안, 주의력 결핍, 집중력 저하, 기억력 장애, 두통 등이 나타날 수 있으며, 정신병이나 심한 발작이 일어나기도 한다.

⑤ 기타 증상

복부 내 여러 장기에 침범할 경우 흉막염, 심낭염, 복막염 등이 발병할 수도 있으며, 그 밖에도 위장관, 간, 눈 등 다양한 전신 장기를 침범하는 경우도 있다.

3. 검사 및 진단기준

(1) 검 사

루푸스의 검사에는 특수혈액검사를 통한 자가항체검사, 일반혈액검사, 간기능 검사, 신장기능 검사 등이 있다.

(2) 진단기준

아래 11가지 진단 중 4가지 이상의 증상을 가질 경우 진단을 내린다.

① 뺨에 나타나는 나비모양의 발진
입술주위는 정상인 경우가 많다.

② 원판 모양의 피부병변
몸통, 팔, 다리에 동그랗고 융기된 원형발진이 나타난다.

③ 광 과민성
자외선 노출로 발진이 생긴다.

④ 구강궤양
보통 통증이 없는 경우가 많다.

⑤ 관절염
말초 관절 2개 이상이 비미란성 관절염이 생긴다.
* 미란성 : 피부 또는 점막이 손상된 것

⑥ 신장질환
단백뇨 또는 특정세포가 합쳐져 보일 때

⑦ 신경질환
원인이 밝혀지지 않은 간질이나 정신병이 있을 때

⑧ 장간막염
늑막염이나 심낭염

⑨ 혈액질환
용혈성 빈혈 또는 백혈구 감소증

⑩ 면역질환
세포내 핵 성분에 대한 자가항체의 발견이나 혈액내 항인지질항체의 존재

⑪ 항핵 항체
양성, 루푸스 유발 약물복용이 없을 때

14 골다공증

1. 의 의

골다공증은 폐경 및 노화로 인해 뼈의 양이 감소하고 뼈 미세구조의 질적인 변화로 인해 뼈의 강도가 약화되어 척추와 대퇴, 요골 등의 골절 위험도가 증가하는 대사성 질환이다.

2. 원인 및 증상

(1) 원 인

골다공증은 주로 폐경기 이후 여성들에게 호발된다. 이는 골밀도 유지기능을 하는 에스트로겐 감소에서 기인한다. 그 외에도 아래와 같은 원인들이 있다.

① 식이인자
저칼슘 섭취, 고단백 섭취, 알코올 중독, 카페인, 흡연

② 칼슘 흡수장애
노화, 선천적 장애, 제산제 복용(위산작용 억제), 위장관 장애

③ 비타민D 결핍
불충분한 일광노출

④ 호르몬
에스트로겐 결핍, 성장 호르몬 감소, 칼시토닌 결핍

⑤ 약물 복용
스테로이드 남용

⑥ 운동부족
고령자에서 골절을 유발하는 가장 큰 요인으로 근력강화, 유연성, 균형감각을 키우는 것이 중요하다.

⑦ 유전적 및 체질적 인자
남성보다 여성, 흑인보다 백인이나 동양인에 다발한다.

(2) 증 상

① 요배통(등에서부터 허리에 걸쳐 무겁고 아픈 증상)이 나타난다.

② 잘 넘어진다.

③ 척추와 대퇴, 요골 등에서 쉽게 골절이 일어난다.

3. 진 단

(1) 골밀도 검사

골절 발생 확률 및 골 손실률을 알 수 있다. 주로 완관절, 척추, 고관절 세 부위의 골밀도 검사를 실시한다.

(2) T-Score

WHO는 환자의 골밀도와 소속 집단의 최고 골밀도의 비율에 따라 다음과 같이 평가한다.

① -1.0 이상 : 정상

② -1.0~-2.5 : 골감소증

③ -2.5 이하 : 골다공증

④ 하나 이상의 골다공증성 골절이 동반된 경우를 중증 골다공증으로 분류한다.

4. 치 료

(1) 약물요법

칼슘제제, Vitamin-D, 칼시토닌, 에스트로겐, 부갑상선 호르몬 등을 투여한다.

(2) 운동요법

뼈를 튼튼하게 하고 골절예방에 도움을 주므로 1주일에 3번은 규칙적인 운동을 한다.

15 뇌졸중

1. 의 의

뇌기능의 부분적 또는 전체적 장애가 급속히 발생하여 상당기간 지속된 것으로, 뇌혈관의 병 이외에는 다른 원인을 찾을 수 없는 상태를 말하며, 다음과 같이 분류된다.

(1) 뇌경색

뇌혈관이 막혀서 발생하는 허혈성 뇌졸중을 말한다.

(2) 뇌출혈

뇌혈관의 파열로 인한 출혈성 뇌졸중을 말한다.

2. 허혈성 뇌졸중(뇌경색)

(1) 의 의

뇌혈관 폐색으로 뇌혈류의 장애가 나타나 뇌기능이 저하되는 질환이다.

(2) 분 류

① 뇌경색
혈류장애가 지속되어 뇌조직이 비가역적 괴사에 이른 상태를 말한다.

② 일과성 허혈성 발작
적절한 치료로 뇌조직의 괴사 없이 회복된 상태를 말한다.

(3) 원 인

① 고혈압, 당뇨, 고지혈 등으로 인한 죽상동맥경화증

② 심장부정맥, 심부전/심근경색 후유증 등으로 생긴 혈전으로 인한 색전증

③ 기타 혈관질환

④ 심인성

(4) 증 상

편측마비, 안면마비, 감각/운동 이상, 구음장애, 오심/구토 등 다양하다.

(5) 진 단

① 심전도, 심초음파

② 뇌 CT(컴퓨터 단층촬영), CTA(컴퓨터단층영상 혈관조영술)

③ MRI, MRA, 확산(Diffusion)영상

확산 영상에서 증상 발현 직후 뇌경색 부위가 고신호 강도로 나타난다.

④ 카테터 뇌혈관 조영술

⑤ SPECT(Single Photon Emission Tomography)

방사선 동위원소를 이용하여 뇌 혈류의 양을 알아내는 검사

(6) 치 료

① 기도확보 및 산소공급

② 혈압/뇌압 관리

③ 약물치료 : 항혈전제, 혈소판 억제제

④ 고혈압, 당뇨, 고지혈 등의 치료

⑤ 수술치료 : 혈관내 수술, 뇌혈관문합술

심화학습 혈전용해술

뇌졸중의 증상이 처음 나타난 후 3시간이 경과하지 않았다면 폐색된 혈관의 재개통을 목표로 한 혈전용해술을 시도해 볼 수 있다. 3시간(병원에 따라 6시간) 이후의 혈전용해술은 뇌출혈의 위험이 증가하기 때문에 권장되지 않는다.

3. 출혈성 뇌졸중(뇌출혈)

(1) 의 의

두개내 출혈이 있어 생기는 모든 변화로 다음과 같이 구분한다.

① 출혈성 뇌출혈

외상으로 인한 출혈이다.

② 자발성 뇌출혈

고혈압이나 뇌동맥류, 뇌동정맥 기형 등으로 인한 출혈로 특히, 고혈압성 뇌출혈은 뇌내출혈을 초래하여 약 40% 정도의 사망률을 보인다. 연령, 고혈압, 뇌경색, 관상동맥 질환, 당뇨 등이 위험인자이다.

(2) 자발성 두개강내 출혈

① 의 의

뇌의 안쪽에 있는 가느다란 혈관이 터져서 뇌 속에 피가 고이고, 이로 인해 뇌가 손상되는 것을 말한다.

② 원 인

직접적인 외상, 골절, 뇌간의 꼬임, 고혈압, 신장병, 나이, 흡연, 당뇨병, 음주, 운동부족, 비만, 스트레스 등이 있다.

③ 증 상

㉠ 어지럽거나 머리가 아픈 증상, 구토 등이 나타난다.

㉡ 갑작스런 의식 변화, 두통, 혈압 상승, 반신 편마비 등이 나타나기도 한다.

④ 진 단

㉠ 뇌 CT

㉡ 자기공명영상촬영(MRI)

⑤ 치 료

㉠ 보존적 치료 : 우선 혈압을 적정수준으로 조절하고 출혈과 관련하여 뇌의 압력이 높아지는데 대한 치료와 더 이상의 출혈을 방지하는 치료 등을 한다.

㉡ 수술적인 치료 : 뇌를 열고 혈종을 제거하는 방법과 도관을 혈종이 있는 부위에 삽입하여 혈종을 녹여 빼내는 방법 등이 있다.

(3) 지주막하 출혈

① 의 의

지주막하 출혈로 인한 혈액은 뇌와 두개골 사이의 공간으로 흘러들어 가는데 이것은 뇌와 뇌 척수 사이에 완충 역할을 하고 있는 뇌 척수액과 혼합된다. 이로 인해 뇌 주위의 압력이 증가하고 뇌압 상승으로 인해 뇌의 기능을 방해하게 된다.

② 원 인

뇌좌상, 지주막열상, 개방성뇌손상, 관통성뇌좌상, 외실질내출혈, 뇌대혈종, 뇌실내 천파, 뇌동맥류파열, 뇌동, 정맥기형 등이 원인이다.

③ 증 상

㉠ 매우 심하고 갑작스러운 두통이 나타날 수 있다.

㉡ 오심과 구토, 뒷목의 뻣뻣함, 어지러움 등이 나타날 수 있다.

④ 진 단

요추천자, 초음파촬영, 혈관조영술, 컴퓨터단층촬영 등을 이용한다.

⑤ 치 료

㉠ 약물이나 정맥주사 : 지주막하출혈은 혈액 속의 전해질의 변화를 가져올 수 있으므로 체내 전해질 수치를 정상으로 유지하기 위해 약물이나 정맥주사를 투여한다.

㉡ 수술치료 : 동맥류 파열에 의한 출혈의 경우 출혈의 재발을 방지하기 위해 수술을 요한다.

16 뇌하수체 선종

1. 의 의

뇌하수체 선종이란 뇌 조직 중 호르몬 분비를 담당하는 뇌하수체에 발생하는 모든 양성 종양을 말한다.

2. 분 류

(1) 비기능성 종양

호르몬을 분비하지 않은 세포들이 종양으로 발달하는 경우이다. 종괴효과로 주변 신경조직을 압박하게 되어 시력저하, 시야감소 증세가 나타난다.

(2) 기능성 종양

특정 호르몬을 과다 분비하는 종양이므로 호르몬 과다로 인한 증상이 나타난다.

① 유즙분비 호르몬 분비선종(프로락틴 선종)

② 성장 호르몬 분비선종

③ 부신피질자극 호르몬 분비선종

3. 원인 및 증상

(1) 원 인

① 시상하부의 기능장애

② 뇌하수체세포 자체의 이상

(2) 증 상

① 종양의 확장에 의한 두통, 시야 장애

② 유루증(모유수유를 하지 않아도 젖이 나오는 증상) 및 성선기능저하증

③ 가임 여성의 경우 늦은 초경, 월경장애, 불임 등

4. 검 사

(1) 방사선학적 진단

① 뇌 MRI

② 고해상도 CT

③ 뇌혈관 조영술

(2) 혈액검사(호르몬 수치 검사)

① 기능성과 비기능성 판단요소

② 유즙분비 호르몬, 코티졸, T4, 남성호르몬, 황체형성호르몬, 난포형성 호르몬 검사

5. 치 료

(1) 외과적 수술

크기가 큰 비기능성 종양이 시야장애나 주변장기 압박증세를 보이면 빠른 수술적 제거가 필요하다.

(2) 방사선 치료

① 수술적 치료가 어려운 경우, ② 수술적 제거 후 종괴가 완전히 절제되지 않은 경우, ③ 종괴의 재발로 반복적인 수술을 해야 하는 경우 방사선 치료를 고려한다.

(3) 약물요법

소마토스타틴 유도체, 도파민 유도체 등이 있다.

17 뇌하수체 호르몬

1. 서 론

뇌하수체는 타원형 기관으로 전엽과 후엽으로 구성되어 있고, 전엽에서 6개, 후엽에서 2개의 호르몬을 생산한다.

2. 뇌하수체 전엽 호르몬

(1) 여포자극 호르몬[FSH]

난소에서 여포의 성숙을 촉진, 정소에서 정자의 성숙을 촉진한다.

(2) 황체형성 호르몬[LH]

배란을 촉진하고 정소에서 테스토스테론의 생산을 촉진한다.

(3) 프로락틴

수유 중인 여자의 모유 분비를 촉진한다.

(4) 성장 호르몬

다양한 물질대사에 영향을 주는데, 특히 단백질 생성에 영향을 준다.

(5) 부신피질 자극 호르몬[ACTH]

부신피질에서의 일련의 호르몬 생산을 자극한다.

(6) 갑상선 자극 호르몬[TSH]

갑상선에서의 호르몬 생산을 자극한다.

3. 뇌하수체 후엽 호르몬

(1) 옥시토신

임산부의 출산시 자궁수축을 촉진시켜 주고, 수유활동을 증진시켜 준다.

(2) 바소프레신[ADH]

신장에서의 수분재흡수를 촉진시켜 준다.

심화학습 뇌하수체

1. **정 의**
   뇌의 가운데 위치한 작은 내분비샘으로 우리 몸의 다양한 호르몬 분비를 총괄하는 기관이다. 뇌하수체는 전엽과 후엽으로 나뉘며, 각각에서 다른 호르몬이 분비되어 우리 몸의 생식과 발육, 대사에 관여하게 된다.
2. **위 치**
   뇌의 가운데 아래쪽, 나비뼈의 위쪽에 위치하고 있다.
3. **구 조**
   뇌하수체는 1.2~1.5cm 크기에 500~600mg 정도의 무게를 가지며, 전엽과 후엽으로 구분된다. 뇌하수체 전엽은 다각형 세포로 구성되어 있으며, 구강으로부터 기원하고 있다. 뇌하수체 후엽은 시상하부로부터 기원하며, 전엽보다 크기는 작다.

18 부신의 기능

1. 정상상태와 그 기능

부신은 양측 신장 위에 존재한다. 외부를 부신피질이라 하며, 스테로이드 호르몬을 분비한다. 내부를 부신수질이라 하며, 신경조직에서 발생되었고 아미노산인 티로신의 유도체로 된 호르몬을 분비한다.

2. 부신피질

부신의 바깥쪽에서 스테로이드 호르몬을 생성하고 분비하는 기관으로 부신의 90%를 차지한다. 뇌하수체와 관련하여 생명유지에 없어서는 안 될 호르몬을 분비하는데, 이를 코르티코이드라 총칭한다.

(1) 무기질코르티코이드

혈액과 조직액에서 이온 균형을 조절하는 호르몬 집단으로 가장 중요한 호르몬인 알도스테론은 신장에서 나트륨이온의 재흡수와 칼륨이온의 분비를 촉진한다.

(2) 당질코르티코이드

여러 개의 호르몬 중 가장 강하고 우세하게 활동하는 코티솔은 당합성 증가와 항염작용을 담당한다.

(3) 부신 성호르몬

안드로겐(남성화)과 에스트로겐(여성화)이 부신피질에서 분비된다. 에스트로겐은 아주 소량 분비되며, 안드로겐은 남성의 초기 성기관 발달에 매우 중요한 일을 한다.

3. 부신수질

부신피질에 둘러싸여 있는 내부의 부드러운 조직을 말하며, 적갈색을 띠고 있다. 전체 내분비선의 약 15%를 구성하며, 부신피질자극 호르몬의 조절을 받지 않는다. 스테로이드성 호르몬을 생산하지 않지만 아드레날린과 노르아드레날린이 생산된다.

(1) 아드레날린(에피네프린)

간에서의 글리코겐(glycogen) 분해, 근육에서의 포도당 섭취 감소에 의한 혈당상승작용과 혈압상승, 맥박수와 심박출력의 증가, 말초혈관 이완에 의한 저항성 감소작용이 있으며, 지방분해를 촉진하여 혈중 지방산의 증가를 가져온다.

(2) 노르아드레날린(노르에피네프린)

교감신경전달물질로 말초혈관 수축에 의한 저항성 증가와 혈압상승, 맥박수의 감소, 심박출력의 감소를 가져오는 작용을 하며, 혈당상승작용은 약하다.

19 빈혈의 진단기준

1. 의 의

빈혈은 혈액이 인체 조직의 대사에 필요한 산소를 충분히 공급하지 못해 조직의 저산소증을 초래하는 경우를 말한다.

2. 원 인

① 부적절한 식이
② 흡수장애
③ 위장의 출혈, 치질, 월경과다 등

3. 진 단

조직에 산소를 공급하는 일은 혈액 내의 적혈구가 담당하고 있으므로 적혈구 내의 혈색소(헤모글로빈)를 기준으로 하여 진단한다.

① 6개월~6세 이하 : 11g/dL 미만
② 6세~14세 이하 : 12g/dL 미만
③ 성인 남자 : 13g/dL 미만, 헤마토크릿트 39% 미만
④ 성인 여자 : 12g/dL 미만, 헤카토크릿트 36% 미만

4. 치 료

① 균형된 식사
② 경구용 철분제
③ 비경구용 철분제
경구용 철분제제를 견딜 수 없는 환자, 출혈이 심하여 경구용으로 대상할 수 없는 경우, 철분 흡수장애가 있는 경우, 원인 증상이 철분 투여시 더 악화되는 경우에 사용된다.

20 법정 감염병

1. 의 의

사회적 파급력이 큰 감염병들을 법적으로 정해 놓고, 환자가 발생하였을 때 의무적으로 신고하도록 되어 있는 감염병을 법정 감염병이라고 한다.

「감염병의 예방 및 관리에 관한 법률」에서 "감염병이란 제1급 감염병, 제2급 감염병, 제3급 감염병, 제4급 감염병, 기생충감염병, 세계보건기구 감시대상 감염병, 생물테러감염병, 성매개감염병, 인수(人獸)공통감염병 및 의료관련감염병을 말한다"고 규정하고 있다.

2. 감염병의 분류

(1) 제1급 감염병

생물테러감염병 또는 치명률이 높거나 집단 발생의 우려가 커서 발생 또는 유행 즉시 신고하여야 하고, 음압격리와 같은 높은 수준의 격리가 필요한 감염병을 말한다.

(2) 제2급 감염병

전파가능성을 고려하여 발생 또는 유행시 24시간 이내에 신고하여야 하고, 격리가 필요한 감염병을 말한다.

(3) 제3급 감염병

그 발생을 계속 감시할 필요가 있어 발생 또는 유행시 24시간 이내에 신고하여야 하는 감염병을 말한다.

(4) 제4급 감염병

제1급 감염병부터 제3급 감염병까지의 감염병 외에 유행 여부를 조사하기 위하여 표본감시 활동이 필요한 감염병을 말한다.

(5) 기생충감염병

기생충에 감염되어 발생하는 감염병 중 보건복지부장관이 고시하는 감염병을 말한다.

(6) 세계보건기구 감시대상 감염병

세계보건기구가 국제공중보건의 비상사태에 대비하기 위하여 감시대상으로 정한 질환으로서 질병관리청장이 고시하는 감염병을 말한다.

(7) 생물테러감염병

고의 또는 테러 등을 목적으로 이용된 병원체에 의하여 발생된 감염병 중 질병관리청장이 고시하는 감염병을 말한다.

(8) 성매개감염병

성 접촉을 통하여 전파되는 감염병 중 질병관리청장이 고시하는 감염병을 말한다.

(9) 인수공통감염병

동물과 사람 간에 서로 전파되는 병원체에 의하여 발생되는 감염병 중 질병관리청장이 고시하는 감염병을 말한다.

(10) 의료관련감염병

환자나 임산부 등이 의료행위를 적용받는 과정에서 발생한 감염병으로서 감시활동이 필요하여 질병관리청장이 고시하는 감염병을 말한다.

(11) 관리대상 해외 신종감염병

기존 감염병의 변이 및 변종 또는 기존에 알려지지 아니한 새로운 병원체에 의해 발생하여 국제적으로 보건문제를 야기하고 국내 유입에 대비하여야 하는 감염병으로서 질병관리청장이 보건복지부장관과 협의하여 지정하는 것을 말한다.

3. 법정 감염병(제1급~제4급)의 세부종류

구분		
제1급 감염병	• 에볼라바이러스병 • 라싸열 • 남아메리카출혈열 • 두 창 • 탄 저 • 야토병 • 중증급성호흡기증후군(SARS) • 동물인플루엔자 인체감염증 • 디프테리아	• 마버그열 • 크리미안콩고출혈열 • 리프트밸리열 • 페스트 • 보툴리눔독소증 • 신종감염병증후군 • 중동호흡기증후군(MERS) • 신종인플루엔자
제2급 감염병	• 결 핵 • 홍 역 • 장티푸스 • 세균성이질 • A형간염 • 유행성이하선염 • 폴리오 • b형헤모필루스인플루엔자 • 한센병 • 반코마이신내성황색포도알균(VRSA) 감염증 • 카바페넴내성장내세균속균종(CRE) 감염증	• 수 두 • 콜레라 • 파라티푸스 • 장출혈성대장균감염증 • 백일해 • 풍 진 • 수막구균 감염증 • 폐렴구균 감염증 • 성홍열
제3급 감염병	• 파상풍 • 일본뇌염 • 말라리아 • 비브리오패혈증 • 발진열 • 렙토스피라증 • 공수병 • 후천성면역결핍증(AIDS) • 뎅기열 • 웨스트나일열 • 진드기매개뇌염 • 치쿤구니야열 • 지카바이러스 감염증 • 크로이츠펠트-야콥병(CJD) 및 변종크로이츠펠트-야콥병(vCJD)	• B형간염 • C형간염 • 레지오넬라증 • 발진티푸스 • 쯔쯔가무시증 • 브루셀라증 • 신증후군출혈열 • 황 열 • 큐열(Q熱) • 라임병 • 유비저(類鼻疽) • 중증열성혈소판감소증후군(SFTS)
제4급 감염병	• 인플루엔자 • 회충증 • 요충증 • 폐흡충증 • 수족구병 • 클라미디아감염증 • 성기단순포진 • 장관감염증 • 해외유입기생충감염증 • 사람유두종바이러스 감염증 • 메티실린내성황색포도알균(MRSA) 감염증 • 다제내성아시네토박터바우마니균(MRAB) 감염증	• 매독(梅毒) • 편충증 • 간흡충증 • 장흡충증 • 임 질 • 연성하감 • 첨규콘딜롬 • 급성호흡기감염증 • 엔테로바이러스감염증 • 반코마이신내성장알균(VRE) 감염증 • 다제내성녹농균(MRPA) 감염증

21 백내장

1. 의 의

백내장은 동공의 뒤에 있는 수정체가 흐려지고 혼탁해지면서 시력저하가 일어나는 질환을 말한다.

2. 백내장의 종류

(1) 노인성 백내장

시력장애의 주원인이며, 50세경에 시작되어 나이가 들면서 진행된다.

(2) 선천성 백내장

유전에 의한 것과 임신 중에 모체가 풍진, 이하선염 등을 앓았을 경우 발생한다.

(3) 외상성 백내장

외상으로 수정체가 파열되거나, 타박으로 인하여 수정체 혼탁이 오는 경우 발생한다.

(4) 당뇨병성 백내장

유아성 당뇨환자에게 일찍 나타날 수 있고, 진행이 매우 빠른 것이 특징이다.

(5) 합병성 백내장

포도막염, 녹내장, 안약 및 내복약의 부작용 등으로 수정체에 혼탁이 오는 경우이다.

3. 증상 및 진단

(1) 증 상

① 시력이 흐려지고, 복시와 눈부심이 나타난다.

② 동공이 확대되어 불빛이 밝지 않을 때 더 잘 본다.

③ 수정체가 혼탁되어도 통증은 없다.

④ 보통 양측성으로 오며, 양 눈의 진행정도는 다르다.

(2) 진 단

산동 검사를 통해 동공을 확대시킨 후 세극등현미경 검사(일종의 현미경 검사로 눈을 최대 40배까지 확대하여 자세히 볼 수 있는 검사 방법)로 수정체 혼탁의 정도와 위치를 확인한다.

심화학습 | 백내장의 구분

백내장은 검사로 확인한 혼탁의 위치에 따라 크게 전낭하 백내장, 핵경화 백내장, 후낭하 백내장로 구분할 수 있다.

1. **전낭하 백내장**
   수정체의 전면을 싸고 있는 막(전낭)의 안쪽에 생긴 백내장을 말한다.
2. **핵경화 백내장**
   수정체의 중심부인 핵이 딱딱해지고 뿌옇게 변하는 백내장으로, 중심부에 생긴 백내장을 말한다.
3. **후낭하 백내장**
   수정체의 뒷면을 감싸고 있는 후낭 바로 앞쪽에 생긴 백내장을 말한다.

4. 치 료

(1) 약물치료

초기에 약물치료로 진행속도를 더디게 할 수 있지만, 호전시킬 수는 없다.

(2) 근본적인 치료

혼탁한 수정체를 제거하고 인공수정체로 대체한다.

22 치 매

1. 의 의

치매는 후천적으로 기억, 언어, 판단력 등의 여러 영역의 인지 기능이 감소하여 일상생활을 제대로 수행하지 못하는 임상 증후군을 말한다. 치매에는 '알츠하이머병'이라 불리는 노인성 치매, 중풍 등으로 인해 생기는 혈관성 치매가 있으며, 이 밖에도 다양한 원인에 의한 치매가 있을 수 있다.

2. 원 인

(1) 알츠하이머병

① 원인 미상의 신경퇴행성 질환으로 전체의 50~60%를 차지한다.

② 두뇌의 수많은 신경세포가 서서히 쇠퇴하여 뇌조직이 소실되고 뇌가 위축되게 된다. 이에 대해서는 뚜렷한 원인이 밝혀지지 않고 있다.

(2) 혈관성 치매

① 뇌의 혈액순환장애에 의한 혈관성 치매가 20~30%를 차지한다.

② 뇌 안에서 혈액순환이 잘 이루어지지 않아 서서히 신경세포가 죽거나, 갑자기 큰 뇌혈관이 막히거나 뇌혈관이 터지면서 뇌세포가 갑자기 죽어서 생기는 치매를 말한다.

3. 증 상

(1) 기억력 저하

건망증이라면 어떤 사실을 기억하지 못하더라도 힌트를 주면 금방 기억을 되살릴 수 있지만 치매에서는 힌트를 주어도 모르는 경우가 많다.

(2) 언어장애

가장 흔한 증상은 물건의 이름이 금방 떠오르지 않아 머뭇거리는 현상인 '명칭 실어증'이다.

(3) 시공간 파악능력 저하

길을 잃고 헤매는 증상이 나타날 수 있다.

(4) 계산능력의 저하

거스름돈과 같은 잔돈을 주고받는데 자꾸 실수가 생기고, 전에 잘하던 돈 관리를 못하게 되기도 한다.

(5) 성격 변화

매우 흔하게 나타날 수 있는 증상으로, 예를 들어 과거에 매우 꼼꼼하던 사람이 대충대충 일을 처리한다거나 전에는 매우 의욕적이던 사람이 매사에 관심이 없어지기도 한다.

(6) 감정의 변화

특히 우울증이 동반되는 경우가 많고, 수면장애가 생길 수도 있어 잠을 지나치게 많이 자거나 반대로 불면증에 시달리기도 한다.

4. 치매의 진단평가

(1) CDR(치매임상평가척도)

치매환자의 중증도를 평가하는 대표적인 척도(선별검사 아님)로 다음의 6가지 평가에 기초하여 5단계로 구분한다.

① 기억력
② 지남력
③ 판단력과 문제해결능력
④ 사회활동
⑤ 집안생활과 취미
⑥ 위생과 몸치장

(2) MMSE(인지기능선별검사)

노인의 인지기능을 평가하는데 가장 널리 사용되는 평가도구이다.

① 기억력
② 지남력
③ 주의집중력
④ 시공간구성능력
⑤ 언어관련기능
⑥ 전두엽 집행기능

(3) GDS(전반적 퇴화척도)

CDR과 마찬가지로 치매의 유무를 판별하기 위한 도구가 아니라, 퇴행성 치매의 중증도를 평가하기 위한 도구이다.

(4) 7분 치매선별검사

10분 이내에 시행할 수 있는 간편한 치매 조기선별도구이다.

23 외상 후 스트레스 장애(PTSD)

1. 의 의

심각한 외상을 겪은 후에 나타나는 불안장애를 의미한다.

2. 원인 및 위험인자

(1) 원 인

① 어떤 외상적 사건이 질병을 일으킨다. 남자의 경우 전쟁 경험이 많고 여자의 경우 물리적 폭행, 강간을 당한 경우가 많다.

② 외상을 경험한 모든 사람에게서 병이 발병하지는 않는 것을 고려하면 단순히 외상만은 아니고 다른 생물학적, 정신 사회적 요소가 발병에 관여한다고 볼 수 있다.

(2) 위험인자

① 아동기 외상의 경험

② 경계성, 의존성 및 반사회성 인격장애의 경향이 있는 경우

③ 여 자

④ 정신과 질환에 취약한 유전적 특성

⑤ 최근 스트레스가 되는 생활변화

⑥ 부적절한 가족, 동료의 정서적 지원

⑦ 과도한 음주

3. 증상 및 진단

(1) 증 상

① 꿈이나 반복되는 생각을 통해 외상의 재경험

② 외상과 연관되는 상황을 피하려고 하거나, 무감각해지는 것

③ 자율신경계가 과각성되어 쉽게 놀라고 집중력 저하, 수면 장애, 짜증 증가 등

(2) 진단기준

외상 후 스트레스 장애의 진단은 환자면담과 심리검사 등을 통해 내려지며, 진단기준은 다음과 같다.

① 외상을 경험하고 이후 극심한 불안, 공포, 무력감, 고통을 느낌

② 외상에 대한 재경험(악몽, 환시, 생각, 해리를 통한 경험)

③ 외상에 대한 회피 또는 무감각(외상 관련된 것에 대해 말을 하지 않고 장소를 피함, 외상 관련된 일이 기억나지 않음, 감각의 저하, 의욕 저하 등)이 3가지 이상

④ 각성 상태(수면 장애, 짜증 · 분노 증가, 집중력 저하, 자주 놀람 등)의 증가가 2가지 이상

4. 검사 및 치료

(1) 검 사

① 뇌 자기공명영상 촬영

② 뇌파 검사

(2) 치 료

① 심리치료요법 : 개인적인 면담, 최면요법

② 약물치료 : SSRI(선택적 세로토닌 재흡수 억제제 - 항우울제의 일종)

③ 정신치료 : 정신역동적 정신치료

5. 실 무

제3보험 장해분류표 신경계/정신행동장해에서 외상 후 스트레스성 장애는 면책대상이다.

24 인플루엔자 예방접종 적응증

예방접종 대상은 나이가 6개월 이상인 사람 중에서 다음과 같다.

① 폐질환, 심장질환(만성 기관지염, 천식 등)

② 만성질환으로 요양원이나 집단 치료소에 있는 사람들

③ 병원에 다닐 정도의 만성질환(당뇨, 만성 간질환, 암, 면역저하질환 등)

④ 65세 이상의 노인

⑤ 의료인 또는 환자가족

⑥ 본인이 원할 때, 해외여행 전에 여행지가 인플루엔자 유행시기 때, 국가 중요 임무 담당자들

* 임신 14주 이상이면서 인플루엔자가 유행할 경우에는 임산부에게도 접종이 가능하다.

25 대상포진

1. 의 의

대상포진은 어릴적 수두를 앓은 사람에게 발생하게 되고, 몸에 남아있던 수두균에 의해 피부에 작은 물집들이 띠 모양으로 발생하고, 극심한 통증을 유발하는 질환이다.

2. 원인 및 위험인자

(1) 원 인

대상포진은 원인균인 베리셀라 - 조스터 바이러스(varicella-zoster virus, VZV)에 의해 발생한다.

(2) 위험인자

① 60세 이상의 노인

② 스트레스

③ 호지킨 병(림프조직에 감염이 일어나 무제한으로 증식하는 병)

④ 저항력이 감소되는 병에 걸렸을 경우

⑤ 항암제, 면역억제제 같은 약물복용시

3. 증상 및 진단

(1) 증 상

① 주로 발생하는 증상은 통증인데, 몸의 한 쪽 부분에 국한되는 경우가 대부분이며 아프거나 따끔거리는 증상이 발생한다.

② 이러한 증상이 1~3일간 지속된 이후에 붉은 발진이 일어나게 되고 열이나 두통이 발생하게 된다.

③ 수포는 2~3주간 지속되며, 이것이 사라지면 농포나 가피가 형성되고 점차 사라지게 된다.

(2) 진 단

① 대상포진은 피부에 나타나는 병적인 변화가 매우 특징적이므로 증상을 관찰하여 임상적으로 진단을 할 수가 있다. 단, 면역억제 환자는 피부의 병적인 변화가 특징적이지 않을 수 있다.

② 전형적인 피부변화가 나타나지 않는 경우에는 피부병변을 긁어 현미경적 검사, 바이러스 배양, 또는 분자유전자 검사를 할 수 있다.

4. 치료 및 합병증

(1) 치 료

① 항바이러스제제 투여

② 진통제 및 소염제 투여

(2) 합병증

① 포진 후 신경통

통증은 병변이 사라진 후에도 지속될 수 있는데, 이를 포진 후 신경통이라고 한다. 포진 후 신경통은 통증이 매우 심하여 일반적인 진통제에 잘 반응하지 않을 정도로 아주 심한 경우에는 신경차단술 등을 시행하기도 한다.

② 람세이-헌트 증후군

대상포진이 안면신경을 따라 발생할 경우 안면신경 마비증상이 발생할 수 있으며, 이 경우 한쪽 눈이 감겨지지 않고, 입이 삐뚤어지게 된다.

③ 각막염과 실명

삼차신경의 안신경절을 침범한 경우 각막염에 걸리거나 심한 경우 시력을 잃을 수도 있다.

26 수면무호흡증

1. 의 의

수면무호흡증은 목구멍 속 공기의 통로가 막혀 10초 이상 숨을 쉬지 않는 무호흡상태가 1시간당 5회 이상이거나, 7시간의 수면시간 동안 30회 이상인 경우를 말한다.

2. 위험인자 및 증상

(1) 위험인자

① 비 만

② 구조적 기형(특히 편도, 목젖, 연구개 등의 비대증이나 비용종 등)

③ 가족력

④ 음 주

⑤ 갑상샘 기능 저하증(hypothyroidism)

⑥ 양악수술

(2) 증 상

① 아침에 피로감

② 낮에 권태감

③ 증상이 악화됨에 따라 주의력 산만, 판단력 저하 등

3. 진 단

(1) 병력 진단

본인이나 배우자 또는 가족들을 통해 증상을 듣고 진단할 수 있다. 주간에 얼마나 졸리는지에 대한 문진을 통해서도 코골이나 무호흡의 심한 정도를 파악할 수 있다.

(2) 수면다원검사

8시간 동안 잠을 자면서 뇌파, 안구운동, 심전도, 근전도, 혈압, 호흡, 혈중 산소포화도 등을 측정하고, 이 결과를 바탕으로 코골이와 수면장애 정도를 진단한다.

4. 치 료

(1) 수 술

비강수술, 레이저 코골이 수술 등을 시행한다.

(2) 지속성비강 기도양압호흡기

코 위에 마스크를 밀착하여 기도 폐쇄를 방지한다.

5. 합병증

(1) 고혈압

수면무호흡 환자의 50% 정도는 고혈압을 동반한다.

(2) 허혈성 심질환

저산소증, 고혈압 등으로 심장마비가 올 수도 있다.

(3) 부정맥

수면무호흡증 환자의 50% 정도가 야간 심부정맥이 발생한다.

(4) 폐질환

폐성 고혈압, 호흡부전 등을 유발한다.

27 자살 위험인자

자살의 주요 위험인자는 다음과 같다.

① 남 자

② 청소년, 노인

③ 우울증이 심한 경우

④ 자살 시도의 과거력

⑤ 알코올이나 약물남용

⑥ 환시, 환청 등의 정신병적인 증상이 있는 경우

⑦ 사회적 고립

⑧ 자살계획이 치밀한 경우

⑨ **독신** : 미혼에서 가장 위험하고, 배우자 사망, 별거나 이혼

⑩ **질병** : 암 병력 환자

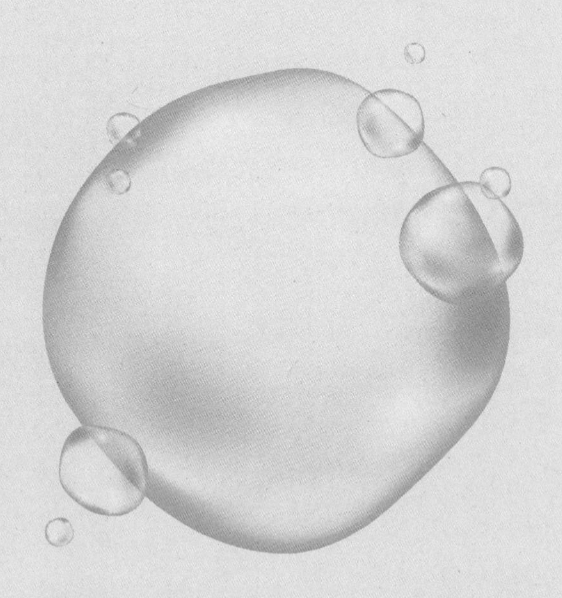

성공한 사람은 대개 지난번 성취한 것 보다 다소 높게, 그러나 과하지 않게 다음 목표를 세운다. 이렇게 꾸준히 자신의 포부를 키워간다.

-커트 르윈-

제2과목

책임보험 · 근로자 재해보상보험의 이론과 실무

01 배상책임보험

01 배상책임보험의 의의와 기능

1. 의 의

피보험자가 보험기간 중의 사고로 인하여 제3자에게 배상할 책임을 진 경우에 이를 보상하는 보험이다(상법 제719조).

2. 기 능

(1) 순기능

① 피보험자 보호
가해자(피보험자)의 위험부담을 보험자에게 전가시켜 가해자의 재산상의 손해를 방지하는 합리적인 경제제도이다.

② 안정성 · 신뢰성 제공
배상책임보험 가입을 통해 피보험자의 각종 활동에 대한 법적 책임부담 경감과 신뢰성을 제공받을 수 있다.

③ 피해자 구제
가해자가 배상책임에 가입된 경우, 피해자의 손해배상권리가 우선적으로 보호되고, 신속한 보상이 이루어질 수 있다.

(2) 역기능

① 책임의식 약화로 사고방지의 노력이 감소할 수 있다.

② 도덕적 위험이 나타날 수 있다.

3. 특 징

(1) 제3자(피해자)

피보험자가 배상책임을 지는 제3자가 존재하여야 한다.

(2) 법률상 배상책임

피보험자의 제3자에 대한 법률상 배상책임이 발생하여야 하고, 제3자로부터의 손해배상청구가 있어야 한다.

(3) 보험의 목적

'피보험자의 전 재산(통설)'이라는 견해와 '제3자에 대하여 부담하는 배상책임'이라는 견해가 있다.

(4) 보험가액의 미정

피보험자의 전 재산이 보험의 목적이므로 보험사고로 손해가 발생하기 전까지 보험가액을 정할 수 없다(예외 : 보관자배상책임보험).

(5) 보험사고

① 배상책임사고가 발생한 시점을 보험사고로 보는 손해사고설(통설)과 피해자로부터의 배상청구를 받은 시점을 보험사고로 보는 배상청구설이 있다.

② 급격한 사고뿐 아니라 서서히 반복적으로 누적되어 발생하는 사고도 포함한다.

02 실손보상의 원칙

1. 의 의

손해보험의 근간이 되는 원칙으로 보험사고로 인한 피보험자의 실제손해를 보상한다는 원칙이다. 이득금지의 원칙이라고도 한다.

2. 취 지

보험은 우연한 사고를 통해 소액의 보험료로 고액의 보험금을 받는다는 점에서 사행계약성을 가지고, 이로 인해 도덕적 위험이 발생한다. 따라서 이를 예방하기 위한 방법으로 이 원칙을 두고 있다.

3. 실손보상원칙의 실현

(1) 피보험이익

① 보험계약을 통해 피보험자가 얻는 경제적 이익으로서 이러한 피보험이익이 없다면 해당 보험계약은 존재할 수가 없게 되고, 이를 통해 피보험이익이 없는 자가 보험금을 청구하여 부당이득을 받게 되는 것을 방지할 수 있다.

② 배상책임보험의 경우 피보험자가 복수로 존재할 수 있는데, 이때에는 기명피보험자에게 피보험이익이 없으면 보험계약이 소멸된다.

(2) 보험가액

① 피보험이익의 평가액으로 법률상 보상최고한도액을 의미하고, 초과·중복보험의 기준이 된다.

② 배상책임보험의 경우, 피보험자의 전 재산에 대한 손해를 담보하기 때문에 보험가액의 개념이 없지만, 타 보험계약에 대하여 알릴의무를 부여하고, 분담조항을 따르도록 하고 있다.

(3) 보험자대위

① 보험자에게 보상을 받은 피보험자가 제3자에게 갖는 손해배상청구권까지 행사할 수 있다면, 이는 이중이득을 취하게 되는 것이다. 따라서 피보험자에게 보험금을 지급한 보험자는 피보험자가 제3자에게 갖는 권리를 이전받게 되는데 이를 보험자대위라 한다.

② 배상책임보험에서는 청구권대위만 존재하며, 대위권과 손해배상청구권이 경합될 경우 피보험자의 제3자에 대한 권리가 우선하고, 남은 차액에 대하여 대위권을 행사한다.

03 불법행위책임과 채무불이행책임 비교

1. 의 의

불법행위책임은 법령상 위법행위에 대한 배상책임인데 반해, 채무불이행책임은 채무자가 계약의 내용을 좇은 이행을 하지 아니하여 채권자가 입은 손해를 배상할 책임이다.

2. 유사점

성립요건	① 가해자(채무자)의 고의 또는 과실 ② 가해자(채무자)의 책임능력 필요 ③ 불법행위(채무불이행) 사실 ④ 손해발생 ⑤ 불법행위(채무불이행) – 손해간 인과관계
과실책임	자기(과실)책임주의
손해배상의 범위	손해배상의 범위에 차이가 없다.
손해배상의 방법	모두 금전배상을 원칙으로 한다.
과실상계	모두 가능하다. * 과실상계 : 손해배상의 책임 및 금액의 결정에 있어 피해자의 과실을 참작하는 것

3. 차이점

구 분	불법행위책임	채무불이행책임
입증책임	피해자가 가해자의 고의나 과실에 대해 입증책임을 진다.	채무자가 자신의 고의나 과실의 귀책사유가 없음을 입증하여야 한다.
상계금지	손해배상채무를 상계하지 못한다.	상계금지 규정이 없다.
배상액의 경감	배상액의 경감을 청구할 수 있다.	배상액의 경감 규정이 없다.
타인의 행위에 대한 책임	사용자의 면책가능성이 인정된다.	채무자에게 면책가능성이 부정된다.
연대책임 유무	연대책임(부진정연대채무) 규정이 존재한다.	연대책임 규정이 없다.
소멸시효	① 불법행위가 있음을 안 날로부터 3년 ② 불법행위 발생일로부터 10년	① 원칙 : 10년 ② 상사(상행위) : 5년
간접피해자 유무	근친자에게도 위자료를 인정한다.	근친자의 손해배상청구권은 인정되지 않는다.

4. 청구권 경합

피해자 또는 채권자는 선택에 따라 어느 청구권이든 먼저 행사할 수 있다.

04 배상책임보험의 기본용어

1. 신체장해

신체의 부상, 질병, 사망 등을 모두 포함한 사람의 신체·생명에 대한 훼손상태를 말한다.

2. 재물손해

재물의 훼손으로 인해 발생한 직접손해, 사용손실(재물을 사용하지 못함으로써 발생하는 손해) 등을 말하며, 재물은 유체물과 무체물을 구별하지 않는다.

3. 사 고

급격하고 우연한 외래사고와 서서히, 계속적, 반복적, 누적적으로 발생한 사고도 포함한다. '1회의 사고'란 하나의 위험으로 인하여 발생한 사고를 말하며, 피해자나 손해배상청구의 수와 관계 없이 1회의 사고로 본다.

4. 법률상 배상책임

법률규정을 위반하거나 그에 따른 배상책임을 말하며, 계약상 가중책임(계약에 의해 법률보다 가중된 책임)은 제외한다.

05 보상하는 손해

1. 개 요

보험자는 보험기간 중에 발생된 보험사고로 인하여 피보험자가 피해자에게 법률상의 배상책임을 짐으로써 입은 손해를 보상한다.

2. 법률상의 손해배상금

민사적 손해배상금 또는 법원의 판결금

3. 계약자 또는 피보험자가 지출한 비용

① 피보험자가 손해의 방지 또는 경감을 위하여 지출한 필요 또는 유익하였던 비용

② 피보험자가 제3자로부터 손해의 배상을 받을 수 있는 그 권리를 지키거나 행사하기 위하여 지출한 필요 또는 유익하였던 비용

③ 피보험자가 지급한 방어비용(소송・변호사・중재・화해・조정에 관한 비용)

④ 보험증권상의 보상한도액내의 금액에 대한 공탁보증보험료(보험사는 보증을 제공할 책임은 없다)

⑤ 피보험자가 보험회사의 요구에 따르기 위하여 지출한 비용

06 배상책임보험의 손해배상 범위

1. 배상책임보험에서의 손해배상액

채무불이행책임의 경우 「민법」 제393조(손해배상의 범위)의 통상의 손해를 한도로 하고 있고, 불법행위책임 또한 이 규정을 준용하고 있다.

2. 통상의 손해

「민법」상 통상의 손해에 대해 규정된 바가 없으므로, 판례를 통하여 아래와 같이 정리할 수 있다.

(1) 요 건

① 객관적

② 합리적

③ 1차 손해(가해행위로부터 직접 발생한 손해)

(2) 재산손해에서의 통상손해

재산이 훼손 또는 멸실 되었을 당시의 시장가치와 이자를 포함한다. 위자료(정신적 손해)의 경우 재산손해에서는 특별손해로 보고 있다.

(3) 인적 손해에서의 통상손해

① 재산적 손해

㉠ 적극적 손해 : 기존의 이익에 관한 손해(치료비, 장례비, 진단비 등)

㉡ 소극적 손해 : 장래의 이익에 관한 손해(휴업손해, 상실수익액 등)

② 정신적 손해 : 위자료

3. 특별손해

당사자간 개별적 사정에 의해 발생한 손해로 개별적 사정에 대해 가해자·채무자가 알았거나 알 수 있었을 경우에 해당한다.

07 방어의무와 방어비용

1. 방어의무

(1) 의 의

피보험자를 상대로 제기된 소송이나 중재에서 보험자가 이를 방어해야 하는 의무를 말한다.

(2) 방어의무 불이행의 효과

보험자가 방어의무를 해태함으로써 가중된 피보험자의 손해에 대하여 보험자는 피보험자에 대한 손해배상책임이 있다고 본다.

2. 방어비용

(1) 의 의

보험자의 방어의무를 이행하기 위해 지급된 재판상 또는 재판 외의 비용을 말한다.

(2) 법적 성질

판례 및 다수설은 손해방지비용설을 따른다.

(3) 보상한도

손해방지비용과는 달리 방어비용은 보험가입금액을 한도로 하며(상법 제720조 제2항), 보험자의 지시에 의하여 지출한 비용의 경우에만 보험금액을 초과하는 경우에도 보험자가 부담하도록 정하고 있다(상법 제720조 제3항).

심화학습 **피보험자가 지출한 방어비용의 부담(상법 제720조)**

② 피보험자가 담보의 제공 또는 공탁으로써 재판의 집행을 면할 수 있는 경우에는 보험자에 대하여 보험금액의 한도내에서 그 담보의 제공 또는 공탁을 청구할 수 있다.
③ 제1항 또는 제2항의 행위가 보험자의 지시에 의한 것인 경우에는 그 금액에 손해액을 가산한 금액이 보험금액을 초과하는 때에도 보험자가 이를 부담하여야 한다.

08 보상하지 않는 손해(= 면책손해)

① 보관자책임에 대한 손해(피보험자가 소유・사용 또는 관리하는 재물이 손해를 입었을 경우에 그 재물에 대하여 정당한 권리를 가진 사람에게 부담하는 손해에 대한 배상책임)

② 계약자, 피보험자(법인인 경우 그 이사 또는 법인의 업무를 집행하는 그 밖의 기관) 또는 이들의 법정대리인의 고의로 생긴 손해에 대한 배상책임

③ 전자파, 전자장(EMF)으로 생긴 손해에 대한 배상책임

④ 지진, 분화, 홍수, 해일 또는 이와 비슷한 천재지변으로 생긴 손해에 대한 배상책임

⑤ 전쟁, 혁명, 내란, 사변, 테러, 폭동, 소요, 노동쟁의 기타 이들과 유사한 사태로 생긴 손해에 대한 배상책임

⑥ 핵연료물질(사용된 연료를 포함) 또는 핵연료물질에 의하여 오염된 물질(원자핵분열 생성물을 포함)의 방사성, 폭발성 그 밖의 유해한 특성 또는 이들의 특성에 의한 사고로 생긴 손해에 대한 배상책임

⑦ 방사선을 쬐는 것 또는 방사능 오염으로 인한 손해

⑧ 티끌, 먼지, 석면, 분진 또는 소음으로 생긴 손해에 대한 배상책임

⑨ 피보험자와 타인 간에 손해배상에 관한 약정이 있는 경우, 그 약정에 의하여 가중된 배상책임

⑩ 벌과금 및 징벌적 손해에 대한 배상책임

저자의 TIP 쉽게 외워요!

'보관자'가 '고의'로 'EMF'쐈서 '천・전・핵・방'이 일어나 '먼지・소음'이 발생해 '가중책임・징벌'을 받았다.

09 징벌적 배상금

1. 의 의

가해자의 악의적 행위로 인한 법률적 손해배상책임 이외에 법원이 추가로 부과하는 배상금으로 영미법에서 비롯된 이론이다.

2. 기 능

가해자의 악의적 행위에 대한 재발방지를 위한 기능을 한다.

3. 국내 배상책임보험에서의 적용

우리나라에서는 징벌적 손해배상에 대해 명확히 구분 짓지 않고, 위자료 산정시 포함시킨 판례가 있다.

10 보상한도액 및 자기부담액(공제금액)

1. 보상한도액

(1) 정 의

보상한도액이란 회사와 계약자 간에 약정한 금액으로 피보험자가 법률상의 배상책임을 부담함으로써 입은 손해 중 보험금 등의 지급한도에 따라 보험회사가 책임지는 금액의 최대 한도를 말한다.

(2) 대인보상한도액(BI)

신체상해사고의 보상한도액으로, ① 1인당 보상한도액(AOP)과 ② 1사고당 보상한도액(AOO)이 있다.

(3) 대물보상한도액(PD)

재물손해사고의 보상한도액으로 1사고당 보상한도액이다.

(4) 일괄보상한도액(CSL)

신체상해, 재물손해에 관계없이 모든 손해에 대한 보상한도이다.

(5) 연간보상총액(AGG)

보험기간 중 보상할 수 있는 총 한도, 생산물배상 등 사고발생 위험이 높은 특약의 경우 무조건 연간총액을 설정하여야 한다. 사고로 보험금 지급시마다 감액되고, 총보상한도액이 소진되면 해당 증권이 소멸된다.

2. 자기부담액(공제금액)

① 보험사고로 인하여 발생한 손해에 대하여 계약자 또는 피보험자가 부담하는 일정 금액을 말한다.

② 발생빈도가 많은 소손해 처리에 따른 보험자 측의 경비절감으로 보험료 경감효과가 있다.

③ 보험계약자는 자기부담액 증액을 통해 보험료를 할인받을 수 있다.

④ 보험계약자에게 자기부담액을 부담하게 함으로써 계약자의 적극적인 위험관리를 유도한다.

11 배상책임보험의 종류

1. 근로자재해보장책임보험

(1) 국내 근로자재해보장책임보험

① 보통약관

② 재해보상책임특약

③ 재해보상확장 추가특약

④ 사용자배상책임특약

(2) 해외/선원 근로자재해보장책임보험

① 비업무상 재해확장 추가특약(선원・해외 근로자용)

② 간병보상 추가특약(해외 근로자용)

(3) 직업훈련생 재해'보상'책임보험

「근로자직업능력개발법」에 의한 직업훈련 과정 중 훈련생이 훈련에 기인하여 재해를 입은 경우 직업훈련생 재해보상책임보험 보통약관 및 재해보상 관련 법령에 따라 보상되는 금액과 이를 초과하여 피보험자(훈련기관 등)가 부담하는 법률상의 손해배상금을 보상하는 보험이다.

2. 일반배상책임보험

(1) 개인배상책임보험

일상생활배상책임담보특약

(2) 영업배상책임보험

① 시설소유관리자특약

② 도급업자특약

③ 보관자배상책임특약

④ 임차자특약

(3) 영문 영업배상책임보험(Commercial General Liability Insurance – C.G.L.)

① Coverage A. Bodily injury and Property damage Liability (신체/재물 손해)

② Coverage B. Personal and Advertising injury Liability (인권/광고권 침해)

③ Coverage C. Medical payments (의료비)

(4) 생산물 및 완성작업 배상책임보험

생산물배상책임을 담보하는 단일 약관이다.

(5) 가입강제 배상책임보험

① 가스배상책임보험

② 적재물배상책임보험

③ 각종 체육시설업자배상책임보험

④ 특약부화재보험

3. 전문직업인배상책임보험

(1) 신체에 관한 전문직업위험

의사배상책임보험

(2) 신체 이외의 전문직업위험

① 변호사배상책임보험

② 손해사정사배상책임보험

③ 기타 전문직 배상책임보험

12 영업배상책임보험의 비교(국문 vs C.G.L.)

구 분	국문영업배상책임보험	C.G.L.
위험담보방식	선택담보방식 ① 기본적 담보위험이 특약에 위임 ② 보통약관에 첨부하여 가입	포괄담보방식 ① 보통약관에서 피보험자의 모든 배상책임위험을 포괄담보 ② 특약에 의해 면책위험을 제외
가입대상	① 담보하지 않는 위험을 보상받고자 하는 경우 ② 외국의 기업 또는 외국계 기업과 거래를 하는 기업의 경우	① 고액보상보험한도액을 설정할 필요가 있는 경우 ② 보상한도액 및 보험료를 외화로 표시할 필요가 있는 경우
보상한도액	신체장해(BI)나 재물손해(PD)에 구분없이 1사고당(EO) 및 총보상한도(AI)로 계약	

13 영업배상책임보험상 타보험약관 조항

1. 타보험약관 조항의 의의

중복보험간 보험금의 분담 여부 및 분담방법을 구체적으로 규정한 약관조항을 말한다.

2. 유 형

(1) 분담방식

① 균등액분담방식

② 비례분담방식

(2) 비분담방식

① 우선보상방식

② 초과액보상방식

③ 면책방식

3. 국문영업배상책임보험의 타보험약관 조항

(1) 제9조(의무보험과의 관계)

① 회사는 이 약관에 의하여 보상하여야 하는 금액이 의무보험에서 보상하는 금액을 초과할 때에 한하여 그 초과액만을 보상한다. 다만, 의무보험이 다수인 경우에는 제10조(보험금의 분담)를 따른다.

② 제1항의 의무보험은 피보험자가 법률에 의하여 의무적으로 가입하여야 하는 보험으로서 공제계약을 포함한다.

③ 피보험자가 의무보험에 가입하여야 함에도 불구하고 가입하지 않은 경우에는 그가 가입했더라면 의무보험에서 보상했을 금액을 제1항의 "의무보험에서 보상하는 금액"으로 본다.

(2) 제10조(보험금의 분담)

① 이 계약에서 보장하는 위험과 같은 위험을 보장하는 다른 계약(공제계약을 포함한다)이 있을 경우 각 계약에 대하여 다른 계약이 없는 것으로 하여 각각 산출한 보상책임액의 합계액이 손해액을 초과할 때에는 아래에 따라 손해를 보상한다. 이 계약과 다른 계약이 모두 의무보험인 경우에도 같다.

$$\text{손해액} \times \frac{\text{이 계약의 보상책임액}}{\text{다른 계약이 없는 것으로 하여 각각 계산한 보상책임액의 합계액}}$$

② 이 계약이 의무보험이 아니고 다른 의무보험이 있는 경우에는 다른 의무보험에서 보상되는 금액(피보험자가 가입을 하지 않은 경우에는 보상될 것으로 추정되는 금액)을 차감한 금액을 손해액으로 간주하여 제1항에 의한 보상할 금액을 결정한다.

③ 피보험자가 다른 계약에 대하여 보험금 청구를 포기한 경우에도 회사의 제1항에 의한 지급보험금 결정에는 영향을 미치지 않는다.

4. C.G.L.의 타보험약관 조항

① 우선보상방식

② 초과액보상방식

③ 비례분담방식

14 배상책임보험의 유형별 비교

1. 일반배상책임보험 vs 전문직업인배상책임보험

일반배상책임보험	피보험자가 타인에게 지는 법률상 배상책임손해를 담보한다.
전문직업인배상책임보험	① 피보험자가 수행하는 전문직업 행위로 인해 타인에게 지는 법률상 손해배상책임손해를 담보한다. ② 위험의 전문성 여부는 담보위험에 의해 판단되는 것이지 직업 자체에 의해 결정되는 것은 아니다.

2. 임의배상책임보험 vs 의무배상책임보험

임의배상책임보험	① 피보험자의 임의적 의사에 따라 가입하는 보험이다. ② 피보험자 자체적 구제 보험이다.
의무배상책임보험	① 법령에 의해 가입이 강제되어 있는 보험이다. ② 법령에 의한 피해자 구제 보험이다.

3. 개인배상책임보험 vs 영업배상책임보험

개인배상책임보험	개인의 일상생활 중 사고로 발생한 배상책임을 담보한다. 주로 장기종합보험에서 특약 형태로 담보하고 있다.
영업배상책임보험	업무활동 중 사고로 발생한 배상책임을 담보한다.

4. 제3자 배상책임보험 vs 보관자배상책임보험 vs 혼합배상책임보험

제3자 배상책임보험	피보험자의 제3자에 대한 배상책임을 담보한다.
보관자배상책임보험	피보험자가 보호, 관리, 통제하는 재물에 대한 손해를 담보한다.
혼합배상책임보험	제3자와 보관자배상책임을 모두 담보한다.

5. 기초배상책임보험 vs 초과배상책임보험 vs 포괄배상책임보험

기초배상책임보험	어떠한 배상책임 위험에 대하여 최초로 가입한 보험이다.
초과배상책임보험	기초배상책임보험의 보상한도를 초과하여 일정한도까지 보상하는 보험이다.
포괄배상책임보험	여러 가지 배상책임 위험에 대하여 이미 체결된 기초배상책임에서 ① 그 한도액을 초과하거나, ② 담보하지 않는 위험에 대해 새로이 보상한도를 정하여 보상하는 보험이다.

6. 법률상 배상책임보험 vs 계약상 가중책임보험

법률상 배상책임보험	① 법률상 배상책임을 담보한다. ② 본인책임주의에 근거한 배상책임과 법률규정에 근거한 전가책임이 있다.
계약상 가중책임보험	① 당사자 간의 약정에 의한 배상책임을 담보한다. ② 실질적으로 계약상 가중책임은 보험사고의 우연성 결여로 대부분의 배상책임보험에서 면책하고 있다. 그러나 계약상 가중책임도 법률에 의해 보호받을 수 있는 범위 내에서 보험으로 담보할 필요성이 제기되어 마련되었다.

7. 손해사고기준 배상책임보험 vs 배상청구기준 배상책임보험

손해사고기준 배상책임보험	① 배상책임사고가 발생한 시점을 보험사고로 보는 보험이다. ② 대부분의 배상책임보험이 해당한다.
배상청구기준 배상책임보험	① 손해배상청구가 발생한 시점을 보험사고로 보는 보험이다. ② 생산물배상책임보험, 전문직업인배상책임보험 등이 있다.

15 보관자배상책임보험과 제3자 배상책임보험 비교

구 분	보관자배상책임보험	제3자 배상책임보험
보험의 목적	보관물(특정)	피보험자의 전 재산(불특정)
피해자	보관물 위탁자(특정)	불특정 다수
책임법리	채무불이행책임	불법행위책임
예	창고업자배상책임보험	자동차배상책임보험

16 일반배상책임보험과 전문직업인배상책임보험 비교

<table>
<tr><th>구 분</th><th>일반(영업)배상책임보험</th><th>전문직업인배상책임보험</th></tr>
<tr><td rowspan="2">보험사고</td><td>시설 및 영업/업무에 기인된 사고</td><td>전문업무에 기인된 사고</td></tr>
<tr><td>비행배상(신체/재물의 물리적 손해)</td><td>① 비행배상
② 하자배상[업무 중 부주의 또는 부작위(E & O)로 인한 사고]</td></tr>
<tr><td>피해자</td><td>불특정 다수</td><td>서비스 이용 고객</td></tr>
<tr><td>담보기준</td><td>손해사고기준</td><td>배상청구기준</td></tr>
<tr><td>보상한도</td><td>인당 및 사고당</td><td>사고당</td></tr>
</table>

17 도급업자특약과 시설소유관리자특약의 비교

1. 도급업자특약과 시설소유관리자특약의 공통점

도급업자특약과 시설소유관리자특약 모두 '제3자 배상책임위험'만을 담보하며, 해당 목적물 자체의 사고는 담보하지 않는다.

2. 차이점

구 분	도급업자특약	시설소유관리자특약
시 설	① 신축, 증・개축, 수리 또는 철거와 같이 공사가 진행 중인 시설 ② 공사에 이용되는 사무소, 가설물, 자재 보관장 등의 시설	완성시설을 본래의 용도에 맞게 이용되는 시설
업무장소	주로 시설 밖	주로 시설 내
보험기간	① 포괄계약의 경우 1년 기준 ② 개별계약은 당해 도급공사기간	언제나 1년
보험료	① 포괄계약의 경우 보험기간과 비례 ② 개별계약의 경우 보험기간과 관계없이 도급공사금액에 의하여 결정	언제나 보험기간과 비례

02 기타 담보

01 기업포괄배상책임보험

1. 의 의

① 피보험자의 업무에 따르는 각종의 배상책임위험에 관하여 피보험자가 이미 가입하고 있는 영업배상책임보험(C.G.L.), 근로자재해보장책임보험(WC/EL), 자동차배상책임보험 등 각종 기초배상책임보험의 보상한도액을 초과하는 손해와 기타 부담보위험을 총괄하여 담보하는 약관이다.

② 본 약관은 대형계약자의 개별적인 위험담보에 적합하도록 작성되는 이른바 Tailor made policy(맞춤형 정책)로서 비표준약관이기 때문에 보험약관의 형태가 매우 다양한 것이 특징이다.

2. 기 능

① 기초배상책임보험의 보상한도액을 필요한 금액까지 증가시킨다.

② 보험기간 중 모든 사고에 대한 총보상한도액이 소진된 경우, 기초배상책임보험의 역할을 한다.

③ 기초배상책임보험에서 담보하지 않는 기타의 배상책임위험도 추가 담보된다.

3. 보상하는 손해

(1) 담보위험

① 기초보험을 초과하는 손해를 보상한다.

② 각종 부담보위험 특약

(2) 방어비용

기초보험증권에는 적용되지 아니한다. 그러나 기초보험증권의 보상한도액이 사고로 소진된 경우에는 그 사고에 대하여도 동 규정이 적용된다.

4. 보상한도액

(1) 총보상한도액(Aggregate Limit)

C.G.L.과 같이 보험기간 중의 모든 사고에 대한 총보상한도액을 규정하고 있고, 또한 총보상한도액은 생산물위험에 대한 총보상한도액과 기초위험을 제외한 기타의 모든 위험에 대한 총보상한도액으로 구분된다.

(2) 피보험자부담한도액(Retained Limit)

기초보험증권의 보상한도액 또는 기초보험이 없는 배상책임위험에 대하여 별도로 설정된 기초공제금액을 초과하는 손해만을 보상하는 바, 이와 같이 기업포괄배상책임보험에서 부담하지 않는 손해인 기초보험증권의 보상한도액 또는 기초공제금을 피보험자부담한도액이라 한다.

(3) 사고당 한도액(Occurrence Limit)

손해의 형태별로 1사고당 정의를 규정하고 있다.

02 창고업자특약

1. 의 의

보관자책임보험으로 창고업자가 임치인에 대하여 부담하는 손해배상책임을 담보한다.

2. 법적 근거

보관자배상책임보험과 유사하다.

3. 보상하는 손해

(1) 창고업자특약 I

열거위험방식(화재, 폭발, 파손, 강도, 도난사고)을 적용하고, 일부보험일 경우 비례보상방식을 따른다.

(2) 창고업자특약 II

포괄위험담보방식을 적용하여 사고의 원인을 묻지 않고 보험증권에 지정한 장소에서 보관 중인 물건에 대한 손해를 보상한도 내에서 실손보상한다. 창고업자특약 I 과 혼용되지 않는다.

4. 보상한도

일반적으로 보험사고가 생긴 때와 곳에 있어서 수탁물이 손해를 입지 아니하였을 경우의 가액을 한도로 한다.

5. 현물보상 조항

보험자는 손해의 일부 또는 전부에 대하여 현물보상으로써 보험금의 지급에 갈음할 수 있다.

03 임차자특약

1. 의 의

임차인이 임차한 물건(부동산)에 발생한 우연한 사고로 임대인에게 손해배상책임을 부담하는 것을 담보하는 보험이다.

* 임대차 계약이란 당사자 일방(임대인)이 상대방에게 목적물을 사용, 수익하게 할 것을 약정하고 상대방(임차인)이 이에 대하여 차임을 지급할 것을 내용으로 하는 계약을 말한다(민법 제618조).

2. 법적 근거

(1) 「민법」 제390조(채무불이행책임)

임차인이 의무이행을 하지 아니한 때에는 임대인은 손해배상을 청구할 수 있다(대법원 2017.5.18. 선고 2012다86895, 86901, 전원합의체 판결).

(2) 「민법」 제654조(원상회복의무)

임차인이 목적물을 반환하는 때에는 원상회복의무를 가진다.

3. 보상하는 손해

임차인(피보험자)이 임차한 부동산에 생긴 사고로 임대인(피해자)에게 지는 법률상 배상책임을 담보하고 있다. 임차자 외에 동거친족·동숙자 및 이들이 고용한 자, 방문자도 피보험자에 포함된다.

04 주차장특약

1. 의 의

피보험자의 소유·사용·관리하는 주차시설 및 그 시설용도에 따른 주차업무를 담보의 대상으로 한다. 시설이 주차시설로 제한된다는 점을 제외하면 시설소유관리자특약과 유사하다.

2. 주차시설

「주차장법」에 의한 주차장을 말하며, 노상·노외주차장, 기계식주차장, 부설주차장으로 구분한다. 이에 해당하지 않는 경우에는 시설소유관리자특약을 통해 담보할 수 있다.

3. 법적 근거

「주차장법」에 따른 주차장 소유·관리자의 차량관리책임에 근거한다(주차장법 제10조, 제17조, 제19조).

4. 보상하는 손해

피보험자가 소유·사용·관리하는 주차시설 및 그 시설의 용도에 따른 주차업무의 수행으로 인해 제3자에게 입힌 재산손해, 신체손해에 대한 법률상 배상책임을 담보한다.

5. 보상하지 않는 손해

보통약관 면책손해와 벌과금 및 징벌적 손해에 대한 배상책임에 대하여는 보상하지 않는다.

(1) 주요 면책위험

① 주차장 내에서 무면허 운전자의 자동차조작으로 생긴 손해
② 주차장 이외의 장소에 주차한 자동차 및 그 자동차에 기인된 사고로 생긴 손해배상책임
③ 주차장관리자의 자동차 사용 중 사고로 인한 배상책임손해
④ 차량의 사용손실 등 일체의 간접손해

(2) 약 관

① 계약자 또는 피보험자가 소유・점유・임차・사용 또는 관리(화물의 하역작업 포함)하는 자동차, 항공기, 선박으로 생긴 손해에 대한 배상책임. 그러나 피보험자가 주차의 목적으로 수탁받은 차량으로 생긴 손해에 대한 배상책임은 보상한다.

② 통상적이거나 급격한 사고에 의한 것인가의 여부에 관계없이 공해물질의 배출, 방출, 누출, 넘쳐흐름 또는 유출로 생긴 손해에 대한 배상책임

③ 시설의 수리, 개조 신축 또는 철거공사로 생긴 손해에 대한 배상책임. 그러나 통상적인 유지, 보수작업으로 생긴 손해에 대한 배상책임은 보상한다.

④ 아래의 사유로 생긴 손해에 대한 배상책임과 그러한 음식물이나 재물 자체의 손해에 대한 배상책임

㉠ 피보험자의 시설 내에서 사용, 소비되는 피보험자의 점유를 벗어난 음식물이나 재물

㉡ 피보험자의 점유를 벗어나고 시설 밖에서 사용, 소비되는 음식물이나 재물

⑤ 공사의 종료(공사물건의 인도를 요하는 경우 인도) 또는 폐기 후 공사의 결과로 부담하는 손해에 대한 배상책임 및 공사물건 자체의 손해에 대한 배상책임

⑥ 피보험자의 근로자가 피보험자의 업무에 종사 중 입은 신체장해에 대한 손해배상책임

⑦ 피보험자가 양도한 시설로 생긴 손해에 대한 배상책임과 시설자체의 손해에 대한 배상책임

⑧ 아래의 사유로 생긴 물리적으로 파손되지 아니한 유체물의 사용손실에 대한 배상책임

㉠ 피보험자의 채무불이행이나 이행지체

㉡ 피보험자의 생산물이나 공사물건이 피보험자가 보증한 성능, 품질 적합성 또는 내구성 결함

⑨ 의사(한의사 및 수의사를 포함한다), 간호사, 약사, 건축사, 설계사, 측량사, 이용사, 미용사, 안마사, 침술사(뜸을 포함한다), 접골사 등 전문직업인의 직업상 과실로 생긴 손해에 대한 배상책임

⑩ 가입 여부를 묻지 아니하고 피보험자가 법률에 의하여 의무적으로 가입하여야 하는 보험(공제계약을 포함한다. 이하 '의무보험'이라 함)에서 보상하는 손해에 대한 배상책임

⑪ 지하매설물에 입힌 손해 및 손해를 입은 지하매설물로 생긴 다른 재물의 손해에 대한 배상책임

⑫ 이륜자동차의 도난으로 생긴 손해에 대한 배상책임. 그러므로 이륜자동차의 도난 이외의 손해에 대한 배상책임은 보상한다.

⑬ 타이어나 튜브에만 생긴 손해 또는 일부 부분품, 부속품이나 부속기계장치만의 도난으로 생긴 손해에 대한 배상책임. 타이어나 튜브의 손해는 장기간 사용에 따른 제품의 마모에서 비롯되는 것이 일반적이므로 해당 손해가 주차장 내에서 발생했음을 입증하기 어렵기 때문이다. 그러나 화재, 도난 또는 타이어 이외의 부분과 함께 손해가 발생한 경우에는 보상한다.

⑭ 자연마모, 결빙, 기계적 고장이나 전기적 고장으로 차량에 발생한 손해 배상책임

⑮ 차량에 부착한 고정설비가 아닌 차량 내에 놓아둔 물건의 손해에 대한 배상책임
⑯ 정부, 공공기관 기타 지방자치단체의 몰수, 국유화 또는 징발로 생긴 손해에 대한 배상책임
⑰ 주차장 내에서 자동차 또는 중기운전면허가 없는 사람의 차량 조작으로 생긴 손해에 대한 배상책임, 대리주차를 수행하는 자가 무면허인 경우
⑱ 공공도로(「도로교통법」상의 도로에 한한다)에서 수행하는 주차대행업무로 생긴 손해에 대한 배상책임. 이는 「자동차손해배상보장법」의 담보대상인 운행 중 사고이므로 면책한다.
⑲ 차량의 수리작업(차량부품의 수리, 대체작업을 포함한다)으로 생긴 손해에 대한 배상책임
⑳ 차량의 사용손실 등 일체의 간접손해
  예 휴차기간의 영업손실과 렌트카비용(대차료)

05 차량정비업자특약

1. 의 의

차량정비업자가 수탁받은 차량에 입힌 손해(보관자책임)와 피보험자가 차량정비를 위하여 소유·사용 및 관리하는 시설 및 업무활동에 기인한 사고로 타인에게 입힌 제3자 배상책임을 포괄 담보한다.

2. 가입대상

「자동차관리법」상의 자동차관리업 중 자동차정비업자를 의미한다.

3. 주요 면책손해

① 타이어나 튜브에만 생긴 손해 또는 일부 부분품, 부속품이나 부속기계장치만의 도난으로 생긴 손해에 대한 배상책임

② 자연마모, 결빙, 기계적 고장이나 전기적 고장으로 차량에 발생한 손해배상책임

③ 차량에 부착한 고정설비가 아닌 차량 내에 놓아둔 물건의 손해

④ 시설 밖에서의 시험목적 이외의 차량운행 중 사고

⑤ 차량부품의 수리, 대체 또는 통상적인 수리작업 중 발생한 사고로 차량에 입힌 손해배상책임

⑥ 차량의 정비를 위한 견인 또는 정비가 끝난 차량의 인도 중 사고

⑦ 공사의 종료(공사물건의 인도를 요하는 경우에는 인도) 또는 폐기 후 공사의 결과로 부담하는 배상책임 및 공사물건

⑧ 차량의 사용손실 등 일체의 간접손해

06 선주배상책임보험

1. 의 의

피보험자가 소유·사용 또는 관리하는 선박에 의하여 운송하는 여객이 우연한 사고로 신체장해를 입은 경우의 법적 배상책임을 담보하는 배상책임보험의 하나이다.

2. 가입대상

「해운법」상의 해상여객운송 대상인 선박이 가입대상이다.

3. 보상하는 손해

피보험자가 보험증권에 기재된 선박에 탑승한 여객(유람, 관광 및 도하목적의 탑승객을 말한다)의 신체에 손해를 입혀 법률상 배상책임을 부담함으로써 입은 손해를 보상한다.

4. 주요 보상하지 않는 손해(기본 면책손해+)

① 승선한 여객 이외의 제3자에게 입힌 신체장해에 대한 배상책임

② 재물손해에 대한 배상책임

③ 선박 또는 선박에 승강시키는 연락용 선박의 뚜렷한 정원초과로 생긴 손해에 대한 배상책임. 그러나 뚜렷한 정원 초과로 생긴 손해가 아님을 피보험자가 입증한 때에는 정원을 한도로 보상한다.

5. 부가할 수 있는 특별약관

① 구조비담보 특별약관

② 승객 외 제3자담보 특별약관

③ 관습상의 비용담보 특별약관

07 선박수리업자특약

1. 의 의

선박수리업자특약은 보관자배상책임과 제3자 배상책임을 담보한다. 수리를 수탁받은 선박과 선박에 선적된 물건에 입힌 위험을 담보하고, 피보험자의 수리 업무 또는 관련시설에 기인한 사고로 인한 재물손해 및 제3자의 신체손해를 담보한다.

2. 보상하는 손해

피보험자가 선박수리작업의 수행 또는 작업의 수행을 위하여 소유・사용・관리하는 아래에 기재된 시설로 생긴 아래의 사고를 담보한다.

① 피보험자가 수리하기 위하여 보관・관리 또는 작업항에서 100마일 이내의 해면에서 시험운항하는 선박에 손해를 입히는 사고

② 시험운항 중이 아닌 항해 중의 선박을 제외하고 위 ① 이외의 피보험자가 수리작업 중인 선박에 손해를 입히는 사고

③ ① 또는 ②의 선박에 적재된 또는 하역되어 있는 화물이나 기타 재물에 손해를 입히는 사고

④ 수리의 목적으로 선박에서 분리하여 피보험자가 보관・관리 중 생긴 기계, 장치에 손해를 입히는 사고(피보험자의 구내와 선박간 또는 피보험자의 구내와 전문수리업자나 제조업자의 구내 간 운반 중 발생한 사고를 포함한다)

⑤ ①, ② 이외의 재물에 손해를 입히는 사고

⑥ 타인의 신체에 장해를 입히는 사고

⑦ 잔해의 제거 중 발생하는 사고

08 항만하역업자(싸이로)특약

1. 의 의

본 특약은 소유·사용·관리하는 부두구역 내에서 수행하는 하역작업과 각종 시설의 결함에 기인한 사고로 선박 및 하역화물은 물론 기타 제3자에게 입힌 인적·물적 손해를 보상한다.

2. 가입대상

선박하역사업(자동차, 기차 및 항공기 제외)에 한정된다.

3. 주요 면책위험

① 하역 화물의 사용손실 등 일체의 간접손해에 대한 배상책임
② 색깔 및 향기의 변질만으로 생긴 손해에 대한 배상책임
③ 지붕, 문, 창의 통풍장치에서 새어든 비 또는 눈 등으로 생긴 손해에 대한 배상책임. 그러나 상당한 주의를 다한 경우에도 발생하였을 것으로 피보험자가 입증한 손해는 보상한다.
④ 선박사고로 생긴 위약금, 체선료, 억류, 사용손실, 운임손실, 용선료손실, 시장손실 등 일체의 간접손해에 대한 배상책임

4. 추가특약

(1) 바케트·그래브사고담보 추가특약

피보험자가 고철을 선적 또는 하역하거나 전자석, 그래브, 바게트 기타 이와 유사한 장비로 선적 또는 하역하는 작업으로 선박에 입힌 직접 손해를 보상한다.

(2) 화재위험부담보 추가특약

화재사고로 입힌 하역화물에 생긴 손해에 대한 배상책임을 보상하지 아니하는 특약이다.

(3) 항만하역위험확장부담 추가특약

항만해역 내(항만 내의 해상, 접안시설을 포함)에서의 하역작업의 수행 또는 하역작업의 수행을 위하여 소유·사용·관리하는 시설로 생긴 우연한 사고로 인한 배상책임손해를 보상한다.

09 학교경영자특별약관

1. 의 의

학교시설이나 활동으로 인한 사고로 타인에게 부담하는 배상책임을 담보하는 보험을 말한다.

2. 보상하는 손해

보험증권에 기재된 피보험자가 학교경영과 관련하여 소유·사용 또는 관리하는 시설(이하 "학교시설") 및 학교업무와 관련된 지역에서 학교업무의 수행으로 인한 사고로 타인에게 부담하는 배상책임을 말한다.

심화학습 특약상 용어의 정의

① 학 교
교육기본법, 초·중등교육법, 고등교육법 등에 의한 정규교육기관을 말하며, 유아교육기관부터 대학교까지 보험가입의 대상이 된다.

② 학교업무
㉠ 학교시설 내에서 이루어지는 통상적인 업무활동
㉡ 학교가 주관하는 업무
㉢ 학교의 장이나 그 대리인이 허가하고 학교 교직원의 인솔·감독 하에 이루어지는 교외활동 포함

3. 보상하지 않는 손해

보통약관 면책사유와 벌과금 및 징벌적 손해에 대한 배상책임은 보상하지 않는다.

① 계약자 또는 피보험자가 소유·점유·임차·사용 또는 관리(화물의 하역작업 포함)하는 자동차, 항공기, 선박으로 생긴 손해에 대한 배상책임. 그러나 아래의 경우는 보상한다.
   ㉠ 시설 내에서 피보험자가 소유·임차 또는 사용하지 아니하는 자동차의 주차로 생긴 손해에 대한 배상책임
   ㉡ 피보험자의 시설에 양륙되어 있는 선박 또는 피보험자가 요금을 받지 아니하고 여객이나 물건을 운송하는 길이 26피트 이하의 피보험자 소유가 아닌 소형선박으로 생긴 손해에 대한 배상책임

② 통상적이거나 급격한 사고에 의한 것인가의 여부에 관계없이 공해물질의 배출, 방출, 누출, 넘쳐흐름 또는 유출로 생긴 손해에 대한 배상책임

③ 학교시설의 수리, 개조 신축 또는 철거공사로 생긴 손해에 대한 배상책임. 그러나 통상적인 유지・보수작업으로 생긴 손해에 대한 배상책임은 보상한다.

④ 다음의 사유로 생긴 손해에 대한 배상책임과 그러한 음식물이나 재물 자체의 손해에 대한 배상책임
   ㉠ 피보험자의 시설 내에서 사용・소비되는 피보험자의 점유를 벗어난 음식물이나 재물
   ㉡ 피보험자의 점유를 벗어나고 시설 밖에서 사용, 소비되는 음식물이나 재물

⑤ 공사의 종료(공사물건의 인도를 요하는 경우 인도) 또는 폐기 후 공사의 결과로 부담하는 손해에 대한 배상책임 및 공사물건 자체의 손해에 대한 배상책임

⑥ 피보험자의 근로자(교사를 포함)가 피보험자의 업무에 종사 중 입은 신체장해에 대한 손해배상책임

⑦ 에너지 및 관리할 수 있는 자연력, 상표권, 특허권 등 무체물에 입힌 손해에 대한 배상책임

⑧ 피보험자가 양도한 시설로 생긴 손해에 대한 배상책임과 시설자체의 손해에 대한 배상책임

⑨ 아래의 사유로 생긴 물리적으로 파손되지 아니한 유체물의 사용손실에 대한 배상책임
   ㉠ 피보험자의 채무불이행이나 이행지체
   ㉡ 피보험자의 생산물이나 공사물건이 성능, 품질 적합성 또는 내구성 결함

⑩ 의사(한의사 및 수의사를 포함한다), 간호사, 약사, 건축사, 설계사, 측량사, 이용사, 미용사, 안마사, 침술사(뜸을 포함한다), 접골사 등 전문직업인의 직업상 과실로 생긴 손해에 대한 배상책임

⑪ 가입 여부를 묻지 아니하고 피보험자가 법률에 의하여 의무적으로 가입하여야 하는 보험(공제계약을 포함한다. 이하 '의무보험'이라 함)에서 보상하는 손해에 대한 배상책임

⑫ 지하매설물에 입힌 손해 및 손해를 입은 지하매설물로 생긴 다른 재물의 손해에 대한 배상책임

⑬ 총기(공기총을 포함한다) 또는 동・식물의 소유, 임차, 사용이나 관리로 생긴 손해에 대한 배상책임

⑭ 학교시설을 타인이 임차하여 사용하는 중 그 타인(타인의 구성원을 포함한다)에게 입힌 손해에 대한 배상책임. 그러나 일부를 사용할 경우 그 밖의 지역에서 생긴 손해에 대한 배상책임을 보상한다.

⑮ 교직원이나 학생들의 개인적인 배상책임

⑯ 학교의 운동선수로 등록된 자 또는 그의 지도감독을 위하여 등록된 자가 그 운동을 위한 연습, 경기 또는 지도 중에 생긴 손해에 대한 배상책임

⑰ 군사훈련 및 데모로 생긴 손해에 대한 배상책임

4. 추가특약

(1) 치료비담보 추가특약

학교경영자의 법률상 책임 없는 경우에도 치료비를 보상한다. 학생의 치료비는 피해일로부터 180일을 한도로 한다.

(2) 구내치료비담보 추가특약

학교구내에서 발생한 사고로 학생이 입은 신체장해의 치료비를 담보한다. 따라서 학교구내인 점을 제외하고 치료비담보 추가특약과 같다.

(3) 신입생담보 추가특약

학교경영자특약에서 정하는 사고로 신입생이 입학식 이전에 학교에서 주최하는 행사에 참석 중에 입은 신체장해에 대한 치료비를 보상한다. 반드시 학교 측의 인솔이 있어야 하며, 학교행사에 참석하기 위해 이동하거나 학교행사 종료 후 이동하는 동안은 제외한다.

* **신입생** : 해당 학교의 입학전형에 합격하여 입학금 및 등록금 등을 납입한 자로서, 학교가 확정한 자를 말한다.

10 경비업자특약

1. 의 의

경비계약에 의해 경비업자가 경비업무를 수행 중 경비대상이 화재, 폭발, 도난, 파손 등의 사고로 피해를 입거나 기타 제3자에게 인적·물적 피해를 입힘으로써 부담하는 손해를 보상한다.

2. 가입대상

「경비업법」에 의한 경비업체를 대상으로 한다.

3. 특약의 종류

구 분	특별약관Ⅰ	특별약관Ⅱ
인수대상	용역경비계약	보안경비계약
면책위험의 범위	① 면책위험 넓음 ② 추가특약을 첨부하여 담보위험 확장	면책위험 좁음

4. 추가특약

(1) 귀중품담보 추가특약

화폐, 수표, 유가증권, 인지, 금·은 등의 보석류, 시계, 모피류, 글·그림류, 골동품에 입힌 배상책임손해를 보상한다.

(2) 공동주택담보 추가특약

공동주택과 단독주택에서 발생한 손해에 대한 배상책임손해를 보상한다.

(3) 업무시간담보 추가특약

불특정 다수인의 출입이 허용되는 사업장의 근무시간 중의 사고로 생긴 손해에 대한 배상책임손해를 보상한다.

(4) 경비업자특약Ⅱ

피보험자가 체결한 경비계약에 의거한 보안경비업무의 수행으로 타인(경비업무 위탁자 및 그 사용인을 포함)에게 생긴 우연한 사고로 인한 손해를 보상한다.

11 건설기계업자특약

1. 의 의

피보험자(건설기계업자)가 소유・사용 또는 관리하는 중장비 및 그 중기의 용도에 따른 업무의 수행으로 생긴 우연한 사고로 타인의 신체에 장해를 입히거나 재물을 망그러뜨려 법률상 배상책임을 부담함으로써 입은 손해를 담보하는 특약이다.

2. 대 상

(1) 가입대상

① 중기를 직접 소유・관리 또는 운영하는 업체 및 개인 중기 소유자

② 중기를 임차하여 건설, 설비 또는 토목공사 등을 수행하는 업체 또는 개인 중기 임차자

(2) 가입제한

「자동차손해배상보장법」의 적용대상인 9종 건설기계[덤프트럭, 타이어식 기중기, 콘크리트믹서트럭, 트럭적재식 콘크리트펌프, 트럭적재식 아스팔트살포기, 타이어식 굴삭기, 트럭지게차, 도로보수트럭, 노면측정장비(노면측정장치를 가진 자주식인 것)]는 가입이 제한된다.

3. 주요 보상하지 아니하는 손해

① 지하자원에 입힌 손해에 대한 배상책임

② 중기 자체의 결함으로 생긴 손해로서 중기제작자에게 배상책임이 있는 손해로 인한 배상책임

③ 폭발로 생긴 손해에 대한 배상책임

④ 통상적인 중기 용도에 따르지 않은 작업이나 중기의 허용된 사용능력을 뚜렷이 초과하여 사용함으로써 발생된 손해에 대한 배상책임. 그러나 피보험자가 손해발생의 원인이 사용능력의 초과와 무관함을 입증할 때는 보상한다.

4. 추가특약

① 물적손해확장담보 추가특약

② 유리제품담보 추가특약

03 대인손해배상금 산정

01 위자료

1. 의 의

피해자의 정신적 손해에 대한 금전적 배상을 의미한다. 태아는 위자료청구권에 관하여 이미 출생한 것으로 본다(민법 제762조).

2. 산 정

(1) 사망위자료

사망 당시 법원이 통상 인정하고 있는 위자료(약 8,000만원~1억원) × {1 – (피해자 과실비율 × 60%)}

(2) 후유장해 위자료

① 사망위자료 × 장해율 × {1 – (피해자 과실비율 × 60%)}

② 단, 한시장해의 경우 위자료를 인정하지 않는다.

(3) 부상 위자료

사고경위, 부상정도 등을 종합적으로 고려하여 인정한다. 명목적인 금액 단위로 인정되고 있다.

02 적극적 손해

1. 치료비

피해자의 치료를 위해 지출된 필요 타당한 비용을 말하며, 의학지식, 약품, 시설, 기구 등을 이용하여 손상이나 질병을 원상으로 회복하는 의료행위로서 증세의 호전이나 완치뿐 아니라 증세의 악화 방지 등을 위한 것도 포함된다(대법원 1988.4.27. 선고 87다카74 판결).

2. 개호비

(1) 의 의

'음식물 섭취, 목욕, 옷 갈아입기, 대소변 배출 등 생존을 위해 필수적인 일상동작을 자기 힘만으로 할 수 없는 중증 신체장해자를 도와주거나 보살펴 주는 행위'로서 간병과 비슷한 개념으로 의료적인 행위는 아니다. 개호에는 일상생활에 필요한 조력뿐 아니라 인간다운 삶을 누릴 수 있는 조력이 포함되며(대법원 1990.10.23. 선고 90다카 15171 판결), 정신적·신체적 장해로 타인의 도움을 받아야 할 경우도 포함된다(대법원 1998.12.22. 선고 98다46747 판결).

(2) 개호의 인정

치료가 종결되어 더 이상의 치료효과를 기대할 수 없고, 1인 이상의 해당 전문의로부터 개호의 필요성이 인정된 때를 의미한다.

① 식물인간 상태의 환자

뇌손상으로 다음 항목에 모두 해당되는 상태에 있는 자

㉠ 스스로는 이동이 불가능하다.
㉡ 자력으로는 식사가 불가능하다.
㉢ 대소변을 가릴 수 없는 상태이다.
㉣ 안구는 겨우 물건을 쫓아갈 수 있으나 알아보지는 못한다.
㉤ 소리를 내도 뜻이 있는 말은 못한다.
㉥ '눈을 떠라', '손으로 물건을 쥐어라'하는 정도의 간단한 명령에는 가까스로 응할 수 있어도 그 이상의 의사소통은 불가능하다.

② 척추손상으로 인한 사지완전마비 환자

척수손상으로 인해 양팔과 양다리가 모두 마비된 환자로서 다음 항목에 모두 해당되는 자

㉠ 생존에 필요한 일상생활의 동작(식사, 배설, 보행 등)을 자력으로 할 수 없다.
㉡ 침대에서 몸을 일으켜 의자로 옮기거나 집안에서 걷기 등의 자력이동이 불가능하다.
㉢ 욕창을 방지하기 위해 수시로 체위를 변경시켜야 하는 등 다른 사람의 상시 개호를 필요로 한다.

(3) 산정방법

① 개호비

㉠ 개호비 = 일용임금(月) × 개호인수 × 개호기간 해당 호프만계수

㉡ 개호인을 고용하는 비용이다. 통상 개호인 고용비용은 일용근로자를 고용하는 것과 같다.

② 개호인수

1일 8시간 = 1인, 1일 4시간 = 1/2인

③ 개호기간

피해자의 잔존여명기간으로, 연령별 평균 여명표의 평균여명과 전문의 소견의 생존율을 곱한다.

예 평균여명 50년, 생존율 20% → 전체 개호기간 = 50년 × 20% = 10년

3. 장례비

판례는 500만원 이내에서 장례비를 인정하고 있다.

03 소극적 손해

1. 일실수익

사고로 인해 잃게 되는 소득(수익)에 대한 손해로서 피해자의 노동능력상실(후유장해)에 대한 피해를 금전적으로 산정한 것이다.

2. 소 득

경제주체(근로자)의 여러 경제활동(근로 제공)으로 얻은 재화로서 일실수익 산정시 기초자료가 된다. 따라서 피해자의 소득을 입증할만한 객관적 자료를 바탕으로 하고, 일용근로자의 경우 고용노동부와 건설물가월보 등의 임금통계자료를 적용한다.

3. 휴업손해

(1) 의 의

사고로 인한 치료기간 동안 일을 못함으로써 발생한 경제적 손실을 말한다.

(2) 산정방법

① **유직자** : 「소득세법」상 관련 증빙자료를 통해 입증된 소득감소분을 배상액으로 정한다.

② **일용근로자・무직자** : 도시일용근로자의 하루 노임을 휴업일수만큼 계산하여 배상한다.

③ 입원기간 동안만 100% 노동능력상실을 인정한다.

④ 통원기간에는 휴업손해를 인정하지 않는 것이 판례의 추세이지만, 사정상 생업종사가 불가능한 경우에는 인정된다.

⑤ 타 보상에 의해 휴업급여가 공제될 경우 해당 휴업기간 중의 일실소득 상당의 손해액에서만 공제되어야 한다.

04 소 득

1. 의 의

경제주체(근로자)의 여러 경제활동(근로 제공)으로 얻은 재화로서 일실수익 산정시 기초자료가 된다. 따라서 피해자의 소득을 입증할만한 객관적 자료를 바탕으로 하고, 일용근로자의 경우 고용노동부와 건설물가월보 등의 임금통계자료를 적용한다.

2. 소득상실

구 분	노동능력상실설(판례, 통설)	소득상실설
개 념	① 사고로 잃어버린 피해자의 노동능력의 총평가액, 적극적 손해로 본다. ② 노동능력상실 자체가 손해이고 수입감소 여부와는 관계없이 노동능력상실이 있으면 손해가 있다고 본다. ③ 평가설적 입장	① 사고가 없었더라면 얻을 수 있었던 소득액의 합계, 소극적 손해로 본다. ② 노동능력상실이 있더라도 수입의 감소가 없으면 손해는 없는 것으로 본다. ③ 차액설적 입장 '사고 전 수입' – '사고 후 수입' = 손해액
무직자 사상	가동능력상실 그 자체를 손해로 보기 때문에 손해인정 가능	일실소득 추정불가
손해발생시점	사상이 발생한 때	수입의 감소가 있는 때
소득액	노동능력을 평가하는 자료에 불과	개개의 소득 자체가 주요사실
평 가	노동능력상실 역시, 순수익 즉, 소득을 기초로 가동기간을 곱하고 중간이자를 공제하므로 결과적으로는 종전의 소득상실설에서의 산정결과와 다를 것이 없다.	

3. 소득의 인정

(1) 요 건

① 본인 근로에 대한 대가성

② 적법성

③ 계속성 등

(2) 산정방법

[소득자의 분류]

<table>
<tr><td rowspan="9">유직자</td><td rowspan="4">증명할 수 있는 자</td><td>급여소득자</td></tr>
<tr><td>사업소득자</td></tr>
<tr><td>그 밖의 유직자</td></tr>
<tr><td>기술직 종사자</td></tr>
<tr><td rowspan="4">증명하기 곤란한 자</td><td>급여소득자</td></tr>
<tr><td>사업소득자</td></tr>
<tr><td>그 밖의 유직자</td></tr>
<tr><td>기술직 종사자</td></tr>
<tr><td colspan="2">미성년자로서 현실소득액이 일용근로자 임금에 미달하는 자</td></tr>
<tr><td colspan="3">가사종사자</td></tr>
<tr><td colspan="3">무직자(학생 포함)</td></tr>
<tr><td colspan="3">소득이 두 가지 이상인 자</td></tr>
<tr><td rowspan="3">외국인</td><td rowspan="2">유직자</td><td>국내 소득자로서 그 입증이 가능한 자</td></tr>
<tr><td>그 이외의 자</td></tr>
<tr><td colspan="2">무직자(학생, 미성년자 포함)</td></tr>
</table>

① 유직자

㉠ 산정대상 기간

ⓐ 급여소득자 : 사고발생 직전 또는 사망 직전 과거 3개월로 하되, 계절적 요인 등에 따라 급여의 차등이 있는 경우와 매월 수령하는 금액이 아닌 것은 과거 1년으로 한다.

ⓑ 급여소득자 이외의 자 : 사고발생 직전 과거 1년으로 하며, 기간이 1년 미만인 경우 계절적 요인을 감안하여 타당한 기간으로 한다.

㉡ 산정방법

ⓐ 현실소득액을 증명할 수 있는 자 : 세법에 의한 관계증빙서에 따라 소득을 산정할 수 있는 자에 한하여 다음과 같이 산정한 금액으로 한다.

<table>
<tr><td rowspan="3">급여소득자</td><td>의 의</td><td>「소득세법」 제20조에서 규정한 근로소득을 얻고 있는 자로서 일용근로자 이외의 자를 말한다.</td></tr>
<tr><td>산 정</td><td>피해자가 근로의 대가로서 받은 보수액에서 제 세액을 공제한 금액. 그러나 피해자가 사망 직전에 보수액의 인상이 확정된 경우에는 인상된 금액에서 제 세액을 공제한 금액</td></tr>
<tr><td>참 고</td><td>• '근로의 대가로 받은 보수' : 본봉, 수당, 성과급, 상여금, 체력단련비, 연월차 휴가보상금 등을 말하며, 실비변상적인 성격을 가진 대가는 제외한다.
• '「세법」에 따른 관계증빙서' : 사고발생 전에 신고하거나 납부하여 발행된 관계증빙서를 말한다. 다만, 신규취업자, 신규사업개시자 또는 사망 직전에 보수액의 인상이 확정된 경우에 한하여 세법 규정에 따라 정상적으로 신고하거나 납부(신고 또는 납부가 지체된 경우는 제외함)하여 발행된 관계증빙서를 포함한다.</td></tr>
</table>

구분		내용
사업소득자	의 의	「소득세법」 제19조에서 규정한 사업소득을 얻고 있는 자로서 원칙적으로 세금 납부 여부, 사업자등록증 여부, 상설사업자의 유무를 불문한다. 노무가치설을 통설 및 판례로 하고 있다.
	산 정	① 「세법」에 따른 관계증빙서에 따라 증명된 수입액에서 그 수입을 위하여 필요한 제 경비 및 제 세액을 공제하고 본인의 기여율을 감안하여 산정한 금액 **산 식** [연간수입액 − 주요경비 − (연간수입액 × 기준경비율) − 제세공과금] × 노무기여율 × 투자비율 ㈜ 1. 제 경비가 세법에 따른 관계증빙서에 따라 증명되는 경우에는 위 기준경비율 또는 단순경비율을 적용하지 않고 그 증명된 경비를 공제함 2. 「소득세법」 등에 의해 단순경비율 적용대상자는 기준경비율 대신 그 비율을 적용함 3. 투자비율은 증명이 불가능할 때에는 '1/동업자수'로 함 4. 노무기여율은 85/100를 한도로 타당한 율을 적용함 ② 본인이 없더라도 사업의 계속성이 유지될 수 있는 경우에는 위의 산식에 따르지 않고 일용근로자 임금을 인정한다. ③ 위에 따라 산정한 금액이 일용근로자 임금에 미달한 경우에는 일용근로자 임금을 인정한다.
	참 고	**일용근로자 임금** 「통계법」 제15조에 의한 통계작성 지정기관(대한건설협회, 중소기업중앙회)이 「통계법」 제17조에 따라 조사·공표한 노임 중 공사부문은 보통인부, 제조부문은 단순노무종사원의 임금을 적용하여 아래와 같이 산정한다. **산 식** (공사부문 보통인부임금 + 제조부문 단순노무종사원임금)/2 * 월 임금 산출시 25일을 기준으로 산정
그 밖의 유직자		• 이자소득자, 배당소득자 제외 • 「세법」상의 관계증빙서에 따라 증명된 소득액에서 제 세액을 공제한 금액 • 다만, 부동산임대소득자의 경우에는 일용근로자 임금을 인정하며, 이 기준에서 정한 여타의 증명되는 소득이 있는 경우에는 그 소득과 일용근로자 임금 중 많은 금액을 인정한다.
기술직 종사자		「통계법」 제15조에 의한 통계작성지정기관(공사부문 : 대한건설협회, 제조부문 : 중소기업중앙회)이 「통계법」 제17조에 따라 조사, 공표한 노임에 의한 해당직종 임금이 많은 경우에는 그 금액을 인정한다. 다만, 사고발생 직전 1년 이내 해당 직종에 종사하고 있었음을 관련 서류를 통해 객관적으로 증명한 경우에 한한다. * 기술직 종사자가 '관련 서류를 통해 객관적으로 증명한 경우'라 함은 자격증, 노무비 지급확인서 등의 입증 서류를 보험회사로 제출한 것을 말한다.

ⓑ 현실소득액을 증명하기 곤란한 자 : 「세법」에 의한 관계증빙서에 따라 소득을 산정할 수 없는 자는 다음과 같이 산정한 금액으로 한다.

- 급여소득자 : 일용근로자 임금
- 사업소득자 : 일용근로자 임금
- 그 밖의 유직자 : 일용근로자 임금
- 기술직 종사자 : 입증 가능자와 같음

ⓒ 미성년자로서 현실소득액이 일용근로자 임금에 미달한 자 : 19세에 이르기까지는 현실소득액, 19세 이후는 일용근로자 임금

② 가사종사자 : 일용근로자 임금

③ 무직자(학생포함) : 일용근로자 임금

④ 현역병 등 군 복무해당자

㉠ 현역병 등 군 복무자(급여소득자는 제외) : 공무원보수규정에 따른 본인 소득(단, 「병역법」에 따른 잔여 복무기간에 대해서만 적용)

㉡ 현역병 등 군 복무예정자 : 공무원 보수규정에 따른 현역병 육군 기준 소득(단, 「병역법」에 따른 예정 복무기간에 대해서만 적용)

심화학습 용어풀이

① '현역병 등'이라 함은 「병역법」에 따른 현역병, 의무소방원 · 의무경찰, 사회복무요원을 말함
② '「병역법」에 따른 잔여 또는 예정 복무기간'이라 함은 현역병은 「병역법」 제19조에 따른 기간, 의무소방원 · 의무경찰은 「병역법」 제25조에 따른 기간, 사회복무요원은 「병역법」 제42조에 따른 기간에 대해 사고발생일 기준으로 계산한 기간을 말함
③ '공무원보수규정에 따른 본인 또는 현역병 육군 기준 소득'이라 함은 공무원보수규정 [별표13]에 따른 병 계급별 월 지급액의 산술평균을 말함

⑤ 소득이 두 가지 이상인 자

㉠ 「세법」에 따른 관계증빙서에 따라 증명된 소득이 두 가지 이상 있는 경우 : 그 합산액을 인정한다.

㉡ 「세법」에 따른 관계증빙서에 따라 증명된 소득과 증명 곤란한 소득이 있는 때 혹은 증명이 곤란한 소득이 두 가지 이상 있는 경우 : 이 기준에 따라 인정하는 소득 중 많은 금액을 인정한다.

⑥ 외국인

㉠ 유직자

국내에서 소득을 얻고 있는 자로서 그 증명이 가능한 자 : 위의 현실소득액의 증명이 가능한 자의 현실소득액 산정방법으로 산정한 금액

그 이외의 자 : 일용근로자 임금

㉡ 무직자(학생 및 미성년자 포함) : 일용근로자 임금

4. 취업가동연한

(1) 산 정

① 원칙적으로 20세부터 적용되지만, 현행 실무(판례, 손해사정업무 포함)에서는 가동연한개시 연령을 19세로 인정하고 있다. 그러나 미성년자의 경우 사고 당시 수입이 있었다면 인정되고 있으며, 남자의 경우 특별한 사정이 없는 한, 「병역법」상 의무복무기간은 제외하고 있다.

② 노동에 의한 수입의 경우 원칙으로 만 20세부터이고, 다만, 미성년자는 사고 당시 수입이 있었다면 그 수입이 인정된다(대법원 1991.6.25. 선고 91다9602 판결). 그런데 남자의 경우에는 병역의무가 있으므로 특별한 사정(면제 등)이 없는 한, 「병역법」상의 의무복무기간이 끝나는 때로부터 기산한다(대법원 2000.4.11. 선고 98다33161 판결).

(2) 정 년

① 기업체 정년은 60세를 원칙으로 하지만, 최근 대법원 전원합의체 판결에서 육체노동자 가동연한을 60세에서 65세로 연장하였다. 이에 따라 자동차보험 약관개정으로 2019년 5월 1일부터 취업가동연한이 60세에서 65세로 상향되었다. 다만, 별도의 정년에 관한 규정이 있으면 이에 의하여 산정한다.

② 회사원이나 공무원은 정년(통상 60세)까지는 근로소득을 적용하고, 이후 65세까지는 일용근로자 임금을 적용한다. 단, 약관개정일인 2019년 5월 1일 이전 사고에 대해서는 종전대로 가동연한을 60세로 적용하되, 법원소송 시에는 65세까지 인정된다. 이러한 가동연한 연장(5년)은 산재보험을 포함한 모든 배상책임에서 피해자 일실소득액 산정시 반영된다.

심화학습 | 약관에 따른 취업가능월수

① 취업가능연한을 65세로 하여 취업가능월수를 산정한다. 다만, 법령, 단체협약 또는 그 밖의 별도의 정년에 관한 규정이 있으면 이에 의하여 취업가능월수를 산정하며, 피해자가 「농업・농촌 및 식품산업 기본법」 제3조 제2호에 따른 농업인이나 「수산업・어촌 발전 기본법」 제3조 제3호에 따른 어업인일 경우(피해자가 객관적 자료를 통해 증명한 경우에 한함)에는 취업가능연한을 70세로 하여 취업가능월수를 산정한다.

② 피해자가 사망 당시(후유장애를 입은 경우에는 노동능력상실일) 62세 이상인 경우에는 다음의 「62세 이상 피해자의 취업가능월수」에 의하되, 사망일 또는 노동능력상실일부터 정년에 이르기까지는 월현실소득액을, 그 이후부터 취업가능월수까지는 일용근로자 임금을 인정한다.

〈62세 이상 피해자의 취업가능월수〉

피해자의 나이	취업가능월수
62세부터 67세 미만	36월
67세부터 76세 미만	24월
76세 이상	12월

③ 취업가능연한이 사회통념상 65세 미만인 직종에 종사하는 자인 경우 해당 직종에 타당한 취업가능연한 이후 65세에 이르기까지의 현실소득액은 사망 또는 노동능력 상실 당시의 일용근로자 임금을 인정한다.

④ 취업시기는 19세로 한다.

05 후유장해평가

1. 후유장해

의학적 치료가 종결되어 더 이상 치료의 효과를 기대할 수 없는 신체의 훼손상태를 말한다.

2. 후유장해 평가방식

(1) 맥브라이드 장해율표

「노동능력상실률표」라고도 하며, 일반육체노동자(30세)를 기준으로 279개의 직업별 14개 신체부위에 대한 장해율을 표시해 놓았다. 현재 자동차보험을 비롯한 여러 대인배상금 산정에 주로 사용되고 있다.

(2) A.M.A.표

미국의학협회(American Medical Association)에서 발표한 지침으로서 환자의 직업, 연령과는 상관 없이 순수 의학적 평가를 다루고 있기 때문에, 대인배상실무보다는 주로 제3보험의 후유장해평가에 사용되고 있다.

3. 기여도(기왕증) 판단

기왕증이란 사고 시점 이전부터 이미 피해자에게 있어 왔던 병력으로 이미 장해가 인정된 기왕증과 현재의 사고로 인한 장해에 기여한 기왕증으로 구분할 수 있다.

(1) 기왕장해

기존의 기왕증이 사고로 인한 후유장해에 기여한 경우

> 예 최종장해율 A%, 기왕증기여도 B% → A × (100 − B)%

(2) 복합장해

2개 이상의 신체부위에 장해를 입었고, 1개 신체부위 장해에만 기왕증이 기여한 경우

> 예 상지에 10%, 하지에 20%, 기왕증은 하지에만 20% 기여
> → ① 하지 : 20% × (100 − 20)% = 16%
> ② 복합장해 : 10% × (100 − 16)% + 16% = 24.4%

(3) 이미 장해가 있는 경우 사고발생시 총 장해율에서 사고로만 인한 최종 장해율

기존장해와 후행장해의 복합장해율 – 기존장해

> 예 기존장해 10%, 후행장해 20%
> → {20%+10%×(100 – 20)%} – 10%=18%

06 중간이자 공제

1. 의 의

장래 일정기간 동안 얻을 수 있는 수입을 상실한 경우, 그 손해액을 불법행위 당시의 시점을 기준으로 현가화하여 일시금으로 배상받는 방법이다.

2. 취 지

향후 순차적으로 지급될 피해자의 보상액 대하여 일시금으로 지급할 경우, 장래의 가치를 현재 시점으로 일괄 평가하여 지급하는 것이라 할 수 있으므로 중간이자 공제를 통해 실손보상을 실현할 수 있다.

3. 적 용

(1) 장래 발생하게 될 일실소득에 대한 손해배상금 일체

사망・후유장해에 의한 일실소득배상액 등

(2) 개호비

개호인에게 지급되는 비용(간병비)

(3) 향후 치료비

의치와 같이 장기적으로 지출되어야 하는 비용

4. 구간계수

(1) 호프만식

단리 공제, 소송 등

(2) 라이프니츠식

복리 공제, 자동차책임보험 등

(3) 계수산출

예 **입원치료 6개월, 영구후유장해, 정년이 60세인 때 → 공제구간은 총 3구간**

입원기간	(퇴원 ~ 퇴직) : 근로소득기간	(61 ~ 65) : 일용노동자 적용

입원기간 = 6개월에 해당하는 H계수
퇴원 ~ 퇴직 = 사고 ~ 60세(퇴직)까지의 H계수 – 입원기간
61 ~ 65 = 사고 ~ 65세까지의 전체 H계수 – 사고 ~ 60세까지의 H계수

(4) 적 용

예 **장해기간에 따른 일실소득**
월평균 현실소득액 × 장해율 × (장해진단일부터 보험금 지급일까지의 월수 + 보험금 지급일부터 취업가능연한까지의 월수에 해당하는 구간계수)

07 생계비 공제

1. 의 의

사망손해배상금 산정에 있어서 사회생활에 필요한 비용을 공제하는 것을 말하며, 일실수익의 1/3을 공제하고 있다(대법원 1992.7.28. 선고 92다7269 판결).

2. 공제하는 경우

① 사 망
② 여명단축 이후 시점부터 가동기간까지의 기간 동안 일실수익
③ 가동기간 이후에도 일정한 급여를 받는 자(예 연금생활자)가 사망한 경우

3. 적 용

사망일실수익 = 월평균소득 × 노동가능 월수의 H계수 × 2/3

08 과실상계와 손익상계

1. 과실상계

(1) 의 의

불법행위로 인한 손해의 발생, 확대에 관하여 피해자에게도 과실이 있을 때에는 손해배상의 책임 및 금액을 정함에 있어 이를 참작하는 것을 말한다(민법 제396조).

(2) 적 용

각 손해배상금 항목에 대해 공제한다. 단, 위자료 산정의 경우, 이미 감안이 되기 때문에 다시 과실상계를 적용하지 않을 수 있다.

2. 손익상계

(1) 의 의

피해자가 피해사고와 동일한 이유로 이익을 얻은 경우 이를 손해배상금에서 공제하는 것을 말한다.

(2) 요 건

① 피해사고와 동일한 이유일 것

② 상당인과관계가 있을 것

3. 과실상계와 손익상계

과실상계 적용 후, 총 손해배상금에서 손익상계를 적용한다.

우리가 해야할 일은 끊임없이 호기심을 갖고 새로운 생각을 시험해보고 새로운 인상을 받는 것이다.

– 월터 페이터 –

제3과목

제3보험의 이론과 실무

01 제3보험 일반

01 제3보험의 특징

1. 의 의

제3보험은 상해보험, 질병보험, 간병보험을 말하며, 실손보상의 손해보험과 신체를 보험목적으로 하는 인보험의 이중적 성격을 띠고 있다. 즉, 위험보장을 목적으로 사람의 질병·상해 또는 이에 따른 간병에 관하여 금전 및 그 밖의 급여를 지급할 것을 약속하고 대가를 수수하는 계약으로서 상해보험계약, 질병보험계약, 간병보험계약을 말한다(보험업법 제2조 제5호).

심화학습 「보험업법」에 따른 제3보험의 분류

「보험업법」에서는 제3보험을 상해보험, 질병보험, 간병보험으로 분류한다.

구분	내용
상해보험	• 우연하고도 급격한 외래의 사고로 인한 치료비, 사망·후유장해 등을 보상한다. • 실손보상 또는 정액보상이 가능하다.
질병보험	• 질병에 걸리거나 질병으로 인해 발생되는 치료비, 후유장해 등을 보상한다. • 실손보상 또는 정액보상이 가능하다.
간병보험	• 상해·질병으로 인한 활동불능 또는 인식불능 등 개호상태로 인한 간병비 등을 보상한다. • 실손보상 또는 정액보상이 가능하다.

2. 인보험으로서의 특징

(1) 보험의 목적

손해보험이 피보험자의 재물을 보험의 목적으로 하는 반면에 제3보험은 피보험자의 신체를 대상으로 한다.

(2) 피보험이익의 부존재

사람의 가치는 금전으로 평가할 수 없으므로 제3보험은 피보험이익의 개념이 원칙적으로 존재하지 않는다.

(3) 초과 · 일부 · 중복보험의 개념

피보험이익의 개념이 존재하지 않으므로 피보험이익을 기본으로 하는 보험가액의 개념도 존재하지 않는다. 따라서 「상법」상 초과 · 중복 · 일부보험의 개념도 존재하지 않는다.

(4) 보험자대위 및 손해방지의 의무

제3보험은 피보험이익의 개념이 없기 때문에 피보험이익에서 비롯되는 실손보상의 원칙이 적용되지 않는다. 따라서 보험자대위 및 손해방지의무의 규정을 두고 있지는 않다. 상법상 상해보험의 경우에 한하여 보험자대위를 허용하지만, 제3보험 약관에서 이를 규정하고 있지는 않다.

(5) 중과실 사고의 담보

제3보험은 인보험의 범주에 속하므로 중과실 사고도 담보한다. 손해보험과 생명보험 모두 고의사고는 절대적 면책사유에 해당하나, 제3보험 실무상 판매되는 약관에는 고의사고도 담보하는 경우가 있다.

(6) 피보험자의 동의

타인의 사망을 보험사고로 하는 보험계약은 타인의 서면동의를 요한다. 동의 없는 보험계약은 효력이 발생하지 않는다. 다만, 단체보험에서는 동의 없이도 가능하다.

(7) 15세 미만자 등의 사망담보

15세 미만자, 심신상실, 심신박약자의 사망을 담보로 하는 보험계약은 무효로 한다. 다만 상해 · 질병담보는 가능하다.

3. 손해보험으로서의 특징

(1) 보험사고의 특징

인보험의 보험사고인 사망은 그 시기만 불확정한 반면, 제3보험에서의 상해·질병·간병의 진단 등 보험사고는 손해보험과 마찬가지로 보험사고의 발생여부, 시기, 원인, 형태 등이 모두 불확정하다는 특징을 가진다.

(2) 실손보상 방식과 비례보상의 적용

제3보험은 정액보상과 실손보상방식이 모두 가능하다. 따라서 실손보상방식의 상품의 경우에는 초과·중복·일부보험 규정을 준용하여 독립책임비례방식에 따라 비례보상하도록 하고 있다.

심화학습 생명보험, 손해보험, 제3보험의 비교

구 분	생명보험	손해보험	제3보험
보험사고	생존 또는 사망	재산상의 손해	신체의 상해, 질병, 간병
보험사고 객체	사 람	재 물	사 람
피보험이익	없 음	존 재	없 음
중복보험 (보험가액 초과)	없 음	존 재	실손보상급부에 존재
보상방법	정 액	실 손	정액, 실손
비례보상	해당 없음	비례보상	비례보상가능
피보험자(보험대상액)	보험사고의 대상	손해의 보상을 받을 권리가 있는 사람	보험사고의 대상
보험기간	장 기	단 기	장 기

02 제3보험에서의 실손보상방식

1. 의 의

제3보험은 사람의 신체를 담보하는 보험으로서 원칙적으로 이득과 손실의 개념이 존재하기 어렵다. 하지만 치료비 담보 등의 경우는 피보험이익이 인정되므로 실손보상방식이 적용된다. 즉 실손보상방식은 보험기간 내에 보험사고가 발생한 경우에 피보험자가 입은 실제손해액만큼을 보상하는 것을 말한다. 보험사고로 이익을 얻을 경우에 도덕적 위험이 발생할 수 있기 때문에 보험의 기본원칙인 이득금지원칙의 실현방식으로 실제 손해액의 한도 내에서 보상하기 위한 방식이다.

보상금액은 보험가입금액을 한도(보험가입금액이 보험가액을 초과하는 경우에는 보험가액이 한도)로 하며, 보험가입금액이 보험가액보다 큰 초과보험인 경우와 보험가입금액이 보험가액과 동일한 전부보험일 때만 해당된다. 보험가입금액이 보험가액보다 작은 일부보험일 때는 보험가액에 대한 보험가입금액의 비율로 비례보상되기 때문에 실제손해의 일부만 보상받을 수 있다.

2. 제3보험에서의 실손보상담보

(1) 의료비 담보(상해 · 질병 의료비 등)

피보험자가 상해 또는 질병의 치료를 위하여 부담한 실제비용을 기준으로 일정금액을 보험가입금액 한도 내에서 보상한다. 다수의 의료비 담보계약이 체결된 경우에는 비례보상한다.

(2) 해외여행보험

① 인질구조비용 특약

피보험자가 여행 도중 인질상태에 놓이게 되었을 경우, 해당 피보험자의 사망후유장해 보험가입금액의 10% 범위 내에서 실제로 소요된 구조비용(수색구조비용, 구조대 파견비용, 정보수집비, 정보제공자 사례비 등)을 보상한다.

② 특별비용 특약

피보험자가 해외여행 중 생사가 불명하거나 긴급수색 · 구조 등이 필요한 상태가 된 경우에 피보험자 또는 피보험자의 법정상속인이 부담하는 비용을 보상하는 보험으로서 수색구조비용(실비), 항공운임 등의 교통비, 숙박비, 이송비용(실비) 및 기타 제 잡비를 일정 한도 내에서 보상한다.

(3) 운전자보험 비용담보(벌금 및 형사합의금)

① 피보험자가 보험기간 중 자동차를 운전하던 중에 급격하고도 우연한 자동차사고로 타인의 신체에 상해를 입혔을 때, 신체상해와 관련하여 법원의 확정판결에 의해 정해진 벌금액을 담보한다. 뺑소니 사고, 음주 및 무면허 사고, 자동차를 영업목적으로 운행하던 중 발생한 사고는 보상하지 아니한다.

② 보험가입금액 한도 내에서 인사사고에 한하여 형사합의금을 담보한다.

(4) 소득보상보험

취업불능상태로 인하여 피보험자가 입은 손실을 담보한다.

3. 다수 보험계약의 중복보험처리

보상책임을 같이하는 다수의 보험계약의 경우 독립책임액 안분방식을 취한다.

03 제3보험 청약서상 「계약전 알릴의무 사항」에서 10대 질병

1. 계약전 알릴의무의 의의

보험계약 체결시 보험자의 인수 여부, 인수조건이나 보험료 결정에 영향을 미치는 중요한 사항을 보험계약자나 피보험자가 보험자에게 알려야 하는 의무를 '계약전 알릴의무'라고 한다. 이는 「상법」에서 고지의무로 칭한다.

2. 10대 질병

① 암
② 백혈병
③ 고혈압
④ 협심증
⑤ 심근경색
⑥ 심장판막증
⑦ 간경화증
⑧ 뇌졸중증(뇌출혈, 뇌경색)
⑨ 당뇨병
⑩ 에이즈(AIDS) 및 HIV 보균

04 보험료의 납입면제방식

1. 의 의

납입면제방식이란 보험기간 중의 보험사고로 일정한 조건(고도의 후유장해, 질병의 진단 등)을 만족한 경우에 보험계약자의 차회 이후의 보험료 납입을 면제하면서도, 보험계약기간 동안 보장을 유지하는 방식이다.

2. 법적 성질

납입면제는 보험자의 보험금 지급의무에 대한 보험계약자의 보험료 납입의무를 면제하는 것이므로 채무면제의 일종으로 볼 수 있다[채권자가 채무자에게 채무를 면제하는 의사를 표시한 때에는 채권은 소멸한다. 그러나 면제로써 정당한 이익을 가진 제3자에게 대항하지 못한다(민법 제506조)].

3. 납입면제의 요건

(1) 생명보험에서의 납입면제 요건

① 피보험자가 장해분류표 중 동일한 재해 또는 재해 이외의 동일한 원인으로 여러 신체부위의 장해지급률을 더하여 50% 이상인 장해상태가 되었을 때

② 암, 뇌출혈, 급성심근경색이나 중대한 질병으로 진단확정 되었을 때

③ 중대한 수술을 받았을 때

(2) 손해보험에서의 납입면제 요건

① 피보험자가 보험기간 중 발생한 상해 또는 질병의 직접결과로 80% 이상의 후유장해 상태가 된 때

② 피보험자가 보험료 납입기간 중 '첫 번째 암'의 보장개시일 이후 첫 번째 암으로 진단확정된 때

(3) 납입면제의 예외(손해보험의 경우)

① 배우자를 피보험자로 하는 특별약관

② 자동갱신 특별약관

위의 경우에 보장보험료 납입을 면제하지 않는다.

4. 실무 처리 과정

보험회사에서 정한 구비서류를 제출하여 납입면제를 청구하고 보험회사는 서류를 접수한 날부터 3영업일 이내에 보험료 납입을 면제한다. 다만, 지급사유의 조사나 확인이 필요한 경우에는 접수 후 10영업일 이내에 보험료 납입을 면제한다.

05 특정여가활동 중 상해담보 특약에서 보장하는 특정여가활동 5가지

1. 의 의

보험회사는 피보험자가 보험기간 중에 약관에서 정한 특정여가활동을 하는 동안 발생한 급격하고 우연한 외래의 사고로 상해를 입었을 때, 그 상해로 인한 손해를 보상한다.

2. 특정여가활동의 종류

(1) 스포츠시설 내의 상해

피보험자가 스포츠를 목적으로 스포츠 전용시설 또는 그의 병용 시설 내에서 발생한 사고를 보상한다. 즉, 스포츠 시설 내에서 스포츠 활동, 착・탈의, 휴식, 준비운동 등으로 인한 상해사고를 보상한다.

(2) 게이트볼

게이트볼 시합 또는 5인 이상이 연습하는 동안에 발생한 상해사고를 보상한다.

(3) 낚 시

낚시를 하는 동안 발생하는 상해사고를 보상한다. 단, 직업상 물고기잡이는 해당되지 않는다.

(4) 유료시설의 관객 또는 입장객

유료시설에 관객 또는 입장객으로 있는 동안 발생한 상해사고를 보상한다. 단, 유료시설이란 구체적으로 관리되고 있는 유료시설을 말하며, 이 시설이 무료로 개방되는 경우에는 보상하지 않는다.

(5) 여행 중 사고

피보험자가 숙박을 동반한 여행목적으로 보험증권에 기재된 주소지를 출발하여 여행을 마치고 당해 주소지로 도착할 때까지 발생한 상해사고를 보상한다. 다만, 업무출장 및 업무목적 병행 여행은 제외한다.

06 건강(우량)체 특별약관

1. 건강(우량)체

건강우량체라 함은 보험가입적격자로서 아래의 사유에 해당하는 자를 말한다.

① 최근 1년간 어떠한 형태와 종류를 불문하고 담배를 피우거나 씹거나 또는 기타 이와 유사한 형태로 사용하지 아니한 자

② 수축기혈압이 139mmHg 이하이고 이완기혈압이 89mmHg 이하이며, BMI수치가 18.5 이상 ~ 25 미만인 자

심화학습 체질량지수(Body Mass Index ; BMI, 카우프지수)

사람의 비만도를 판정하는 지수로, 체중과 키의 관계로 측정한다.

$$체질량지수(BMI) = 체중(kg) / [키(m)]^2$$

판정기준	구분	지수
판정기준	저체중	18.5 미만
	정 상	18.5 ~ 22.9
	과체중	23 ~ 24.9
	비 만	25 ~ 29.9
	고도비만	30 이상

2. 건강체서비스 특별약관

주로 생명보험계약에서 운용되는 특약으로 피보험자가 건강(우량)체이고 보험가입적격자인 경우 보험요율을 할인하여 주는 특약을 말한다. 주 계약 또는 해당 특약의 보험기간 중 피보험자가 건강체에 해당되는 경우, 계약자의 청약과 보험자의 승낙으로 가입할 수 있다. 이 경우, ① 계약자는 특약의 청약일 장래로의 보험료를 할인받으며, ② 보험료 변동시점 정산기준의 책임준비금을 정산한 잔여액이 있을 경우 보험자는 이를 계약자에게 지급하여야 한다.

07 단체보험의 특징과 피보험자의 지정변경

1. 의 의

동일한 단체에 소속된 5인 이상의 구성원이 동일한 계약으로 단체 또는 단체의 대표자를 통해 가입하는 보험이다.

2. 단체보험의 특징

(1) 서면동의 불필요

단체가 규약에 따라 구성원의 전부 또는 일부를 피보험자로 하는 생명보험계약을 체결하는 경우에는 피보험자의 서면에 의한 동의를 요하지 않는다(상법 제735조의3 제1항).

(2) 보험수익자 변경

피보험자 또는 그 상속인이 아닌 자를 보험수익자로 지정할 때에는 단체규약에서 명시적으로 정하는 경우 외에는 해당 피보험자의 서면동의를 받아야 한다(상법 제735조의3 제3항).

3. 피보험자의 변경

(1) 변 경

보험계약 체결 후 피보험자를 변경하는 경우 계약자는 보험자에게 변경내역을 서면으로 알리고 승인을 받아야 한다. 이를 위반할 경우, 변경된 피보험자에 대한 보상책임은 발생하지 않는다.

(2) 책임개시

보험자의 책임은 원칙적으로 승인한 이후부터 시작되며, 거절할 사유가 없다면 서면이 보험자에게 도달한 때부터 발생한다.

(3) 피보험자의 탈퇴

피보험자가 단체보험계약에서 탈퇴하는 경우, 계약자는 이를 보험자에게 서면으로 알려야 한다. 탈퇴자의 계약에 대하여는 약관상 탈퇴일로부터 1개월 이내에 피보험자의 동의 및 보험회사의 승낙을 얻어 개별계약으로 전환할 수 있다.

08 특별조건부 계약인수

1. 의 의

보험회사는 피보험자가 계약에 적합하지 아니한 경우에는 승낙을 거절하거나 별도의 조건을 부과하여 계약을 인수할 수 있다. 피보험자가 일반인과 비교하여 사고발생위험이 높은 것을 '표준하체'라고 한다. 즉 표준미달체로 판정된 피보험자에게 일정의 조건을 부가시킴으로써 표준체로 가입한 보험가입자와 형평성을 유지시키고 있다.

2. 특별조건부 계약인수의 방법

(1) 보험가입금액 제한

피보험자의 직업, 직종, 연령, 건강상태, 과거 사고발생력 등을 고려하여 일정금액 이하로 보험가입금액을 제한한다.

(2) 일부보장 제외

피보험자의 과거병력 등을 고려하여 특정 질병이나 신체의 특정 부위에 발생한 질환을 담보하지 않을 것을 조건으로 보험계약을 인수한다. 제한하는 기간에 따라 보험계약일로부터 일정기간 내로 제한하는 것과 보험기간 전기간 동안 제한하는 것이 있다.

(3) 보험금 삭감

보험가입 후 일정 기간 이내에 보험금을 청구하는 경우, 보험금을 삭감하여 지급하는 것을 조건으로 계약한다. 삭감방법에는 계단식 삭감방법과 평균식 삭감방법이 있다.

(4) 보험료 할증

피보험자의 건강, 직업, 과거 사고경력 등을 고려하여 보험료를 표준체 위험요율보다 높게 적용하여 계약을 인수한다.

09 사망일 인정기준

1. 의 의

사망은 의학적으로 심장의 박동이 완전 영구히 정지된 때 사망으로 인정되고, 이와 같이 사망한 경우에 사망보험금을 지급하게 된다. 하지만 의학적으로 사망이 확인되지 않은 경우라고 하더라도 다음과 같은 경우에는 사망보험금의 지급대상이 될 수 있다.

2. 사망일 인정기준

(1) 실종선고를 받은 경우

법원에서 인정한 실종기간이 끝나는 때에 사망한 것으로 본다. 일반실종은 부재자의 생사가 5년간 확인되지 아니하는 경우에 인정되고, 특별실종은 그 위난(항공기 추락, 선박의 침몰, 전쟁의 참가, 기타 위난)이 끝난 날로부터 1년이 경과하는 경우에 인정된다.

(2) 인정사망

관공서에서 수해, 화재나 그 밖의 재난을 조사하고 사망한 것으로 인정하는 경우에 가족관계등록부에 기재된 사망 연월일을 기준으로 한다.

(3) 80% 이상의 고도후유장해를 진단받은 경우

약관에 따라서는 피보험자가 보험기간 중에 상해로 후유장해지급률 80% 이상이 되는 경우에 사망보험금을 지급하는 경우가 있다. 이러한 경우에는 후유장해 진단일을 사망일로 추정한다.

(4) 피보험자의 귀환시

일반실종선고, 특별실종선고, 인정사망에 의하여 피보험자가 사망한 것으로 보아 사망보험금이 이미 지급된 후라도, 피보험자가 생존한 것이 확인되면 보험자는 지급된 사망보험금을 회수한다.

02 상해보험

01 「재해분류표」상 재해의 개념과 법정 감염병

1. 재해의 개념

생명보험은 「재해분류표」에서 정한 우발적인 외래의 사고를 재해사고로 보며, 열거위험담보방식으로 재해사고를 정의하고 있다.

2. 보장대상이 되는 재해

① 「한국표준질병・사인분류(KCD)」상의 '손상, 중독 및 사망의 외인(S00~Y84)'에 해당하는 우발적인 외래의 사고

② 「감염병의 예방 및 관리에 관한 법률」 제2조 제2호에서 규정한 제1급 감염병

3. 보험금을 지급하지 않는 재해

① 질병 또는 체질적 요인이 있는 자로서 경미한 외부 요인(사고기여도 20% 미만)으로 발병하거나 그 증상이 악화된 경우

② 사고의 원인이 다음과 같은 경우

㉠ 과잉노력 및 격심한 또는 반복적 운동(X50)

㉡ 무중력 환경에서의 장시간 체류(X52)

㉢ 식량 부족(X53)

㉣ 물 부족(X54)

㉤ 상세불명의 결핍(X57)

㉥ 고의적 자해(X60~X84)

㉦ 법적 개입 중 법적 처형(Y35.5)

③ '외과적 및 내과적 치료 중 환자의 재난(Y60 ~ Y69)' 중 진료기관의 고의 또는 과실이 없는 사고[단, 처치 당시에는 재난의 언급이 없었으나 환자에게 이상반응 또는 이후 합병증의 원인이 된 외과적 및 기타 내과적 처치(Y83 ~ Y84)는 보장]

④ '자연의 힘에 노출(X30 ~ X39)' 중 급격한 액체손실로 인한 탈수

⑤ '우발적 익사 및 익수(W65 ~ W74), 호흡과 관련된 불의의 위협(W75 ~ W84), 눈 또는 인체의 개구부를 통하여 들어온 이물(W44)' 중 질병에 의한 호흡장해 및 삼킴장해

⑥ 「한국표준질병·사인분류」상의 U00~U99에 해당하는 질병

4. 법정 감염병(제1급)

생명보험 「재해분류표」에선 「감염병의 예방 및 관리에 관한 법률」 제2조 제2호에서 규정한 1급 감염병을 재해로 인정하여 재해 보험금을 지급한다. "제1급 감염병"이란 생물테러감염병 또는 치명률이 높거나 집단 발생의 우려가 커서 발생 또는 유행 즉시 신고하여야 하고, 음압격리와 같은 높은 수준의 격리가 필요한 감염병으로서 다음의 감염병을 말한다. 다만, 갑작스러운 국내 유입 또는 유행이 예견되어 긴급한 예방·관리가 필요하여 보건복지부장관이 지정하는 감염병을 포함한다.

① 에볼라바이러스병

② 마버그열

③ 라싸열

④ 크리미안콩고출혈열

⑤ 남아메리카출혈열

⑥ 리프트밸리열

⑦ 두 창

⑧ 페스트

⑨ 탄 저

⑩ 보툴리눔독소증

⑪ 야토병

⑫ 신종감염병증후군

⑬ 중증급성호흡기증후군(SARS)

⑭ 중동호흡기증후군(MERS)

⑮ 동물인플루엔자 인체감염증

⑯ 신종인플루엔자

⑰ 디프테리아

02 상해보험에서 보험사고의 요건

1. 상 해

제3보험 보통약관상 상해란 보험기간 중에 발생한 급격하고도 우연한 외래의 사고로 신체에 입은 상해를 말한다. 신체가 아닌 의족, 의안, 의치 등의 손상은 상해에 해당되지 않는다. 그러나 인공장기나 부분 의치 등과 같이 신체에 이식되어 그 기능을 대체하는 장치의 손상은 상해로 본다.

2. 상해보험 보험사고의 요건

(1) 급격한 사고

시간적으로 갑작스럽게 일어난 사고뿐만 아니라, 피보험자가 예견하지 아니하였거나 예견할 수 없었던 순간에 일어난 사고를 말한다.

(2) 우연한 사고

우연한 사고란 피보험자가 의도한 것이 아닌 예측할 수 없는 사고를 말한다.

(3) 외래의 사고

외래의 사고란 상해 또는 사망의 원인이 피보험자의 신체적 결함, 즉 질병이나 체질적 요인 등에 기인한 것이 아닌 외부적 요인에 의해 초래된 모든 것을 말한다.

3. 인과관계

상해보험사고의 인과관계는 의학적・자연과학적으로 명백히 입증되어야 하는 것은 아니며, 사회적・법적 인과관계이면 족하다. 우리나라는 상당인과관계설을 통설로 하고 있다.

4. 입증책임

재해사망만을 담보하는 상해보험 보험사고에서의 입증책임은 권리를 주장하는 자, 즉 피보험자 측은 보험사고의 요건인 사고의 급격성・우연성・외래성・인과관계 등을 입증하여야 한다. 그 입증은 엄격한 입증일 필요는 없고, 사실상의 추정 또는 표현의 증명으로 충분하다.

03 운전자보험 3대 비용담보 특별약관

1. 의 의

운전자보험은 피보험자가 보험기간 중에 자동차를 운전하던 중 발생한 급격하고도 우연한 자동차사고로 인하여 타인의 신체에 상해를 입힘으로써 발생하는 벌금, 방어비용(변호사비용), 교통사고처리지원금 등의 손실비용을 보상한다.

2. 운전자보험 3대 비용담보

(1) 벌금담보

피보험자가 보험기간 중 자동차를 운전하던 중에 급격하고도 우연한 자동차사고로 타인의 신체에 상해를 입힘으로써 신체상해와 관련하여 법원의 확정판결에 의하여 정해진 벌금액을 1사고당 보험가입금액 한도로 보상한다.

(2) 방어비용(변호사선임비용)담보

피보험자가 보험기간 중 자동차를 운전하던 중에 급격하고도 우연한 자동차사고로 타인의 신체에 상해를 입힘으로써 구속영장에 의해 구속되었거나 검찰에 의해 공소제기된 경우에 방어비용을 지급한다.

(3) 교통사고처리지원금(형사합의금)담보

피보험자가 보험기간 중 자동차를 운전하던 중에 급격하고도 우연한 자동차사고로 타인에게 다음의 상해를 입힌 경우 매사고마다 피해자 각각에 대하여 형사합의금을 교통사고처리지원금으로 지급한다.

① 피해자를 사망하게 한 경우

② '중대법규위반 교통사고'로 피해자가 42일 이상의 치료를 요하는 진단을 받을 경우

③ '일반 교통사고'로 피해자에게 「형법」 제258조 제1항 또는 제2항의 중상해를 입혀 검찰에 의해 공소제기 되거나 「자동차손해배상보장법 시행령」 제3조에서 정한 상해급수 1급, 2급 또는 3급에 해당하는 부상을 입힌 경우

3. 공통 면책사유

① 피보험자의 고의

② 계약자의 고의

③ 피보험자가 사고를 내고 도주하였을 때

④ 피보험자가 「도로교통법」에서 정하는 무면허운전 또는 음주운전 상태에서 운전하던 중 사고를 일으킨 때

⑤ 피보험자가 자동차를 경기용이나 경기를 위한 연습용 또는 시험용으로 운전하던 중 사고를 일으킨 때

04 교통기관의 종류 및 교통상해로 보지 않는 사고

1. 서 론

교통기관이라 함은 본래 사람이나 물건을 운반하기 위한 것으로 생명보험 교통재해분류표에서는 다음과 같이 정하고 있다.

2. 교통기관의 종류

(1) 자동차

승용자동차, 승합자동차, 화물자동차, 특수자동차, 이륜자동차 9종 건설기계(단, 9종 건설기계가 작업기계로 사용될 때는 자동차로 보지 않음)

(2) 기타 교통기관

기차, 전동차, 기동차, 케이블카, 리프트, 엘리베이터 및 에스컬레이터, 모노레일, 스쿠터, 자전거, 원동기를 붙인 자전거, 항공기, 선박(요트, 모터보트, 보트 포함), 9종 건설기계를 제외한 건설기계 및 농업기계

심화학습 9종 건설기계(자동차손해배상보장법 시행령 제2조)

덤프트럭, 타이어식 기중기, 콘크리트믹서트럭, 트럭적재식 콘크리트펌프, 트럭적재식 아스팔트살포기, 타이어식 굴삭기, 트럭지게차, 도로보수트럭, 노면측정장비

3. 교통재해로 보지 않는 사고

(1) 유사 교통기관으로 인한 사고

약관에 열거되지 않은 기구라도 그것이 본래 교통수단으로 설계제작된 것이거나, 교통수단으로 불법개조된 것이거나 특수차량이더라도 교통기능을 수행하는 때의 사고는 교통재해로 인정된다.

(2) 구내 교통기관으로 인한 사고

공장, 토목작업장, 채석장, 탄광 또는 광산의 구내에서 사용되는 교통기관에 의한 직무상 관계하는 피보험자의 직무상의 사고는 교통재해로 인정되지 않는다.

05 대중교통 이용 중 교통상해 사망·후유장해 특약

1. 보험금 지급사유

보험자는 보험기간 중 피보험자가 대중교통을 이용하는 중에 교통상해를 입고 그 직접결과로써 사망하거나 후유장해로 진단된 경우에 보험금을 지급한다.

2. 대중교통 이용 중 교통상해

(1) 대중교통 이용 중의 범위

① 운행 중 대중교통수단에 피보험자가 탑승 중에 일어난 사고

② 대중교통수단에 피보험자가 탑승 목적으로 승·하차 하던 중 일어난 사고

③ 대중교통수단의 이용을 위해 피보험자가 승강장 내 대기 중 일어난 사고(목적지에 도착하여 승강장을 벗어나기 전까지도 포함)

(2) 대중교통수단의 범위

① 여객수송용 항공기

② 여객수송용 지하철·전철·기차

③ 여객자동차운수사업법에서 규정한 시내버스·농어촌버스·마을버스·시외버스 및 고속버스(전세버스 제외)

④ 여객자동차운수사업법에서 규정한 일반택시·개인택시(렌트카 제외)

⑤ 여객수송용 선박

3. 보험금을 지급하지 아니하는 사유

(1) 시운전·경기 또는 흥행 중 교통사고

시운전·경기 또는 흥행을 위하여 운행 중인 대중교통수단에 탑승하고 있는 동안 발생한 사고는 통상적인 운송목적이 아니기 때문에 보상하지 않는다.

(2) 하역작업 중 사고

하역작업을 하는 동안 발생된 사고는 교통상해에 해당되지 않기 때문에 면책된다.

(3) 설치 · 수선 · 점검 · 정비 · 청소 중 사고

대중교통수단의 설치 · 수선 · 점검 · 정비나 청소 작업을 하는 동안 발생한 사고도 면책된다.

(4) 작업기계로 사용 중 사고

건설기계 및 농업기계가 작업기계로 사용되는 동안에는 교통수단으로 볼 수 없기 때문에 면책된다.

06 주말, 신주말, 운전 중의 개념

1. 주 말

토요일, 일요일, 법정공휴일, 근로자의 날 00시부터 그 날의 24시까지를 말한다. 법정공휴일은 법에서 정한 공휴일로서 「관공서의 공휴일에 관한 규정」, 「국경일에 관한 법률」에 근거하며, 근로자의 날은 「근로기준법」에 근거한다.

2. 신주말

신주말이란 보험기간 중에 사고발생지의 표준시를 기준으로 금요일, 토요일, 법정공휴일(일요일 포함) 또는 근로자의 날을 말한다.

3. 운전 중

운전 중이라 함은 도로 여부, 주정차 여부, 엔진의 시동 여부를 불문하고 피보험자가 자동차 운전석에 탑승하여 핸들을 조작하거나 조작 가능한 상태를 말한다.

CHAPTER 제3보험의 이론과 실무

03 질병보험

01 입원 및 수술의 정의, 선진의료적 첨단수술

1. 입원의 정의

병원 또는 의원 등의 의사, 치과의사 또는 한의사 자격을 가진 자에 의하여 해당 질병의 치료가 필요하다고 인정한 경우로서 자택 등에서 치료가 곤란하여 「의료법」 제3조 제2항에서 정한 병원, 의원 또는 이와 동등하다고 인정되는 의료기관에 입실하여 의사의 관리 하에 치료에 전념하는 것을 말한다.

2. 수술의 정의

의사, 치과의사 또는 한의사의 자격을 가진 자에 의하여 질병의 치료가 필요하다고 인정된 경우로서 자택 등에서 치료가 곤란하여 「의료법」 제3조 제2항에서 정한 병원·의원 또는 이와 동등하다고 인정되는 의료기관에서 의사의 관리 하에 질병의 치료를 직접적인 목적으로 기구를 사용하여 생체에 절단, 절제 등의 조작을 가하는 것을 말한다. 단, 흡인, 천자 등의 조치 및 신경차단은 제외한다.

3. 선진의료적 첨단수술

(1) 의 의

수술의 정의에 해당하고, 약물투여·방사선조사·기타 보존적 치료로 분류될 수 없는 경우로, 완치율이 높고 일반적으로 의학계에서 인정하고 있는 첨단수술기법을 말한다.

(2) 종 류

① 내시경 수술
② 카테터·고주파 등에 의한 악성신생물 수술
③ 악성신생물 근치 사이버나이프 정위적 방사선 치료
④ 두개내 신생물 근치 감마나이프 정위적 방사선 치료

(3) 약관적용

① 약관에서는 보험기간 중 시술 개시일로부터 60일간을 1회의 수술로 본다.

② **악성신생물 수술의 수술분류표 적용(생명보험)**

악성신생물 근치수술은 원칙적으로 5종 수술이 적용되지만, 선진의료수술을 시행할 경우 3종 수술로 인정된다.

* 생명보험약관에서는 각 수술의 난이도, 부위, 비용 등에 따라 수술분류표에서 1종～5종 수술 또는 1종～3종 수술로 분류하고 있다.

02 동일한 질병

다음과 같은 경우 동일한 질병으로 간주한다.

① 발생원인이 동일한 질병

② 의학상 중요한 관련성 있는 질병

③ 질병의 치료 중에 발생된 합병증 또는 새로이 발견된 질병의 치료가 병행될 때

④ 의학성 관련이 없는 여러 종류의 질병을 갖고 있는 상태에서 입원한 때

03 청약전 진단확정된 질환의 보상책임

1. 서 론

원칙적으로 청약전 이미 진단확정된 질환은 보상하지 않는다. 다만, 청약전 이미 진단확정된 질병이라고 하더라도 일정한 경우에 보상책임이 발생하는 경우가 있다.

2. 보상하지 않는 질환(원칙)

청약전 진단확정된 질환은 원칙적으로 보상책임이 발생하지 않는다. 청약전 진단확정된 질환은 청약서에서 묻는 중요한 사항에 한하고, 청약서상 당해 질병의 고지대상 기간 내에 진단, 처치, 치료를 받은 경우를 말하며, 다음 아래의 사항에 포함되어야 한다.

① 청약일로부터 3개월 이내에 의사로부터 진찰, 처치, 정밀검사를 통하여 진단, 입원, 수술, 투약을 받은 경우

② 청약일로부터 5년 이내에 의사로부터 진찰, 검사를 받고 그 결과 입원, 수술, 정밀검사, 진단, 조직검사를 받았거나 계속하여 7일 이상의 치료 또는 30일 이상의 투약받은 사실이 있는 경우

③ 청약일로부터 5년 이내에 10대 질환으로 진단받은 사실이 있는 경우

3. 보상하는 질환(예외)

① 청약일 이전 진단확정된 질병이라 하여도 청약일 이후 5년이 지나는 동안 그 질병으로 추가적인 진단(단순 건강검진 제외) 또는 치료 사실이 없을 경우에는 청약일로부터 5년이 지난 이후부터 보상한다.

② 갱신형 계약의 경우 최초 계약의 청약일 이후 5년이 지나는 동안 추가적인 진단 또는 치료사실이 없으면 보상한다.

* '5년이 지나는 동안'이라 함은 보험료의 납입연체 등으로 인한 계약해지가 발생하지 않은 경우를 말하며, 보험료의 납입연체로 계약이 해지된 후 부활이 이루어진 경우에는 부활일을 청약일로 적용한다.

04 질병보험의 역선택을 방지하기 위한 방법

1. 서 론

질병은 특성상 신체에 내재하기 때문에 본인이 아닌 한 타인이 외부에서 질병 발병 여부를 객관적으로 확인하기 어렵고, 증상을 통해서만 주관적으로 확인이 가능하기 때문에 보험자는 계약을 인수할 때 역선택의 위험에 빠지지 않게 주의하여야 한다.

2. 역선택 방지수단

(1) 조건부 인수

특정한 질병의 발병위험이 높은 피보험자는 인수거절사유가 된다. 그러나 "특정질병 또는 특정부위 부담보" 특약을 통해 담보제외 조건으로 인수하기도 한다.

(2) 계약전 질병의 5년 면책조항

청약서상 "계약전 알릴의무"에 해당하는 질병으로 과거에 진단 또는 치료를 받은 경우에는 해당 질병과 관련한 보험금을 지급하지 않는다. 다만, 청약일로 5년이 지나는 동안 진단 또는 치료가 없다면 보장한다.

(3) 특정 질병 면책조항

질병보험은 ① 선천성 질환, ② 항문질환, ③ 알코올중독 등의 역선택 위험이 높은 질병에 대하여 면책하고 있다.

(4) 담보제외기간 조항

① 암보험의 경우 계약일로부터 90일

② 치매를 담보하는 보험의 경우 계약일로부터 2년

(5) 기간에 따른 감액조항

계약일 이후 일정한 기간 이내에 발병한 질병은 보험가입금액의 일부만 지급한다.

㊎ 암보험, 중대한 질병보험

05 국내여행보험의 질병사망특약 및 일반 질병사망특약과의 담보 차이

1. 국내여행보험의 질병사망 특별약관

보험자는 피보험자가 국내여행 도중 아래의 한 가지 경우에 해당하는 사유가 발생한 때에는 보험수익자에게 보험금을 지급한다.

① 보험기간 중 질병으로 인하여 사망한 경우

② 보험기간 중 진단확정된 질병으로 장해지급률 80% 이상에 해당하는 장해상태가 된 경우

2. 담보의 차이

(1) 일반 질병사망특약의 경우

진단확정된 질병으로 보험기간 이내의 사망만을 담보한다.

(2) 국내여행보험 질병사망특약의 경우

보험기간 마지막 날로부터 30일 이내에 사망 또는 80% 이상의 장해상태가 되었을 때에도 보험금을 지급한다.

06 암보험의 주요 보장내용

1. 암의 정의

암보험약관에서 '암'이라 함은 한국표준질병・사인분류에서 악성신생물(C00~C97)로 분류되는 질병을 말한다. 다만, 분류번호 C44(기타 피부의 악성신생물), 분류번호 C73(갑상선의 악성신생물) 및 전암(前癌)상태(암으로 변하기 이전 상태)는 제외한다.

2. 보장내용

(1) 암 진단비의 지급

일반적으로 암, 기타 피부암, 갑상선암, 제자리암, 경계성 종양 등으로 진단된 경우에 보험수익자에게 최초 1회에 한하여 진단비를 지급한다.

(2) 암 입원비

암의 직접적인 치료를 목적으로 4일 이상 입원한 경우 약정한 암관련 입원일당을 지급한다. 암 입원비는 120일 한도로 한다.

(3) 암 수술비

암의 직접적인 치료를 목적으로 수술을 한 경우에는 보험수익자에게 수술 1회당 암 수술비 보험금을 지급한다.

07 암보험의 특징

1. 가입연령

일반적인 암보험은 60세 이하의 건강한 자를 가입대상으로 하여 통상 80세까지 보장한다. 그러나 최근 암보험은 70~80세의 경우에도 가입이 가능하고 기존에 암으로 진단된 자 또는 만성질환자의 경우에도 가입이 가능하다.

2. 책임개시일 · 면책기간

일반적인 제3보험은 초회 보험료를 납입한 때부터 보장이 개시되지만 암보험은 계약일로부터 그 날을 포함하여 90일이 경과한 날의 다음날을 보장개시일로 한다. 그러나 15세 미만의 경우 제1회 보험료를 받은 때부터 책임이 개시된다(소아암, 유사암 포함).

3. 보험금의 감액

① 계약일 이후 1년 또는 2년 이내에 암으로 진단확정된 경우에는 통상 보험가입금액의 50%를 지급한다.

② 자가진단이 가능한 유방암의 경우에는 보장개시일로부터 90일 이내에 진단 확정된 경우 보험가입금액의 10%를 보장하기도 한다.

4. 납입면제

대부분의 보험회사는 피보험자가 암으로 진단확정된 경우에 차회 이후의 보험료 납입을 면제하고 암에 대한 보장을 지속하는 납입면제 제도를 적용하고 있다.

08 종양의 형태학적 분류

1. 의 의

한국표준질병·사인분류(KCD)는 종양의 특정 부위와 형태에 따라 형태학적 분류방식을 적용하고 있다. 형태분류 번호는 총 5자리 숫자로 구성되며, 첫 4자릿수는 신생물의 조직학적 형태를 표시하고, 사선 뒤 5번째 자릿수는 그 행동양식을 표시한다.

2. 행동양식 분류번호와 질병코드[제7차 개정 한국표준질병·사인분류(KCD)]

행동양식 분류번호	질병코드
/0 양성신생물	D10 ~ D36
/1 경계성 종양(행동양식 불명 또는 미상의 신생물)	D37 ~ D44 D47.0(D47.1, D47.3, D47.4, D47.5 제외) D48
/2 제자리(상피내)신생물	D00 ~ D09
/3 일차성 악성신생물	C00 ~ C75 C81 ~ C97 D45, D46, D47.1, D47.3, D47.4, D47.5
/6 이차성 및 상세불명 부위의 악성신생물	C76 ~ C80

* **악성신생물에 포함되지만 암상태로 구분되는 암** : C44(기타피부암), C73(갑상선암)

심화학습 제8차 한국표준질병·사인분류 주요 개정내용(통계청고시 제2020-175호, 2021.1.1. 시행)

① 세계보건기구(WHO)가 권고한 국제질병분류(ICD-10)와 종양학국제질병분류(ICD-O-3)의 최신 변경 내용을 반영하였다.
② 사전 현장적용시험을 통해 우리나라 세분화 분류를 사전 검토하였다.
③ 활용도가 낮은 분류는 정비하고, 신규 희귀질환을 반영하였다.
④ 의학용어는 전문분야의 특성을 반영하면서 일반인이 이해하기 쉬운 한글용어로 수정하였다.

악성신생물분류표에서 D코드임에도 암으로 보장하는 종양의 종류

대상 질병명	분류번호
진성 적혈구 증가증	D45
골수 형성이상 증후군	D46
만성 골수증식성 질환	D47.1
본태성(출혈성) 혈소판 증가증	D47.3
골수섬유증	D47.4
만성 호산구성 백혈병[과호산구증후군]	D47.5

10 진행단계에 의한 암의 분류 및 양·악성 종양의 특징 비교

1. 진행단계에 의한 암의 분류

(1) 1기

① 원발부위에만 종양이 있고 전이가 일어나지 않음

② 침투두께가 1.5mm 이하인 상태

(2) 2기

① 원발부위에만 종양이 있고 전이가 일어나지 않음

② 침투두께가 1.5mm 이상~4.0mm 이하인 상태

(3) 3기

① 원발부위에만 종양이 있고 전이가 일어나지 않음

② 침투두께가 4.0mm를 넘는 것 또는 침투가 피하조직까지 도달한 것

③ 소속림프절로 전이가 된 것

④ 원발부위 주변 또는 원발부위에서 소속림프절까지의 사이에 피부전이나 피하전이가 나타난 것

(4) 4기

소속림프절을 벗어난 영역에서 피부전이, 피하전이, 림프절전이가 나타나는 것 또는 내장으로 전이가 있는 것

2. 양성종양과 악성종양의 특징 비교

구 분	양성종양	악성종양
생명 위협 정도	드물다	흔하다
성장 속도	느리다	대부분 빠르다
국소 침입	없 다	흔하다
전 이	없 다	흔하다
조직 파괴	적 다	많 다
기능의 파괴	대부분 적다	대부분 흔하다
제거 후 재발	드물다	있 다
피낭의 형성	있 다	없 다
세포의 모양	정형적	비정형적(다양한 모양)

11 경계성 종양과 상피내암

1. 경계성 종양과 상피내암의 정의

(1) 경계성 종양

양성종양과 악성종양의 구분하기 어려운 경계성 종양을 말한다. 한국표준질병・사인분류의 행동양식 불명 또는 미상의 신생물(D37~D44, D47, D48)에 해당하는 신생물이다.

(2) 상피내암(제자리 암)

상피조직에서 발생하는 암이 침윤암으로 발전하기 직전의 단계, 즉 암세포가 상피에는 존재하나 기저막까지는 침입이 안 된 상태를 말한다.

2. 진단확정

해부병리 또는 임상병리의 전문의사 자격증을 가진 자에 의하여 내려져야 하며, 이 진단은 조직검사, 미세침흡인검사, 혈액검사, 현미경 소견을 기초로 하여야 한다. 위의 진단이 어려운 경우 경계성 종양 또는 상피내암의 진단 또는 치료를 받고 있음을 증명할 문서화된 자료 또는 증거가 있어야 한다.

3. 암보험에서의 보장개시일

경계성 종양, 상피내암의 경우 암보험(진단, 수술, 입원)에서 계약일로부터 90일간 면책기간을 적용하지 아니한다. 즉, 제1회 보험료를 받은 때부터 보장책임이 개시된다.

12 중대한 암의 진단확정 방법 및 보상제외 질환

1. 암의 진단확정 방법

중대한 암은 해부병리 또는 임상병리 전문의사 자격증을 가진 자 또는 진단검사의학과 전문의 자격증을 가진 자에 의하여 내려져야 하며, 진단 방법은 다음 아래와 같다.

① 조직검사

② 미세침흡인검사

③ 혈액검사 또는 골수검사에 대한 현미경 소견

④ 병리학적 진단이 가능하지 않을 때에는 피보험자가 이와 관련해 진단 또는 치료를 받고 있음을 증명할 만한 문서화된 기록 또는 증거

2. 중대한 암에 해당하지 않는 질환

① 악성흑색종 중에서 침범정도가 낮은 경우(1.5mm 이하)

② 초기 전립선암

③ HIV 감염과 관련된 악성 종양

④ 악성흑색종 이외의 모든 피부암

⑤ '중대한 질병 및 수술 보장 책임개시일' 이전에 발생한 암이 '중대한 질병 및 수술 보장 책임개시일' 이후에 재발되거나 전이된 경우

⑥ 대장점막내암

⑦ 병리학적으로 전암병소, 상피내암, 경계성 종양, TNM 병기분류상 0기

⑧ 신체부위에 관계없이 병리학적으로 양성인 종양

⑨ 갑상선암 및 림프절의 이차성 및 상세불명 부위의 악성신생물에 해당하는 질병 중 갑상선을 일차부위로 하는 질병

13 뇌사판정의 선행조건

① 원인질환이 확정된 상태
② 치료 가능성이 없는 기질적인 뇌병변
③ 깊은 혼수상태
④ 자발호흡이 없고 인공호흡기로 호흡 유지
⑤ 치료 가능한 급성약물중독, 대사성 또는 내분비성 장애가 없음
⑥ 저체온 상태(직장온도 32℃ 이하)가 아님
⑦ 쇼크상태가 아님

14 CI보험에서 담보하는 질환

1. 서 론

CI보험은 사고나 질병 등으로 인해 생명이 위독한 치명적인 중병상태가 되었을 때 사망보험금의 일부 또는 전액을 선지급하거나 별도의 생활비를 생전에 지급함으로써 중병에 걸린 환자의 경제적 생활 안정을 돕는 보험이다. CI보험은 중대한 질병, 중대한 수술, 중대한 화상을 구분하여 담보한다.

2. 중대한 질병

(1) 중대한 암

악성종양세포가 존재하고 또한 주위의 정상조직에 악성종양세포가 침윤파괴적 증식을 특징으로 하는 악성종양이다.

(2) 중대한 급성심근경색증

관상동맥의 폐색으로 말미암아 심근으로의 혈액공급이 급격히 감소되어 전형적인 흉통의 존재와 함께 해당 심근조직의 비가역적인 괴사를 가져오는 질병이다. 중대한 급성심근경색증은 전형적인 급성심근경색 심전도 변화가 새롭게 출현하고, CK-MB를 포함한 심근효소가 발병 당시 새롭게 상승하는 특징이 있다.

(3) 중대한 뇌졸중

뇌혈액 순환의 급격한 차단이 생겨 영구적인 신경학적 결손이 나타나는 질병이다.

(4) 말기 신부전증

양 쪽 신장 모두가 비가역적인 기능부전을 보이는 말기 신장질환으로, 혈액투석이나 복막투석을 지속적으로 받아야 하는 질병이다.

(5) 중증 만성간질환

만성간질환이 진행된 결과 간부전 상태가 되어 회복가능성이 없는 질환이다.

(6) 중증 만성폐질환

양 쪽 폐장 모두가 심한 비가역적인 기능부전을 보여서 도보 동작이 지속적으로 현저하게 제한되고, 평생 일상생활의 기본동작의 제한을 받아야 하는 상태를 말한다.

3. 중대한 수술

① 관상동맥 우회술
② 대동맥 인조혈관 치환수술
③ 특정심장수술
④ 5대장기(간장, 신장, 심장, 췌장, 폐장) 이식수술

4. 중대한 화상 및 부식

중대한 화상 및 부식이란 전신피부의 약 20% 이상이 3도 화상 및 부식을 입은 경우를 말한다.

15 중대한 뇌졸중 진단비 특별약관

1. 의 의

보험자는 피보험자가 보험기간 중에 중대한 뇌졸중으로 진단 확정된 경우에 1회에 한하여 중대한 뇌졸중 진단비를 지급한다.

2. 중대한 뇌졸중의 정의

지주막하 출혈, 뇌내출혈, 뇌경색이 발생하여 뇌혈액 순환의 급격한 차단이 생겨 그 결과 영구적인 신경학적 결손(언어장애, 운동실조, 마비 등)이 나타나는 질병을 말한다.

3. 진 단

(1) 뇌혈액순환의 급격한 차단

의사가 작성한 진료기록부상의 전형적 병력을 기초로 한다.

(2) 영구적 신경학적 결손

신경학적 검사를 기초로 한 객관적인 신경학적 증후로 나타난 장애로서 후유장해분류표에서 정한 '신경계에 장해가 남아 일상생활 기본동작에 제한을 남긴 때'의 지급률 25% 이상인 장해상태를 말한다.

(3) 진단확정

아래의 검사를 기초로, 영구적 신경학적 결손에 일치되게 '중대한 뇌졸중' 특징 소견이 발병 당시에 새롭게 출현함을 근거로 하여야 한다. 피보험자가 사망하여 아래의 검사방법을 진단의 기초로 할 수 없는 경우에는 피보험자가 중대한 뇌졸중으로 진단 또는 치료를 받고 있었음을 증명할 수 있는 문서화된 기록 또는 증거를 진단확정의 기초로 할 수 있다.

① Brain CT scan(뇌전산화단층촬영)

② MRI(자기공명영상)

③ 뇌혈관 조영술

④ PET scan(양전자방출단층술)

⑤ SPECT(단일광자전산화단층술)

4. 보장제외 질환

① 일과성 허혈 발작

② 가역적 허혈성 신경학적 결손

③ 외상으로 인한 경우

④ 뇌종양으로 인한 경우

⑤ 뇌수술 합병증으로 인한 경우

⑥ 신경학적 결손을 가져오는 안동맥(ophthalmic artery)의 폐색

16 크론병, 다발성 경화증 진단비 특약

1. 크론병

(1) 의 의

크론병(K50)은 입에서 항문까지 소화관 전체에 걸쳐 어느 부위에서든지 발생할 수 있는 만성 염증성 장질환을 말한다. 염증이 장의 모든 층을 침범하며, 병적인 변화가 분포하는 양상이 연속적이지 않고 드문드문 나타나는 경우 많다. 회맹부에 질환이 발생하는 경우가 가장 흔하다.

(2) 진단확정

① 조직병리학적 및 방사선학적 검사

② 내시경 검사(가장 대표적)

③ CT 촬영

④ 위의 검사를 근거로 국내 병원 또는 이와 동등하다고 인정되는 국외의 의료기관의 내과 전문의가 작성한 문서화된 기록 또는 기록결과를 기초로 진단

(3) 보장제외

가족성 크론증은 제외한다.

(4) 보험금의 지급

주로 손해보험에서 진단특약으로 담보하며, 크론병으로 진단비가 지급되면 특약은 소멸한다.

2. 다발성 경화증

(1) 의 의

다발성 경화증(G35)은 중추신경계의 탈수초성 질환(신경세포의 축삭을 둘러싸고 있는 절연물질인 수초가 탈락되는 질병) 중 가장 흔한 유형으로 주로 젊은 연령층에서 발생하는 만성 염증성 질환이다.

(2) 증 상

임상적으로 재발과 완화를 반복하는 질환이며, 초기에는 재발 후 장애 없이 증상이 호전되지만 재발이 반복되면 완전히 호전되지 않고 장해가 남는 것이 특징이다.

(3) 진단확정

① 병력 및 신경학적 검진

② 뇌척수액 검사(CSF)

③ 자기공명영상장치(MRI)

④ 뇌유발전위 검사(Brain E-P)

⑤ 위의 검사들을 근거로 국내의 병원 또는 이와 동등하다고 인정되는 국외의 의료기관의 신경과 전문의가 작성한 문서화된 기록 또는 기록결과를 기초로 진단한다.

(4) 보험금의 지급

주로 손해보험에서 진단특약으로 담보하며, 다발성 경화증으로 진단비가 지급되면 특약은 소멸한다.

17 수혈에 의한 HIV 감염 진단특약

1. 서 론

피보험자가 보험기간 중에 「의료법」 제3조의 규정에 의한 국내의 병원 또는 의원 등에서 수혈을 받고 그 직접적인 원인으로 HIV에 감염되어 진단확정된 경우 진단비를 지급한다.

2. 진단확정

「의료법」 제3조 및 제5조의 규정에 의한 국내의 병원 또는 이와 동등하다고 회사가 인정하는 국외의 의료기관의 해당분야 전문의가 작성한 문서화된 기록 또는 기록결과를 기초로 한다.

3. 지급 요건

수혈에 의한 HIV 감염은 다음의 요건이 모두 충족되어야 한다.

① 의학적 필요에 의해 치료의 목적으로 수혈을 받은 경우

② 보장개시일 이후 국내에서 수혈을 받은 경우(부활계약의 경우 부활일 이후)

③ 감염된 혈액을 제공한 공급자가 HIV 감염자의 혈액으로 확인한 경우

4. 보장제외

① 피보험자가 수혈 후 HIV 검사 결과가 음성으로 판명되거나 유지되는 경우

② HIV 감염이 수혈이 아닌 다른 원인으로 인한 경우(약물, 마약투여, 성관계 등에 의한 감염)

18 만성 당뇨합병증 진단비 특약

1. 정의(표기체계)

'만성 당뇨합병증'이라 함은 제7차 한국표준질병·사인분류에 있어서 E10~E14의 4단위 세분류 항목에서 다음에 정한 항목 및 기타 당뇨병성 합병증을 말한다.

① .2† : 콩팥(신장) 합병증 동반(신장병증, 모세혈관내 사구체신증 등)

② .3† : 눈 합병증을 동반(백내장, 망막병증)

③ .4† : 신경학적 합병증을 동반(근육위축, 자율신경병증, 단신경병증 등)

④ .5 : 말초순환장애 합병증 동반(괴저, 말초맥관병증, 궤양)

2. 진단확정

「의료법」에서 정한 병원 또는 이와 동등하다고 인정되는 의료기관의 의사자격증을 가진 자에 의해 내려져야 하며, 반드시 피보험자가 당뇨병의 병력과 함께 다음과 같은 기준에 의하여 합병증 진단을 받아야 한다.

(1) 당뇨병성 망막증

내과와 안과에서 시행한 안저검사 및 형광 안저혈관 조형술을 시행하여 망막출혈반, 미세동맥류, 면화반(cotton-wool spot ; 망막의 작은 하얀 점), 부종 등의 소견이 보이는 경우

(2) 당뇨병성 신증

소변검사상 단백뇨가 생길 수 있는 다른 질환이 없는 상태에서 24시간 소변에서 단백질 500mg 이상 검출된 경우(단백뇨균으로 분류), 혈청크레아틴 수치가 1.5mg/dL 이상인 경우(당뇨로 인한 신부전증으로 분류)

(3) 당뇨병성 신경병증

말초신경증과 자율신경병증으로 구분하여 신경전도검사상 당뇨병성 신경병증의 이상소견을 보이거나 Ewing 방법에 의한 심혈관계 자율신경 기능검사상 이상이 있는 경우

(4) 당뇨병성 말초순환장애

이학적 검사상 피부궤양, 괴저 및 말초혈관병증이 있는 경우

19 중증 만성 폐질환 및 말기 신부전증

1. 중증 만성 폐질환

(1) 의 의

양 쪽 폐장(허파) 모두가 심한 비가역적인 기능부전을 보여서 그 결과 도보 동작이 지속적으로 현저하게 제한되고 평생 일상생활의 기본동작의 제한을 받아야 하는 상태로서 다음의 한 가지 기준 이상에 해당되어야 한다.

① 폐기능 검사에서 최대한 노력하여 잘 불었을 때 1초간 노력성 호기량(FEV 1.0)이 지속적으로 정상예측치의 30% 이하인 경우

② 비가역적인 만성 저산소증으로서 안정상태에서의 동맥혈 가스분석검사상 동맥혈 산소분압(PaO_2)이 60mmHg 이하인 경우

(2) 진단확정

정기적인 흉부 X-선, 폐기능 검사, 동맥혈 가스검사 등을 포함한 진단서, 소견서 및 진료기록 등으로 확인되어야 한다.

(3) 진단확정시 유의점

폐기능 검사결과와 동맥혈 가스분석검사는 그 성질상 변동하기 쉬워 가장 적절하게 상병을 나타내고 있다고 생각되는 검사 성적에 근거하여야 한다.

2. 말기 신부전증

(1) 의 의

양 쪽 신장 모두가 비가역적인 기능부전을 보이는 말기 신질환으로서 보존요법으로는 치료가 불가능하여 혈액투석이나 복막투석을 받고 있거나 받은 경우 또는 신장이식을 받은 경우를 말한다.

(2) 예 외

일시적으로 투석치료를 필요로 하는 신부전증은 제외한다.

20 중증 만성 간질환

1. 약관상 정의

만성 간질환이 진행된 결과 간부전 상태가 되어 회복 가능성이 없는 질환으로서 영구적 황달이 있으며, 간성혼수 또는 지속적인 복수가 존재하는 질병이다.

* 손해보험의 경우 통제 불가능한 복수증, 영구적 황달, 위나 식도벽의 정맥류, 간성뇌증 중 어느 하나에 해당하는 경우에 만성 말기 간경화로 진단한다.

2. 용어의 정의

(1) 영구적 황달

혈청 빌리루빈이 지속적으로 3.0mg/dL 이상인 경우

(2) 간성혼수

이학적 검사와 뇌파검사를 기초로 한 간성뇌기능의 장애가 반복되는 상태

(3) 지속적 복수

이학적 소견, 복수천자, 영상검사에 의하여 1개월 이상 복수가 지속적으로 존재하는 것

3. 진단의 확정

① 정기적인 이학적 검사
② 혈액검사
③ 영상검사(초음파 등)
④ 소견서, 진료기록 등

04 간병보험

01 활동불능상태(손해보험)

1. 활동불능상태의 정의

활동불능상태라 함은 질병이나 신체적 부상으로 종일 누워 있으면서, 다음의 (1)의 내용을 포함하고, (2)의 ①~④ 중 어느 하나에 해당하는 상태를 말한다.

(1) 보행에 있어 보조기구(의수, 의족, 휠체어 등)를 사용하여도 「일상생활동작 장해분류표」의 1.(보행을 스스로 할 수 없음)에 규정한 어느 상태 또는 이와 같은 정도의 간병을 필요로 하는 상태에 있기 때문에 항상 타인의 간병이 필요한 경우

(2) 다음의 ①~④ 중 어느 행위에 있어 보조기구를 사용하여도 항상 타인의 간병이 필요한 경우

① 「일상생활동작 장해분류표」의 2.(음식물 섭취를 스스로 할 수 없음)의 상태 또는 이와 같은 정도의 상태

② 「일상생활동작 장해분류표」의 3.(대소변의 배설후 뒤처리를 스스로 할 수 없음)의 상태 또는 이와 같은 정도의 상태

③ 「일상생활동작 장해분류표」의 4.(목욕을 스스로 할 수 없음)의 상태 또는 이와 같은 정도의 상태

④ 「일상생활동작 장해분류표」의 5.(의복을 입고 벗는 일을 스스로 할 수 없음)의 상태 또는 이와 같은 정도의 상태

2. 일상생활동작 장해분류표

(1) 보행을 스스로 할 수 없음

① 두 손, 두 발로 기거나 무릎 또는 엉덩이를 바닥에 붙이 않으면 이동할 수 없다.

② 혼자서 뒤집지 못하거나 침대 위에서 조금밖에 이동할 수 없다.

③ 혼자서 전혀 이동할 수 없다.

(2) 음식물 섭취를 스스로 할 수 없음

① 혼자서 식사도구를 사용하여 식사할 수 없다.

② 혼자서는 전혀 식사를 할 수 없다(신체의 장해에 의해 요양 중이어서 입을 통한 영양 섭취 및 식사가 불가능하여 혈관 또는 신체에 튜브를 통해 수액제를 넣거나 유동식으로 영양공급이 한정되어 있는 상태 포함).

(3) 대소변의 배설 후 뒤처리를 스스로 할 수 없음

① 혼자서는 배변을 닦아내는 것이 불가능하다.

② 혼자서는 배변을 위해 앉아 있는 자세를 취할 수 없다.

③ 잦은 실금으로 인하여 기저귀 또는 특수용기를 사용하고 있다.

④ 치료를 위한 절대안정으로 침상에서 특수용기를 사용하여 배설행위를 해야 한다.

(4) 목욕을 스스로 할 수 없음

① 혼자서는 몸을 씻거나 닦거나 할 수 없다.

② 혼자서는 욕조에 출입을 할 수 없다.

③ 혼자서는 전혀 목욕을 할 수 없다.

(5) 의복을 입고 벗는 일을 스스로 할 수 없음

혼자서는 옷을 입거나 벗을 수 없다.

02 K - MMSE와 CDR의 비교설명

구 분	MMSE - K(간이인지기능검사)	CDR(임상치매척도)
신뢰성	환자의 주관이 개입할 우려가 있음	객관적 진단 가능
비 고	역선택의 소지가 있음	역선택의 소지가 적음
중증도	점수가 낮을수록 중증(19점 이하)	점수가 높을수록 중증(3점)
난이도	평가 용이	평가 난해
평가시간	짧음(10 ~ 15분)	길(30 ~ 40분)
비 용	다소 저렴	다소 고액
평가자	일반의, 수련의, 간호사, 사회복지사	신경과, 정신과 전문의

03 일상생활동작 및 임상치매척도 검사의 평가항목

1. 일상생활동작 평가항목

① 이동하기
② 식사하기
③ 화장실 사용하기
④ 목욕하기
⑤ 옷입기

2. 임상치매척도검사 평가항목

① 기억력
② 지남력
③ 판단 및 문제해결능력
④ 사회활동능력
⑤ 가사활동 및 취미
⑥ 개인관리

04 간병보험(LTC)의 책임개시와 진단요건

1. 의 의

간병보험이란 피보험자가 보험기간 중 상해 또는 질병으로 인하여 활동불능 또는 치매 상태가 되어 타인의 간병을 필요로 하는 경우에 간병비용을 보장해 주는 보험이다.

2. 책임개시요건

간병보험(LTC)은 피보험자가 보험기간 중 상해나 질병으로 인하여 일상생활장해상태 또는 치매 상태로 판정되었을 경우에 약관상 보장받게 된다.

3. 진단요건

① 중증치매 또는 활동불능 진단확정

② 장기요양 1~3등급 판정

③ 장기요양 1~2등급 판정받고 중증치매 또는 활동불능 진단확정

05 기타 특약

01 해외여행보험 특별비용 담보 특약

1. 의 의

피보험자가 해외여행 중 생사가 불명하거나 긴급수색구조 등이 필요한 상태가 된 경우 피보험자 또는 피보험자의 법정상속인이 부담하는 비용을 보상하는 보험이다.

2. 보상하는 손해

보험자는 아래의 사유로 보험계약자, 피보험자, 보험수익자 또는 피보험자의 법정상속인이 부담하는 비용을 보상한다.

(1) 행방불명 또는 조난

여행 도중 피보험자가 탑승한 항공기 또는 선박이 행방불명 또는 조난된 경우, 산악등반 중 조난된 경우

* 조난이 확실치 않은 경우 피보험자의 하산 예정일 이후 계약자 또는 피보험자의 법정상속인이나 이들을 대신한 사람이 공공기관, 조난구조대, 해난구조회사 또는 항공회사에 수색을 의뢰한 경우 조난이 발생한 것으로 본다.

(2) 긴급수색구조

여행 도중 급격하고도 우연한 외래의 사고에 따라 긴급수색구조 등이 필요한 상태가 된 것이 공공기관에 의하여 확인된 경우

(3) 상해사망 또는 입원

해외여행 중 급격하고도 우연한 외래의 사고로 1년 이내 사망한 경우 또는 14일 이상 계속 입원한 경우

(4) 질병사망 또는 입원

질병을 직접 원인으로 하여 여행 도중에 사망한 경우 또는 여행 도중에 질병을 직접 원인으로 하여 14일 이상 계속 입원한 경우. 다만, 입원에 대하여는 여행 도중에 의사가 치료를 개시한 질병으로 인한 입원에 한한다.

3. 비용의 범위

비용의 한도는 보험기간당 총 한도이다.

(1) 수색구조비용

수색, 구조 또는 이송하는 활동에 필요한 비용 중 이들의 활동에 종사한 사람으로부터의 청구에 의하여 지급한 비용을 보상한다(현지 수색활동에 종사한 사람으로부터 청구받은 금액만이 보상된다).

(2) 항공운임 등 교통비

피보험자의 수색, 간호 또는 사고처리를 위하여 사고발생지 또는 피보험자의 법정상속인의 현지 왕복교통비를 말하며, 2명분을 한도로 보상한다.

(3) 숙박비

현지에서의 구원자 2명분(1명당 14일분)을 한도로 보상한다.

(4) 이송비용

피보험자가 사망한 경우 그 유해를 현지로부터 증권상 피보험자의 주소지에 이송하는데 필요한 비용 및 치료를 계속 중인 피보험자를 증권상 피보험자의 주소지로 이송하는데 드는 비용으로서 통상액을 넘는 피보험자의 운임 및 수행하는 의사, 간호사의 호송비를 보상한다.

(5) 제 잡비

구원자의 출입국 절차에 필요한 비용 및 구원자 또는 피보험자가 현지에서 지출한 교통비, 통신비, 유해처리비 등에 필요한 비용을 10만원을 한도로 보상한다.

4. 기 타

① 정당하다고 인정된 부분에 대해서만 보상한다.

② 중복보험계약이 있을시 독립책임액 안분방식을 통해 지급한다.

02 해외여행 인질구조 담보특약

1. 의 의

피보험자가 여행 도중 인질상태에 놓였을 경우, 피보험자의 사망후유장해 담보특약의 보험가입금액 10% 범위 내에서 구조에 소요된 실비를 보장한다.

2. 인질상태의 범위

① 불법적인 유괴납치로 소재가 불명하거나, 유괴 또는 납치되었음이 증명되었을 경우
② 정치적이건 비정치적이건을 막론하고 피보험자가 비우호적 집단에 의해 감금되어 있을 경우

3. 비용의 범위

(1) 수색 구조비용

피보험자를 수색, 구조 또는 이송하는 활동에 필요한 비용 중 이들 활동에 종사한 사람의 청구에 의하여 지급한 비용을 보상한다.

(2) 구조대 파견비용

피보험자를 구조하기 위하여 사고발생지로 구조대를 파견하는 경우 현지의 왕복항공운임 등의 교통비를 보상한다.

(3) 정보수집비 · 정보제공자 사례비

피보험자를 구조하는데 직접적으로 사용된 정보수집비 또는 정보제공자에 대한 사례비 등을 보상한다.

03 실손의료비 무사고자 할인 특약

1. 서 론

일정기간 무사고자에 대하여 보험료를 할인해 주는 특약이다.

2. 무사고 판정기간

갱신 직전 계약의 갱신일이 속한 달의 2개월전 초일부터 갱신계약의 갱신일이 속한 달의 3개월 전 말일까지로 한다.

3. 보험료 할인

무사고자 할인특약이 적용되는 경우 보장보험료의 10%를 할인한다.

04 중대한 재생불량성 빈혈 진단비 특약에서의 진단기준

1. 중대한 재생불량성 빈혈

① 영구적 재생불량성 빈혈로서, ② 피보험자가 근본적 치료를 목적으로 수혈, 면역억제제, 골수 촉진제와 같은 표준적 치료를 3개월 이상 지속적으로 받고 있고, ③ 현재 골수이식이 필요한 상태이다.

2. 진단확정 기준

영구적 재생불량성 빈혈이란 만성 골수부전상태로서 호중구 수가 200/mm^3 미만 또는 골수의 세포충실성이 25% 이하이면서 다음의 두 가지 이상에 해당되는 것을 말한다.

① 호중구 수 500/mm^3 미만

② 혈소판 수 20,000/mm^3 미만

③ 절대망상적혈구 수 20,000/mm^3 미만

3. 제외사항

일시적이거나 회복 가능한 재생불량성 빈혈은 보장에서 제외된다.

05 두 번째 암 담보특약

1. 의 의

첫 번째 암 진단보험금을 지급한 후에 일정기간 경과 후, 두 번째로 암을 진단받은 경우 다시 암진단비를 지급하는 특약을 말한다.

2. 두 번째 암의 개념

(1) 원발암

원발부위에 발생한 암으로 첫 번째 암이 발생한 기관과 다른 기관에 다른 조직병리학적 특성을 가진 암이어야 한다. 따라서 첫 번째 암이 발생한 기관에 생긴 암이나, 첫 번째 암이 침윤 또는 전이된 암은 제외된다.

(2) 전이암

원발부위의 암세포가 새로운 장소로 퍼져(침윤 또는 원격 전이) 다시 그 곳에 자리잡고 계속적인 분열과 성장과정을 거쳐 증식하는 암을 말한다.

(3) 재발암

첫 번째 암과 동일한 조직병리학적 특성을 가진 암으로서, 치료를 통해 몸에서 첫 번째 암을 제거 후에도, 그 첫 번째 암으로 인해 새롭게 암이 출현되어 치료가 필요한 상태로 판명된 암을 말한다(단, 첫 번째 암 진단확정시 발견된 암세포 중 제거되지 못하고 남아있는 암과 그 암의 증식은 재발암으로 인정하지 않음).

3. 진단확정

해부병리 또는 임상병리의 전문의사 자격증을 가진 자에 의해 내려져야 하며, 이 진단은 조직검사 또는 혈액검사, 미세침흡인검사에 대한 현미경 소견을 기초로 내려져야 한다. 그러나 병리학적 진단이 불가능할 경우 피보험자가 암의 진단 또는 치료를 받고 있음을 증명할만한 문서화된 기록 또는 증거가 있어야 한다.

4. 책임개시일

① 첫 번째 암으로 진단확정된 날을 포함하여 1년이 지난 다음날부터 보상책임이 개시된다. 최초의 진단확정일이 없는 경우에는 해당 월의 말일로 한다.

② 책임개시일 전 2차암 진단시 계약자는 90일 이내에 계약을 취소할 수 있다. 취소하지 않으면, 2차암으로 인하여 발생한 전이암, 재발암에 대하여는 보상하지 않는다. 단, 2차암 책임개시일 이후 5년이 지나는 동안 추가적인 진단, 치료 사실이 없는 경우에 그 후 발생한 전이암, 재발암은 보상한다.

5. 기타 사항

최초로 암진단 후부터 납입면제되는 상품이 있다. 보험기간 중 피보험자가 사망시 책임준비금을 지급한다.

06 항공기 납치 담보특약

1. 의 의

피보험자가 해외여행 도중에 승객으로써 탑승한 항공기가 납치되어 예정목적지에 도착할 수 없게 된 경우에 1일당 일정액을 보상하는 특약이다.

2. 항공기 납치의 개념

부당한 의도를 가진 폭력, 폭행 또는 폭력이나 폭행의 위협으로써 항공기를 탈취하거나 지배권을 행사하는 것을 말한다.

3. 보상범위

당해 항공기의 목적지 도착예정시간에서 12시간이 경과된 이후부터 시작되는 24시간을 1일로 보아 20일을 한도로 약정한 보험금을 지급한다. 항공기가 최초의 명백한 납치가 있기 이전에 비행장에서 출발이 지연되었을 경우에는 지연시간에 12시간을 합한 시간 이후부터의 24시간을 1일로 본다.

> 예 예정시간 : 7시
> 7+12=19시
> 19시부터 시간을 재고, 지연시 19시에 더한다.

07 학교생활 중 상해 담보특약

1. 보상요건

보험기간 중에 피보험자가 「초 · 중등교육법 시행령」 제45조에 정한 교육기관의 수업일에 급격하고도 우연한 외래의 사고로 신체에 상해를 입었을 때 그 상해로 생긴 손해를 보상한다. 학교생활에는 통상적인 경로를 통한 등 · 하교 및 방과후를 포함한다.

2. 교육기관의 수업일

아래에 어느 하나에 해당하는 날을 제외한 날을 말한다. 다만, 공식적인 학교행사 중 발생한 사고는 보상한다.

① 「초 · 중등교육법 시행령」 제47조에 정한 관공서의 공휴일

② 「초 · 중등교육법 시행령」 제47조에 정한 관할청 또는 학칙에서 정하는 여름, 겨울, 학기말의 휴가 및 개교기념일

③ 「초 · 중등교육법 시행령」 제47조에 정한 비상재해 등으로 인한 임시휴업일

3. 피보험자의 정의

「유아교육법」, 「초 · 중등교육법」, 「고등교육법」 등 교육관계법과 유사 교육관계법령에서 정한 교육기관에 재학 중인 학생[고등학교, 중학교, 초등학교와 유치원(특수학교 유치부를 포함)]을 말한다. 다만, 방송통신 중 · 고등학교 및 근로청소년을 위한 특별학급 및 산업체부설 중 · 고등학교에 재학 중인 학생은 제외한다.

4. 보상하지 아니하는 손해

(1) 표준약관의 면책규정

표준약관의 면책사항과 동일하다.

(2) 학교통제의 이탈

수업일에 부모 또는 친권자에 의해 학교의 통제를 벗어나 생활하던 중 발생한 사고는 보상하지 아니한다.

08 모성사망담보 특별약관

1. 모성사망담보 특별약관

보험자는 보험기간 중 피보험자가 "여성산과관련 특정질병"으로 인하여 임신 중 또는 분만 후 42일 이내에 사망한 경우에는 수익자에게 보험가입금액을 지급한다.

2. 보험기간

이 특약의 보험기간은 계약일 ~ 분만 후 42일까지로 한다.

3. 여성산과 특정질병 분류표

① 유산된 임신
② 임신, 출산 및 산후기의 부종, 단백뇨 및 고혈압성 장애
③ 주로 임신과 관련된 기타 모성장애
④ 태아와 양막강 및 가능한 분만 문제와 관련된 산모관리
⑤ 진통 및 분만의 합병증
⑥ 분 만
⑦ 주로 산후기에 관련된 합병증

09 출생전 자녀가입 특별약관

1. 특별약관의 적용

임부 및 그의 배우자가 출생전 자녀를 피보험자로 할 수 있는 제도성 특별약관이다. 이 특별약관은 질병·상해사망보장 특별약관 중 하나 이상을 피보험자의 부양자에게 부가한 계약에 한하여 부가할 수 있으며, 피보험자로 될 자가 계약체결시 출생전 자녀인 계약에 대해 적용된다. 태아는 출생 시에 피보험자로 된다.

2. 보장의 시기와 종기

① 부양자에 대한 보장은 계약일에 시작하며, 계약일로부터 태아가 출생한 날까지의 기간에 보통약관의 보험기간을 더한 날에 끝난다.

② 태아에 대한 보장은 태아의 출생 시에 시작하며, 출생일로부터 보통약관의 보험기간을 더한 날에 끝난다.

3. 출생의 통지 및 유산 또는 사산

(1) 출생의 통지

계약자는 태아가 출생한 경우 출생증명서 등의 서류를 제출하여 보험회사에 알려야 하며, 출생통지가 있는 경우 보험회사는 이를 보험증권에 기재한다.

(2) 유산 또는 사산된 경우

태아의 유산 또는 사산에 의하여 출산하지 못한 경우 보험자는 태아관련 특별약관을 무효로 하고 받은 보험료를 반환한다.

4. 복수출생의 경우

태아가 복수로 출생한 경우에는 계약자가 지정한 자녀를 피보험자로 한다. 피보험자가 출생한 날부터 1년 이내에 사망하고 동시에 출생한 자녀가 있는 경우에는 계약자는 피보험자가 사망한 날부터 1개월 이내에 한하여 동시에 출생한 자 가운데 다른 자녀를 새로운 피보험자로 할 수 있다.

5. 보험나이의 계산 및 특례

계약일에 있어서의 피보험자의 보험나이는 0세로 한다.

6. 보험료의 정산

태아에 대한 보험료는 남자 0세 보장부분 영업보험료의 합계액과 여자 0세 보장부분 영업보험료의 합계액 중 높은 보험료를 기준으로 적용하고 출생 후 피보험자의 성별이 확정된 경우 "보험료 및 책임준비금 산출방법서"에서 정한 방법에 따라 정산하고, 이후의 보험료는 변경된 보험료로 납입한다.

10 교통사고처리지원금 특약

1. 형사합의금의 지급대상이 되는 사고

피보험자가 자동차를 운전하던 중 아래의 사고로 타인에게 상해를 입혀 형사합의금을 지급하는 경우에 그 손해를 보상한다.

① 피해자(피보험자의 부모, 배우자, 자녀 제외)를 사망하게 한 경우

② '중대법규위반 교통사고'로 피해자가 42일(피해자 1인 기준) 이상 치료를 요한다는 진단을 받은 경우

③ '일반교통사고'로 피해자에게 중상해를 입혀 「형법」과 「교통사고처리특례법」에 따라 검찰에 기소되거나, 「자동차손해배상보장법 시행령」에서 정하는 상해급수 1급 ~ 3급에 해당하는 부상을 입은 경우

* 일반 교통사고라도 피해자가 중상해의 피해를 입게 되는 경우 운전자를 기소할 수 있다. 이에 운전자인 피보험자의 방어권을 보호하기 위해 일반 교통사고의 경우에도 교통사고처리지원금이 지급된다.

2. 관련 개념

(1) 자동차의 개념

① 「자동차관리법 시행규칙」 제2조에서 정한 승용자동차, 승합자동차, 화물자동차, 특수자동차, 이륜자동차

② 「자동차손해배상보장법 시행령」 제2조에서 정한 9종 건설기계. 단, 그 건설기계가 작업기계로 사용 중일 때는 자동차로 보지 않는다.

(2) 운전 중의 개념

자동차를 '운전 중'이라 함은 도로 여부, 주정차 여부, 엔진의 시동 여부를 불문하고 피보험자가 자동차 운전석에 탑승하여 핸들을 조작하거나 조작 가능한 상태에 있는 것을 말한다.

11 운전자보험 관련 특약 중 벌금보장 특별약관

1. 벌금보장 특별약관

(1) 보험금의 지급사유

피보험자가 보험기간 중 자가용 또는 영업용 자동차를 운전하던 중에 급격하고도 우연한 자동차 사고로 타인의 신체에 상해를 입힘으로써 신체상해와 관련하여 받은 벌금액을 보험수익자에게 1사고당 일정금액 한도로 지급한다(일반적으로 2,000만원 한도).

(2) 벌금액

확정판결에 의하여 정해진 벌금액을 말한다.

* 사고가 보험기간 중에 났다면 확정판결이 보험기간 종료 후에 나더라도 보장한다.

(3) 보험금을 지급하지 아니하는 사유

피보험자가 다음과 같은 사유로 보험금 지급사유가 발생한 때에는 보험금을 지급하지 않는다.

① 사고를 내고 도주한 경우

② 자동차를 경기용·경기를 위한 연습용·시험용으로 운전한 경우

③ 음주운전(혈중 알코올농도 0.05% 이상)

④ 무면허운전

⑤ 자동차를 영업 목적으로 운전한 경우(자가용 운전자용 벌금담보에 한하여 면책)

2. 중복보험계약이 있을시 보험금 지급

벌금에 대하여 보험금을 지급할 중복보험계약이 있을시 각각의 계약에 대하여 독립책임액 분담방식을 통해 보험금을 지급한다.

12 VDT증후군 수술비 특별약관

1. 의 의

보험자는 피보험자가 보험기간 중에 VDT증후군으로 진단확정되고, 그 치료를 직접 목적으로 수술을 받은 경우 수술 1회당 특별약관의 보험가입금액을 수술비로 지급한다.

2. VDT증후군의 정의

VDT증후군이란 「한국표준질병·사인분류(KCD)」상 '컴퓨터과잉질환'으로 분류되는 다음의 질병을 말한다.

① 근육, 연골 및 기타 연부조직 장애

② 결합조직의 기타 전신침범

③ 관절부의 통증과 경직

④ 경추상완증후군

⑤ 팔의 단일신경병증

심화학습 VDT증후군

Visual Display Terminal Syndrome의 약자로 컴퓨터단말기증후군이라고 한다. 컴퓨터와 같이 디스플레이가 부착된 기기를 장시간 보면서 작업하는 사람들은 눈의 피로감, 시력의 저하, 두통, 구토 증세, 정신 불안 등의 증상이 나타날 수 있다.

3. 진단확정

「의료법」 제3조에서 정한 병원 또는 이와 동등하다고 인정되는 의료기관의 의사자격을 가진 자에 의한 진단서에 의한다.

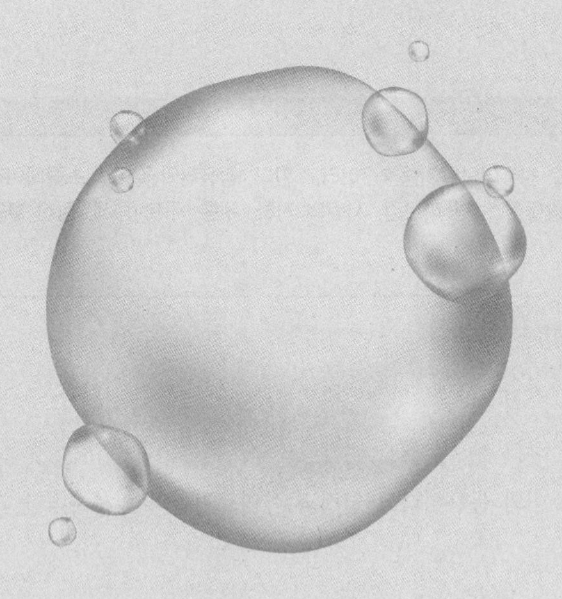

인생이란 결코 공평하지 않다.

이 사실에 익숙해져라.

-빌 게이츠-

제4과목

자동차보험의 이론과 실무 (대인배상 및 자기신체손해)

01 법률이론

01 자동차보험 개관

1. 의 의

피보험자가 (피보험)자동차를 소유・사용・관리 중 발생한 자동차사고로 인한 손해를 보상하는 보험이다.

2. 기 능

(1) 피보험자의 경제적 구제

① 개인 : 생활안정

② 기업 : 경영상의 안정

(2) 피해자 보호・구제

① 책임보험(대인배상 Ⅰ)

② 정부보장사업

③ 진료수가제도

④ 최저보험금제도

⑤ 과실상계 후 치료비 지불보증

⑥ 가불금제도 등

(3) 교통사고 예방

① 위험률 변경에 따른 보험료 할인・할증

② 면책조항

(4) 산업기금 조성

보험회사에 의해 각종 투자재원으로 활용됨으로써 산업자금으로 활용된다.

3. 종 류

(1) 개인용

10인승 이하 개인소유 자가용 승용차

(2) 업무용

개인용을 제외한 비사업용 자동차

(3) 영업용

사업용 자동차

4. 담보종목

(1) 배상책임 담보

대인배상 Ⅰ · Ⅱ, 대물

(2) 배상책임 외 담보

자기신체사고, 무보험차 상해, 자기차량손해

5. 주요용어 정리

보험가액과 피보험이익은 손해보험에만 있는 개념이다.

보험금액	약관상 보상한도액
보험가액	법률상 보상한도액, 피보험이익의 금전적 평가액. 따라서 배상책임보험에서는 보험사고발생 전까지 보험가액을 정할 수 없다.
피보험이익	보험계약의 목적. 피보험자가 보험의 목적에 가지는 경제적 이익
보험의 목적	보험에 의해 보호되는 신체 또는 재물 등
보험사고	보험자의 보상책임이 발생되는 사고. 우연성, 발생가능성, 한정성

02 자동차보험 관련법률

1. 개 요

자동차사고가 발생하면 다음과 같은 책임이 발생하며, 보험에서는 민사상의 책임만을 담보한다.

형사상 책임	교특법(형법의 특별법), 형법
민사상 책임	자배법 : 운행자책임, 민법 : 불법행위책임 등
행정적 책임	도로교통법 : 행정처분

2. 「자동차손해배상 보장법」(이하 '자배법')

(1) 의 의

자동차의 운행으로 사람 또는 재물에 관한 손해가 발생할 경우 그 손해배상을 보장하는 제도이다.

(2) 취 지

피해자보호, 자동차운송의 건전한 발전을 촉진하는데 있다.

(3) 특 징

① 「민법」의 특별법

「민법」에 우선 적용된다.

② 배상책임 주체의 확대

운행자와 운행 등의 용어의 정의를 통해 배상책임 주체를 확보함으로써 배상자력을 확보하였다.

③ 입증책임의 전환

가해자에게 입증책임을 부담하고 있다.

④ 조건부무과실 책임

운행자는 피해자가 ㉠ 승객일 경우 승객의 고의 또는 자살이 있거나, ㉡ 비승객일 경우 3면책요건을 모두 입증하지 못하면 운행자 책임을 진다.

⑤ 운행자 책임

「자배법」 제3조의 운행자 책임은 인적손해에만 적용된다.

* **「자배법」상 손해배상책임** : 「자배법」에서는 자기를 위하여 자동차를 운행하는 자(운행자)가 그 운행으로 말미암아 타인을 사상케 한 경우, 그 손해를 배상할 책임을 지도록 하고 있다(제3조).

(4) 「자배법」상 무보험상태 방지를 위한 조치들

① 보험가입 강제(제5조)

② 미가입자에 대한 통지(제6조)

③ 미가입자에 대한 벌칙(제48조)

④ 계약인수거절 또는 보험자 임의해지 제한(제24조, 제25조)

⑤ 양도에 따른 보험계약 자동승계(제26조)

(5) 그 밖의 피해자보호를 위한 각종 장치

① 가입의무화

② 정부보장사업

③ 피해자 직접청구권

④ 가불금제도

⑤ 진료수가제도

03 대인배상 I 의 피해자보호

1. 대인배상 I

피보험자가 피보험자동차의 운행으로 인하여 다른 사람을 죽거나 다치게 하여 「자배법」 제3조에 의한 손해배상책임을 짐으로써 입은 손해를 보상하는 담보이다.

2. 피해자보호를 위한 특징

(1) 「자배법」의 적용

「자배법」의 적용을 받는 의무보험으로써 피해자 보호를 위해 다음과 같은 특징을 가진다.

① 운행자 책임의 적용

㉠ 운행자 개념을 통해 배상주체의 범위를 확대하고, ㉡ 조건무 무과실주의, ㉢ 입증책임의 전환 등을 통해 피해자에 대한 배상력을 확보하고 있다.

② 최저보험금

사망의 경우 피해자의 손해액이 2천만원 미만인 경우 2천만원을 보상한다.

③ 치료비지불보증

부상 손해액이 자동차보험진료수가 기준에 따른 치료비에 미달하는 경우 「자배법」상 부상한도 별표에서 정하는 금액 내에서 해당 치료비를 부상손해액으로 한다.

(2) 피보험자의 확대

보유자를 피보험자에 포함시켰다.

(3) 고의사고에 대한 피보험자의 직접청구권 인정

계약자 또는 피보험자의 고의로 인한 손해에 대해 피해자의 「자배법」상 직접청구권을 인정하고, 손해배상금 지급일로부터 3년 이내에 고의사고를 일으킨 계약자 또는 피보험자에게 구상이 가능하다.

04 자동차손해배상 보장사업(= 정부보장사업)

1. 의 의

자동차 운행으로 인한 사고의 피해자가 의무보험(대인배상 Ⅰ)에 의하여 보상 받을 수 없는 경우, 정부가 최저한의 보상을 해주는 제도를 말한다(자배법 제30조).

2. 보상책임 발생요건

① 보유불명자동차에 의한 사고(뺑소니)

② 무보험차 사고

③ 타 법률에서 보상받지 않을 것

3. 지급보험금

책임보험인 대인배상 Ⅰ의 지급기준과 같다.

(1) 사 망

최저보험금인 2,000만원에서 최고 1억5천만원 한도 내(2016.4.1. 이후 사고)에서 보상되며, 과실상계 후 금액이 최저보험금에 미달할 경우 최저보험금을 보상한다.

* 2016.4.1. 이전 : 최저 2,000만원 ~ 최고 1억원

(2) 부 상

최고 3,000만원(2016.4.1. 이후)

(3) 장 해

최고 1억5천만원(2016.4.1. 이후)

4. 기타 사항

(1) 청구권 소멸시효

손해의 사실을 안 날(통상 사고발생일)로부터 3년을 소멸시효로 한다.

(2) 대위가능

피해자의 손해배상청구권에 대하여 대위가 가능하다.

(3) 정부의 지원

사망자나 중증 후유장애인의 유자녀 및 피부양가족의 생계와 학업, 재활 등을 지원한다.

05 피해자 직접청구권

1. 서 론

(1) 의의 및 효과

손해배상청구권자(피해자)가 보험자에게 직접 본인의 손해에 대한 보상을 청구할 수 있는 권리를 말하며, 보험회사는 약관상 피보험자의 보험금액을 한도로 지급 후, 해당 금액을 한도로 피보험자에게 지급한 것으로 한다.

(2) 취 지

① 보상절차 간소화를 통해 피해자를 효율적으로 구제할 수 있다.

② 피보험자가 보험금을 다른 곳에 유용하는 것을 방지할 수 있다.

③ 가해자의 무능력, 무성의로부터 피해자를 보호할 수 있다.

2. 법률상 근거

(1) 「자배법」 제10조

보험가입자 등에게 '「자배법」 제3조'에 따른 손해배상책임이 발생하면 그 피해자는 대통령령에서 정하는 바에 따라 보험회사 등에게 「상법」 제724조 제2항에 따라 보험금 등을 자기에게 직접 지급하여 줄 것을 청구할 수 있다.

(2) 「상법」 제724조 제2항

제3자는 피보험자가 책임질 사고로 입은 손해에 대하여 보험금액의 한도 내에서 보험자에게 직접 보상을 청구할 수 있다.

(3) 표준약관 제29조

피보험자가 법률상 손해배상책임을 지는 사고가 생긴 경우, 손해배상청구권자는 보험회사에 직접 손해배상금을 청구할 수 있다. 다만, 보험회사는 피보험자가 그 사고에 가지는 항변으로 손해배상청구권에 대항할 수 있다.

3. 약관상 지급절차

(1) 피보험자에게 통지

보험회사는 피해자 직접청구시 지체 없이 피보험자에게 통지한다.

(2) 피보험자 협조의무

피보험자는 보험회사의 증거확보, 권리보전 등에 대해 협조해야 하며, 이를 해태할 경우 그로 인해 늘어난 손해는 보상하지 않는다.

(3) 손해배상액 결정과 지급

보험회사는 직접청구를 받은 때로부터 지체 없이 지급할 손해배상액을 정하고, 그 정하여진 날로부터 7일 이내 지급한다.

(4) 지급지연

① 지연이란?

보험회사가 직접청구를 받은 때로부터 30일 이내 청구권자에게 손해배상금 지급/거절이유 또는 지연이유(추가 조사가 필요한 경우 그 내용과 시기 포함)를 서면(전자우편 등에 서면에 갈음할 수 있는 통신수단을 포함)으로 통지하지 않은 경우, 정당한 사유 없이 손해배상액을 정하는 것을 지연한 것으로 본다.

② 지연의 효과

보험회사가 정당한 사유 없이 손해배상액의 결정이나 지급을 지연할 경우, ㉠ 지연한 일수에 대하여 보험개발원이 공시한 정기예금이율에 따라 연단위 복리로 계산한 금액, ㉡ 직접청구권자의 책임 있는 사유로 지급이 지연될 경우 그 해당기간에 대한 이자를 더하여 준다.

(5) 정기금 지급

보험회사는 직접청구권자의 요청이 있을 경우, 손해배상액을 일정기간으로 정하여 정기금으로 지급할 수 있다. 이 경우, 각 정기금의 지급기간에 대하여 보험개발원이 공시한 정기예금이율에 따라 연단위 복리로 계산한 금액을 손해배상금에 더하여 준다.

4. 특 징

(1) 독립성

보험사고발생시 피보험자에게 가지는 권리와는 별개로 법 규정(「상법」, 「자배법」)에 의해 보험자에 대한 직접청구권을 원시 취득한다.

(2) 강행성

「자배법」 제40조 '동법 제10조에 대한 권리는 압류 또는 양도할 수 없다'와 「상법」 제724조 제2항에 의해 강행규정화 되어있는 조항으로서 이를 피해자에게 불리하게 변경할 수 없다.

(3) 배타성

표준약관 제26조 제5항에 의해 "보험금청구권과 경합시 직접청구권이 우선한다"는 조항을 통해 피해자의 불법행위 채권에 최우선적 지위를 부여한다.

(4) 자주성

피보험자의 협력 없이 직접청구권을 행사할 수 있다. 단, 직접청구권은 피보험자가 가입한 책임보험계약을 전제로 하고 있기 때문에 보험자가 피보험자에게 가지는 항변으로 피해자에게 대항할 수 있다.

(5) 부종성

피해자의 피보험자에 대한 손해배상청구권 소멸시 같이 소멸된다.

5. 법적 성질(손해배상청구권설 & 보험금청구권설)

(1) 구별취지

학설에 따라 아래의 항목들을 달리하고 있다.

구 분	손해배상청구권설	보험금청구권설
지급액 산정기준	일반손해배상액 또는 소송판결액 기준	약관상 기준
지연이자	연 5푼(민사손배채권)	연 6푼(상사채권)
소멸시효	3년	3년

(2) 손해배상청구권설(판례)

직접청구권을 피해자가 피보험자에게 가지는 손해배상청구권으로 보는 설로, 피보험자와 보험자가 손해배상채무를 중첩적으로 인수한 연대채무자로 본다.

(3) 보험금청구권설

직접청구권을 피해자가 법 규정에 의해 보험자에게 청구하는 보험금청구권으로 보고, 손해의 보상을 약정한 것일 뿐 사고에 대한 귀책사유가 없고, 채무의 인수를 약정한 것으로는 볼 수 없다는 설이다. 아래의 내용을 구체적 근거로 하고 있다.

① 책임보험계약의 기초는 계약자의 보험료납부에 대한 보험자의 보험금지급관계로 이루어져 있다.

② 「상법」 제724조 제1항 : 보험자는 피보험자가 제3자에게 배상을 한 후에 보험금을 지급한다.

③ 「상법」 제724조 제2항 : 제3자는 보험금액의 한도 내에서 직접청구가 가능하다.

④ 손해배상청구권설은 보험자가 피보험자에 대한 항변으로 피해자에게 대항하기 어렵기 때문에 불합리하다.

6. 보험자의 항변사유

(1) 피보험자의 제3자(피해자)에 대한 항변사유

피해자는 가해자인 피보험자에 대한 손해배상청구권을 전제로 하여 직접청구권을 가지는 것이므로, 보험자는 피보험자가 그 사고에 관하여 가지는 항변으로써 제3자에게 대항할 수 있다(상법 제724조 제2항 단서).

(2) 보험자의 계약자 또는 피보험자에 대한 항변사유

보험자의 계약자 또는 피보험자에 대한 항변사유로 피해자에게 대항할 수 있다.

① 직접청구권은 법에 의하여 인정된 독립된 권리이지만 책임보험계약에 바탕을 두고 있다. 따라서 보험자는 보험계약자 또는 피보험자에 대한 보험계약상의 항변사유로(보험계약의 하자, 면책사유의 발생 등) 피해자에게 대항할 수 있어야 한다.

② 보험사고발생 후의 항변사유로 대항할 수 없다. 직접청구권의 독립성에 따라 손해발생 후 보험계약자나 피보험자의 행위로 인한 불이익을 받지 않아야 한다. 따라서 보험사고발생에 관한 항변으로만 대항할 수 있고, 피보험자의 통지의무 불이행 등 사고발생 후의 항변사유로는 피해자(제3자)에게 대항할 수 없다고 본다. 그럼에도 불구하고 피해자에게 보상하는 경우 피보험자에게 구상이 가능하다.

(3) 대인배상 Ⅰ에서의 고의사고 특칙

피해자의 충실한 보호를 위하여 '계약자 등의 고의'로 인한 손해의 경우 직접청구시 보험자는 보상하며 계약자 등에게 구상할 수 있다.

7. 보험금청구권과의 경합

표준약관 제26조 제5항에 의거 직접청구권이 우선한다. 그러나 피보험자가 이미 손해배상한 금액을 보험금으로 청구한 경우 보험금청구권이 우선이다(① 책임보험계약의 근본목적, ② 피해자의 이중이득방지 때문이다).

8. 기타 의무

(1) 보험자의 의무

① 통지의무

「상법」과 약관에 의거 보험자가 피해자로부터 직접청구를 받은 때에는 지체 없이 피보험자에게 이를 통지함으로써 피보험자를 보호한다(상법 제724조 제3항). 따라서 피보험자에게는 협조의무가 부여된다.

② 보험가입자에게 의견 제시 기회부여의무

보험사업자 등은 보험금 등을 지급하는 때에는 보험가입자에게 의견을 제시할 기회를 주어야 한다(자배법 시행령 제8조 제2항).

(2) 피보험자의 협조의무

표준약관 제30조 제1항에 "피보험자는 보험회사의 요청에 따라 증거확보, 권리보전 등에 협력하여야 하며, 만일 피보험자가 정당한 이유 없이 협력하지 않은 경우 그로 인하여 늘어난 손해는 보상하지 아니한다"고 규정되어 있다(상법 제724조 제4항 참조).

9. 소멸시효

(1) 「자배법」

① 「자배법」 제41조

「자배법」 제10조의 규정에 의한 청구권은 3년간 이를 행사하지 아니하면 시효로 인해 소멸한다.

② 기산점

「자배법」 제10조 제1항 '보험가입자 등에게 제3조에 따른 손해배상책임이 발생하면'이란 문구의 해석상 피보험자가 피해자에게 손해배상책임을 지는 사고가 발생한 때부터 기산한다. 그러나 과실 없이 그 사고의 발생을 알 수 없었을 경우 '그 사고의 발생을 알았거나 알 수 있었을 때부터' 기산한다.

(2) 학설에 따른 견해

① 손해배상청구권설

㉠ 시효는 그 권리를 행사할 수 있는 때로부터 진행하므로(민법 제166조 제1항), 손해배상청구권설은 「민법」 제766조 제1항 '불법행위로 인한 손해배상청구권의 소멸시효에 관한 규정'에 의거 피해자 또는 그 법정대리인이 가해자 및 손해를 안 날로부터 3년이라고 판결한 바가 있다.

㉡ 제3자는 피보험자에 대한 손해배상청구권을 전제로 하여 직접청구권을 가지는 것이므로 배상청구권이 시효로 소멸한 경우라면 직접청구권도 함께 시효로 소멸한다고 풀이한다. 예를 들어 창고업자(보관자)의 책임보험계약에서 물건소유자가 임치물의 멸실 후 그 책임에 관한 시효기간(1년)이 지나도록 권리를 행사하지 않으면 그의 직접청구권도 함께 소멸한다.

② 보험금청구권설

「상법」 제662조에 따라 보험금청구권의 소멸시효를 3년으로 보고 있으며, 일반적인 시효기산점 '보험사고가 확정된 때'로부터 기산한다.

10. 직접청구권과 손해배상청구권, 보험금청구권과의 관계

(1) 가해자인 피보험자에 대한 손해배상청구권과의 관계

이 청구권들은 그 발생 근거가 각기 다른 독립된 권리이기 때문에 피해자는 직접청구권과 손해배상청구권을 임의로 선택하여 행사할 수 있다. 그러나 피해자가 이중으로 이득을 취하는 것은 허용할 수 없으므로 그 중 하나의 청구권을 행사하여 이행된 때에는 그 범위 내에서 양 청구권은 동시에 소멸한다(청구권경합 중 한 경우로 본다).

(2) 피보험자의 보험금청구권과의 관계

직접청구권과 보험금청구권은 서로 병존하고 있는데, 어느 청구권이 우선하는 지가 문제가 된다. 이와 관련하여 피보험자의 책임재산의 복구를 중시하여 보험금청구권이 우선하다는 견해와 반대로 직접청구권을 우선하는 견해가 있다. 판례는 「상법」의 직접청구권 규정이 피보험자의 보험금청구권에 우선함을 선언하는 규정이라고 보았다.

06 「민법」상 손해배상책임

1. 불법행위

(1) 의 의

고의 또는 과실로 타인에게 손해를 가하는 위법행위로, 법률상 채권·채무 발생의 이유가 된다.

(2) 성립요건

① 고의 또는 과실

㉠ 고의 : 일정한 결과가 발생하리라는 것을 인식하면서도 감히 이를 행하는(의욕) 심리상태를 말한다.

* **미필적 고의** : 일정한 결과가 발생할지도 모른다는 인식(가능성)

㉡ 과실 : 일정한 결과가 발생한다는 것을 알고 있었어야 함에도 불구하고 부주의로 그것을 알지 못하고서 어떤 행위를 하는 심리상태를 말한다. ⇒ 결과발생에 대한 인식과 의욕이 없다.

② 책임능력

자기의 행위의 책임을 인식할 수 있는 능력 = 행위의 결과가 위법이라는 것을 인식하는 능력을 말한다.

③ 위법행위

일반적으로 침해행위 측면과 그 침해행위로 인한 피해법익 측면 등 양 측에서 이를 파악하고 있으며, 이것이 침해되면 위법성이 있는 것으로 된다.

④ 위법행위로 인한 손해발생

위법행위와 손해발생 사이에 상당인과관계가 존재하여야 하며, 이는 일반적으로 피해자가 입증해야 한다.

(3) 효 과

피해자에게 손해배상청구권이 발생하게 된다.

2. 사용자 손해배상책임

(1) 의 의

사용자는 피용자가 사용자의 업무 중 제3자에게 가한 손해를 배상할 책임이 있다. 그러나 사용자가 피용자의 선임 및 그 사무·감독에 상당한 주의를 한 때는 그러하지 아니하다.

(2) 성립요건

① 배상의무자 = 사용자 또는 사용자에 갈음하는 자

② 사실적 사용관계

③ 피용자 업무 중 제3자에게 손해를 주었을 것

④ 피용자의 불법행위 성립

⑤ 사용자 면책사유가 없을 것

3. 공동불법행위

(1) 의 의

복수의 사람이 공동으로 불법행위를 하여 타인에게 손해를 주는 경우 연대책임을 진다.

(2) 불법행위 책임자

① 공동으로 불법행위를 한 수인

② 수인의 행위 중 가해자가 명확하지 않은 경우

③ 교사자, 방조자

07 공동불법행위의 유형 및 효과

1. 공동불법행위

여러 사람이 공동으로 타인에게 손해를 가하는 불법행위를 말하며, ① 협의의 공동불법행위, ② 가해자 불명의 공동불법행위, ③ 교사 · 방조가 있다.

2. 유 형

(1) 협의의 공동불법행위

① 각자의 행위가 각각 독립하여 불법행위의 요건을 갖추고, ② 각자의 행위가 서로 관련되고, 공동성이 있는 경우를 말한다.

(2) 가해자 불명의 공동불법행위

수 인의 행위 중 어느 자의 행위가 손해발생의 원인이 되었는지를 알 수 없는 때에 성립하는 것으로 각 가해자 역시 고의, 과실 및 책임능력이 있을 것을 요건으로 한다.

(3) 교사 · 방조

교사라 함은 타인으로 하여금 불법행위의 의사결정을 하게 하는 것을 말하고, 방조라 함은 타인의 불법행위를 보조하는 것을 말한다. 부작위 내지 과실에 의한 방조도 이에 해당한다.

3. 효 과

공동불법행위 사고에서 가해자들은 피해자에 대하여 부진정연대채무를 부담하므로 피해자는 배상자력이 있는 연대채무자 중 1인을 상대로 청구하거나 연대채무자 전원을 상대로 연대하여 청구할 수 있다.

공동불법행위자간 구상권 인정 여부에 관하여 부진정연대채무자간 구상은 이론상 발생하지 않으나, 판례는 일관되게 구상권을 인정하고 있다.

08 손해배상책임의 소멸

1. 합 의

(1) 의 의

당사자간 분쟁을 사적으로 해결하는 약정으로, 통상 '권리포기조항'과 '부제소의 특약'을 삽입한다.

(2) 효 과

① 확정적 효력

법률관계의 안정성을 가져온다.

② 창설적 효력

법률관계의 재정립, 새로운 법률효과가 적용된다.

③ 유 형

㉠ 부진정 연대채무자 사이의 효력 : 변제의 사유가 있다면 채권의 목적이 달성되었으므로 연대채무자 전원에 효력을 미친다(절대적 효력). 그 밖의 사유는 상대적 효력을 미친다(예 배상권리자 1인 채무자에 대한 청구권 포기는 다른 채무자에 효력이 없다).

㉡ 표현상속인과의 합의 : 가해자가 선의이며 무과실일 경우 '채권의 준점유자(표현상속인)에 대한 변제'로서 유효하다. 단, 손해배상채권포기 합의는 효력이 없다.

㉢ 후발청구소송 : 후발손해의 발생이 예견될 수 없거나 청구를 포기하였다고 볼 수 없는 상황이라면 후발청구소송은 이전 소송과 별개로 가능하다.

㉣ 가족 중 1인의 합의 : 미성년자의 부모가 피해자의 손해를 합의할 때에는 부모 본인들의 손해(위자료)의 합의와는 별개로 한다.

(3) 효력제한

① 합의의 성립 부정

합의시 문구는 단순 예문에 불과하며, 손해전부에 대한 포기라고 볼 수 없다.

② 불공정 법률행위

당사자의 궁박, 경솔 또는 무경험으로 인하여 현저하게 공정을 잃은 법률행위는 무효로 한다(민법 제104조).

③ 착 오

화해의 목적인 분쟁 이외의 사항에 착오가 있을 때에 한하여 취소할 수 있다.

④ 제한적 해석이론(한정적 포기이론)

합의 당시 인식했던 손해에 대해서만 효력이 있다.

(4) 법률상 합의권자

합의의 당사자는 원칙적으로 배상(청구)권리자와 배상의무자이다. 이들이 법률행위능력이 없다면 이들의 법정대리인(친권자, 후견인, 임의대리인)이 합의권자가 된다.

2. 소멸시효

(1) 의 의

권리자의 권리 불행사 상태가 일정기간 계속되는 경우 그 권리가 소멸되는 제도이다.

(2) 취 지

법적 안정성 확보, 채증상의 곤란 해소 등 사회적・공익적 이유에 근거하고 있다.

(3) 기산점

① 소멸시효의 기산점(민법 제166조)

㉠ 소멸시효는 권리를 행사할 수 있는 때로부터 진행한다.

㉡ 부작위(법률상의 의무를 이행하지 않는 것)를 목적으로 하는 채권의 소멸시효는 위반행위를 한 때로부터 진행한다.

② 불법행위에 의한 손배청구권의 소멸시효(민법 제766조)

㉠ 불법행위로 인한 손해배상의 청구권은 피해자나 그 법정대리인이 그 손해 및 가해자를 안 날로부터 3년간 이를 행사하지 아니하면 시효로 인하여 소멸한다.

㉡ 불법행위를 한 날로부터 10년을 경과한 때에도 같다.

(4) 소멸시효 중단사유

① 청구/최고

② 압류 등의 법적절차

③ 채무승인

(5) 소멸시효 완성의 효과

기산일에 소급하여 권리가 상실된다.

3. 혼 동

(1) 의 의

채권과 채무가 동일한 주체에 귀속한 때 채권은 소멸한다. 그러나 그 채권이 제3자의 권리의 목적인 때에는 그러하지 아니하다.

(2) 효 과

채권은 원칙적으로 소멸한다. 그러나 법률상 의미가 남아있을 경우 존속한다.

(3) 자동차사고에서의 주요 유형

① 가해자가 살아서 피해자를 상속하는 경우

예외적으로 인정한다. → 생계를 같이하는 사이인 경우 소멸하지 않는다.

② 가해자의 대습상속인이 피해자의 손배청구권을 대습상속할 경우

가해자가 피해자의 손배청구권을 상속한 것이 아니므로 혼동에 의해 소멸되지 아니한다.

심화학습 대습상속

추정상속인(피대습자)이 상속개시 이전에 사망 또는 결격으로 인하여 상속권을 상실한 경우 그 사람의 직계비속이 상속하는 제도로서 피대습자가 피상속인 사망 전(상속개시 전) 사망하여야 한다. 동시사망도 인정한다.

4. 변 제

(1) 의 의

채무의 내용인 급부를 실현하는 것을 말한다.

(2) 효 과

① 표현수령권자에 대한 변제의 효력

표현수령권자가 선의/무과실일 경우 변제의 효력을 인정한다.

② 예금계좌에 입금시킨 경우

계좌에 기재된 때 변제의 효력이 발생한다.

③ 변제공탁

채권자가 변제를 받지 아니하거나 받을 수 없는 때 또는 변제자가 과실 없이 채권자를 알 수 없는 경우에 변제자는 변제물을 공탁하여 그 채무를 면할 수 있다(민법 제487조).

09 합 의

1. 의 의

합의란 일반적으로 재판에 의하지 않고 당사자 간에 존재하는 분쟁을 사적으로 해결하는 약정을 말한다.

심화학습 「민법」 제731조(화해의 의의)

화해는 당사자가 상호 양보하여 당사자 간의 분쟁을 종지할 것을 약정함으로써 그 효력이 생긴다.

2. 법적 성격

합의는 당사자간 상호 양보하여 분쟁을 끝내는 것을 주요 내용으로 하므로 「민법」상의 화해계약의 일종이라고 할 수 있다.

3. 효 력

(1) 확정적 효력

합의가 있게 되면 당사자 간에 있었던 법률관계는 합의내용에 따라 확정되고 서로 다툴 수 없게 된다.

(2) 창설적 효력

합의가 있게 되면 종래의 법률관계가 어떠했는지 불문하고 현재의 합의에 의한 법률관계의 재정립과 그에 따른 새로운 법률효과가 발생한다.

4. 합의 후 추가손해보상에 대한 보상여부

(1) 합의서 권리포기조항의 제한적 해석이론(한정적 포기이론)

피해자보호를 위한 이론으로 합의서의 권리포기는 합의 당시 피해자가 인식, 예상했던 손해만을 포기한 것으로, 당시 예상불가한 중대손해에 대해서는 추가청구가 가능하다.

(2) 제한적 해석 판단을 위한 기준

① 합의에 이르게 된 경위, ② 합의 당시 예측할 수 있었던 사항들의 범위, ③ 합의금과 후발손해의 불균형정도, ④ 후발손해의 중대성 등을 종합 검토한다.

(3) 손해액 산정방법

합의 후 현재 나타난 최종적 전체 손해액에서 합의금을 단순 공제할 것이 아니라 합의의 효력이 여전히 미치는 손해, 즉 합의 당시 인식하고 있었거나 예견할 수 있었던 손해 등을 고려하여 산정한다.

(4) 적용요건

① 합의가 손해의 범위를 정확히 확인하기 어려운 상황에서 이루어졌을 것

② 후발손해가 합의 당시의 사정으로 보아 예상이 불가능할 것

③ 합의의 당사자가 후발손해를 예상했더라면 사회통념상 그 합의금액으로는 화해하지 않았을 것이라고 보는 것이 상당할 만큼 그 후발손해가 중대한 경우일 것

④ 손해가 사고와 상당인과관계가 있고, 소멸시효가 완성되지 않았을 것

10 상 속

상속에 대한 법정순위는 다음과 같다.

1. 제1순위 직계비속

(1) 특 징

① 자녀, 손자녀(외손자녀 포함) 등을 말하며, 자연혈족, 법정혈족 모두 인정한다.

② 최근친이 우선이며, 촌수가 같으면 공동상속한다.

(2) 태아의 권리

태아는 이미 출생한 것으로 본다.

① 인격소급설(= 정지조건설, 판례)

출생 전에는 무권리상태이고, 출생과 동시에 태아 시절까지 소급하여 권리능력을 취득한다.

㉠ 장점 : 태아 사산시 불예측 또는 미예측에 대한 손해가 발생하지 않는다.

㉡ 단점 : 태아의 법정대리인을 인정하지 않으므로 태아가 상속할 재산을 태아시절 보존, 관리할 수 없다.

② 해제조건설(다수설)

출생 전부터 제한된 권리능력을 인정한다. 다만, 사산 시에는 태아시절까지 소급하여 권리능력이 소멸한다.

㉠ 장점 : 태아의 법정대리인을 통해 태아의 권리보전이 용이하다.

㉡ 단점 : 태아 사산시, 불예측 또는 미예측 손해가 발생할 수 있다.

2. 제2순위 직계존속

① 사망자의 부모/조부모 등을 말한다.

② 생/양친 관계 없으며, 둘 다 존재할 경우 동 순위이다.

③ 적모/계모는 상속권이 없다.

3. 제3순위 형제자매

남녀의 성별, 기혼·미혼, 동복·이복 등에 차별은 없다.

4. 제4순위

4촌 이내 방계혈족이다.

5. 배우자

① 법률상의 배우자를 말하며, 최우선자와 공독상속하는 경우에는 5할을 가산한다.

② 사실혼은 인정하지 않는다.

11 과실상계

1. 의 의

손해의 발생, 확대, 회피, 경감 등에 대하여 피해자의 과실을 참작하여 손해배상액을 정하는 제도이다.

2. 취 지

손해의 공평한 분담이라는 이념에 근거한다.

3. 피해자 과실상계의 적용

(1) 과실의 존재

「민법」 제750조 불법행위 성립요건으로서의 과실과 달리 손해액의 공평하고 합리적인 조정을 위한 것으로 판례에서는 사회통념상 단순 부주의로 해석하고 있다(= 이질설 ⇔ 동질설).

(2) 사리변식능력의 존재

피해자에게 사리변식능력(= 손해의 발생을 피하는데 필요한 정도의 능력)이 존재하면 족하다. 판례에서는 ① 만 6세 이하, ② 심신상실자, 정신병자 등의 사리변식능력의 존재를 불인정하고 있다.

(3) 상당인과관계의 존재

피해자의 과실과 손해의 발생 또는 확대간 상당인과관계가 있어야 한다.

(4) 피해자측 과실의 고려

피해자와 일정신분관계에 있는 자의 과실도 고려한다.

4. 피해자측 과실의 적용

피해자 본인의 과실과 동일하게 평가하여 단순 합산한다.

(1) 포함하는 경우

① 감독의무자의 과실

피해자의 과실상계능력 유무와 무관하다(일시적 감독관계는 포함하지 않음).

② 피용자의 과실

피해자 = 사용자인 경우 피용자의 과실은 피해자측 과실에 포함된다(단, 사용자가 피용자 선임/감독에 상당한 주의를 다하였거나 상당한 주의를 하여도 손해가 있었음을 입증하는 경우는 예외).

③ 가족의 과실

배우자, 친자는 포함하지만 나머지 친족은 상황별(case by case)로 판단해야 한다.

④ 보유자 = 피해자인 경우

운전자의 과실을 참작한다.

(2) 불포함하는 경우

① 사용자의 과실

② 우호동료관계

③ 애인/약혼관계

5. 피해자 과실평가 방법

(1) 상대설

차 대 차 사고에 적용한다. 가해자와 피해자간 과실비율에 따라 산정하고 불가항력부분은 과실비율에 따라 안분한다.

(2) 절대설

차 대 사람 사고에 적용한다. 피해자 과실만 판단하여 감액하고 불가항력부분은 과실상계 요소가 아니므로 그 자체를 가해자가 부담한다.

(3) 가해자 위법성설

피해자 과실은 가해자의 위법성을 감소시키는 하나의 표지일 뿐이고, 불가항력부분은 배상으로부터 공제한다.

(4) 사 례

가해자 과실 : 4, 피해자 과실 : 2, 불가항력 : 4의 비율로 사고가 발생한 경우

① **절대설** : 20% 상계

② **상대설** : 33% 상계 → $2 + (4 \times 1/3) = 3.3$

③ **가해자 위법성설** : 60% 상계(피해자 + 불가항력)

6. 적용범위

(1) 자동차 보험금 지급기준

전 항목에 적용한다. 그러나 상계 후 금액이 치료관계비에 미달할 경우 치료관계비는 보상한다.

(2) 소송실무

전 항목에 적용한다. 다만, 위자료에 있어서는 참작설이 다수설이다.

7. 효 과

(1) 필요적 참작

손해배상의 책임 및 그 금액을 정함에 있어 필요적으로 이를 참작하여야 한다.

(2) 면책여부 판단

「민법」에서는 가해자의 면책여부 판단 요소로 피해자 과실을 참작하여야 한다.

8. 참작/과실평가 기준

(1) 교통법규

피해자의 교통법규 위반 유무 및 그 정도의 형태로 구체화된다.

(2) 우자 위험부담이론

위험도가 강한 편, 회피/방어능력이 우수한 편에서 위험책임을 부담한다.

① 위험성이 높은 차 > 낮은 차

② 차 > 사람

③ 건강한 성인 > 유아/노인/불구자

(3) 요보호자 수정이론

사회적 보호가 필요한 자는 과실상계율을 저감해야 한다는 이론이다. 「도로교통법」에서 아동, 고령자, 신체장애자 등 보호를 위해 적용한다.

(4) 신뢰의 원칙

특별한 사정이 없는 한 모든 교통관여자는 타 교통관여자가 교통법규를 준수하고 사고를 회피하기 위한 적절한 행동을 취하리라고 신뢰하여 행동하면 족하고, 따라서 타인이 위 신뢰에 반하는 행동을 취하는 것까지 염두에 두어가며 행동할 필요는 없다.

9. 관련문제

(1) 과실상계와 손익상계의 순서

과실상계 후 손익상계한다(판례).

(2) 손해방지의무 불이행과 배상액 감경가능 여부

손해방지의무가 존재하는 경우 정당한 사유 없이 이를 위반하면 참작할 수 있다(판례).

10. 자동차보험에서의 과실비율 적용기준

(1) 의 의

사고유형에 따른 과실비율의 정형화로 분쟁을 줄일 수 있다. 동 기준의 적용이 곤란할 경우 판례를 적용한다.

(2) 과실수정방법

① 복수의 수정요소는 합산한다. 다만, 현저한 과실과 중과실이 경합할 경우 하나의 수정요소로 적용한다.

② 수정요소 구분이 점선으로 되어 있는 경우에는 택일하여 중한 쪽 과실만 가산한다.

③ 일방의 기본수치에 가산하고 상대방 기본수치에서는 감산하여 합계는 항상 100%가 되어야 한다.

(3) 유형별 과실적용

① 과실 우선적용 사고

㉠ 보호자의 자녀감호 태만

㉡ 차량 밑에서 놀거나 잠

㉢ 차도에서 택시 잡기
㉣ 안전벨트 미착용
㉤ 이륜차 안전모 미착용 탑승
㉥ 정원초과
㉦ 적재함에 탑승행위
㉧ 차 내에 서 있다가 넘어진 사고
㉨ 출발 후 갑자기 뛰어내림
㉩ 달리는 차에 매달려가다가 추락

② 과실적용원칙
㉠ 최저, 최고의 중간수리를 기본과실로 한다.
㉡ 최종 과실률은 최저, 최고치를 벗어나지 못한다.
㉢ 과실 없는 타 차량의 탑승 피해자에게도 적용한다.
㉣ 기타 주변 사정을 종합적으로 고려한다.

③ 차 – 사람 사고
㉠ 가산요소
ⓐ 야간(해가 진 후～해가 뜨기 전) : 예외 → 가로등의 조명등이 밝을 때, 운전자가 전조등을 OFF한 경우(오히려 보행자의 과실비율 감산)
ⓑ 간선도로(폭 14m 이상, 왕복 4차로 이상)
ⓒ 차 앞, 차 뒤 횡단(골목길 급충돌 포함) : 예외 → 횡단보도 또는 경찰신호에 따라 횡단하던 중 사고
ⓓ 정지, 후회, 사행
ⓔ 횡단규제, 표지 위반
ⓕ 교차로 사각횡단
㉡ 감산요소
ⓐ 주택/상점가(출퇴근 시간대 공장, 관청가 등 포함)
ⓑ 어린이(사고일 현재 만 12세 이하)
ⓒ 노인(사고일 현재 만 65세 이상)
ⓓ 집단횡단(2인 이상의 동시횡단)
ⓔ 보・차도 구분 없음
ⓕ 차의 현저한 과실
- 전방주시에 있어서 현저한 부주의
- 「도로교통법」상 주취한계 미달 운전
- 10km 이상 20km 미만 속도위반
- 핸들 또는 브레이크 조작의 현저한 부적절

ⓖ 차의 중과실

- 졸음운전
- 중앙선 침범
- 「도로교통법」상 주취한계 초과운전
- 20km 이상 제한속도 위반
- 무면허운전
- 약물운전

④ 차 - 차 사고

㉠ 적용원칙

ⓐ 직진차량간

- 우측 차의 과실을 좌측 차의 과실보다 적게 산정
- 대로 차의 기본과실을 적게 산정

ⓑ 직진 차 - 좌회전 차간 사고

- 직진 차의 과실을 적게 산정
- 좌회전 차 : 서행불이행, 급좌회전, 신호불이행 등이 있으면 가산

㉡ 수정요소

ⓐ 대형차에 대해 가산

- 36인 이상 승합차
- 최대적재량 5t 이상 화물차
- 견인능력 5t 이상 특수차
- 건설기계
- 기타 이와 유사한 자동차

ⓑ 차의 현저한 과실/중과실

ⓒ 명확한 선 진입

ⓓ 서행(즉시 정지할 수 있는 속도) 또는 감속(제한속도 1/2) 불이행

⑤ 차 - 이륜차(원동기장치 자전거 포함)

㉠ 우자부담원칙 : 이륜차가 유리하다.

㉡ 이륜차를 끌고 가는 경우 보행자 취급한다.

⑥ 자동차 - 자전거(농기계 포함)

차 대 차, 차 대 이륜차보다 유리하지만 보행자와 동일시할 정도는 아니다.

12 손익상계

1. 의 의

사고의 당사자가 사고로 인해 손해와 동시에 이득을 얻고 그 이득이 ① 손해와 상당인과관계를 갖고, ② 손해의 전보를 목적으로 지급된 경우 그것을 공제하는 것을 말한다(요건). 부당이득공제, 과실상계처럼 서로 대립하는 두 개의 채권을 대등액에서 소멸케 하는 것은 아니다.

2. 과실상계, 동승자 감액과의 비교

(1) 유사성

피해자의 손해배상을 감액하여, 적정 배상액을 산출하기 위한 제도이다.

(2) 이질성 : 효력발생의 근거

① 과실상계
피해자의 부주의(사고, 손해 발생, 확대에 기여)

② 동승자 감액
동승자의 운행자성(동승경위, 평소차량이용 실태)

③ 손익상계
이중이득, 부당이득 방지

3. 유 형

① 사망과 상실수익액에서 생활비 공제

② 중간이자 공제

③ 타 법령, 타 약관 보상시 제외 또는 비례보상

4. 구체적인 예

(1) 양육비

비공제설이 통설, 판례이다.

(2) 보험금

① 생명보험금

공제하지 않는다.

② 손해보험금

손해의 전보가 목적이므로 공제한다.

③ 상해보험금

손해보험적 성격의 계약일 경우 공제될 여지가 있다.

(3) 사회보장적 급부(「근로기준법」, 「산업재해보상보험법」상)

같은 성격의 항목 내에서 공제한다.

(4) 「공무원연금법」상 급여

유족급여를 제외한 나머지 유족보상금을 공제한다(판례).

(5) 기타 「연금법」에 의한 급여, 「국민건강보험법」, 형사합의금 등

공제하는 것이 타당하며, 동일 목적의 급부인지에 대한 판단이 중요하다.

13 과실상계와 손익상계의 비교

1. 서 론

과실상계와 손익상계 모두 피해자의 손해배상금을 감액하여 적정배상액을 지급하기 위한 제도이다.

(1) 과실상계

손해의 발생, 확대, 회피, 경감에 대해 피해자의 과실이 있을 경우 이를 참작하여 손해배상금을 산정하는 것이다.

(2) 손익상계

사고로 피해자가 손해와 이득을 동시에 얻었을 때 그 이득이 이중 또는 부당이득에 해당한다면 최종손해배상금에서 이를 공제하는 것을 말한다.

2. 취 지

(1) 과실상계

손해의 공정한 분담을 그 취지로 한다.

(2) 손익상계

이중 또는 부당이득 방지를 취지로 한다.

3. 효 과

(1) 과실상계

해당 과실을 참작하거나 해당 부분을 직접 공제하기도 한다.

(2) 손익상계

해당 금액을 최종배상금에서 공제한다. 과실상계 후 손익상계 한다.

4. 적용요건

(1) 과실상계

손해의 발생, 확대, 회피, 경감에 대하여 상당인과관계가 있는 피해자의 과실을 그 근거로 하는데, 여기서의 과실은 「민법」상 위법성 여부를 판단하는 과실이 아닌 손해의 분담을 위한 단순 부주의 정도로 해석한다. 따라서 피해자에게 책임능력이 아닌 손해의 발생을 피하는데 필요한 사리분별력만을 원한다.

(2) 손익상계

피해자의 과실이 아닌 불법행위와 상당인과관계가 있는 이중 또는 부당이득이 있을 경우 적용한다. 위법성 여부의 판단을 불문하고 이중(부당)이득이 있다면 적용할 수 있으나, 피해자에게 특정능력기준을 요하지는 않는다.

5. 산정방법

(1) 과실상계

'자동차사고 과실비율 인정기준'에 따라 산정된 과실을 상대설(차 대 차 사고), 절대설(차 대 사람 사고), 가해자 위법성설 등에 따라 적용한다.

(2) 손익상계

피해자의 현실적 손해보다 최종배상금이 크고 그 차액이 이중 또는 부당이득에 해당하는 경우 이를 공제한다.

6. 적용범위/유형

(1) 과실상계

① 보험금지급기준은 전 항목에 적용한다. 그러나 상계 후 금액이 치료관계비에 미달할 경우 치료관계비는 보상한다.

② 소송실무의 경우 역시 전 항목에 적용한다. 다만, 위자료에 있어서 판례는 참작설을 따르고 있다.

(2) 손익상계

① 사망과 상실수익액 산정시 생활비를 공제한다.

② 중간이자 공제 방식을 적용한다.

③ 타 법령, 타 약관 보상시 해당부분 공제 또는 비례보상한다.

14 신뢰의 원칙

1. 의 의

특별한 사정이 없는 한 모든 교통관여자는 타 교통관여자가 교통법규를 준수하고 사고를 회피하기 위한 적절한 행동을 취하리라고 신뢰하여 행동하면 족하다. 따라서 타인이 위 신뢰에 반하는 행동을 취할 것까지 염두에 두어가며 행동할 필요는 없다.

2. 기 능

신뢰의 원칙은 단순히 과실상계 여부나 그 비율을 결정하는 기준이 아니라, 이 원칙을 지킨 사람에게는 과실을 물을 수 없어 무과실을 적용할 수 있다.

3. 적용유형

① 신호대가 설치된 교차로에서 차량 상호 간의 사고
② 명백히 통행 우선권이 확보된 상태의 차량과의 사고
③ 교행 중 사고에서 정상운행차량의 경우
④ 차량과 횡단자 간의 사고

4. 적용 한계

① 피해자가 노인, 유아 등인 경우
② 피해자의 교통질서 위반이 일반적으로 용이하게 예견 가능한 경우
③ 자기에게 교통법규 위반이 있는 경우

15 구상권

1. 의 의

타인을 대신하여 채무를 변제한 사람(채권자)이 그 타인에 대하여 가지는 (상환)청구권을 말한다.

심화학습 용어정의

- **부진정 연대채무** : 채무 당사자간 상호의사 표현 없이도 우연한 사유에 의해서 성립하는 연대채무관계를 말한다.
- **보험자 대위** : 보험자가 피보험자의 손해를 보상하고 나면 그 범위 내에서 피보험자가 가진 권리를 취득한다.

2. 소멸시효

(1) 일반채권, 부당이득반환청구권일 경우

소멸시효는 10년이다(민법 제162조).

(2) 손해배상청구권

소멸시효는 3년 또는 10년이다(민법 제766조).

3. 자동차보험에서의 구상

(1) 대인배상 Ⅰ, Ⅱ

① 횡적 책임경합(대등한 개체간)

㉠ 공동불법행위 사고 예 차 - 차 사고

㉡ 과실책임 vs 연대책임 예 자동차사고 vs 도로관리상 하자(국가배상법)

㉢ 과실 vs 무과실 : A(과실 100%), B(무과실), C(B차량 승객 피해자)

A, B는 C에 대해 부진정 연대채무를 지며, B측 선 배상 후 A측에 전액구상이 가능하다.

② 종적 책임경합

동일한 사고차량에 대하여 신분을 달리하는 수인의 배상의무자 간의 구상문제이다.

㉠ 피용자 업무 중 사고 : 피용자 = 불법행위책임, 사용자 = 사용자배상책임

㉡ 자동차사고 : 운전자 = 불법행위책임, 소유자 = 운행자책임

㉢ 약관상 면책되는 피보험자에 대한 구상문제

(2) 무보험차 상해 담보

'피보험자 = 피해자'이기 때문에 '구상권 = 손해배상청구권'이다.

4. 산정기준

(1) 조 건

상대 채무자에 대한 구상은 부진정 연대채무에 대한 선 배상(보상)을 전제로 한다.

(2) 구상할 금액

① 상대방 부담분을 기준으로 산정한다.

② 자동차사고에서는 각자 사고발생에 기여한 과실비율에 따라 산정한다. 따라서 손해배상책임이 있어도 과실이 없다면 피구상책임이 없다.

16 보험자대위

1. 의 의

보험자가 보험사고로 인한 피보험자의 손실을 보상한 경우, 피보험자 또는 계약자가 보험의 목적 또는 제3자에 대해 가지는 권리를 법률상 당연히 이전시키는 제도를 말한다.

2. 특징 및 법적 성질

(1) 특 징

① 손해보험에서만 인정되는 제도이다. 그러나 예외적으로 손해보험성 상해보험의 경우 당사자 약정이 있을 때 피보험자의 권리를 해하지 않는 범위에서 인정하고 있다(상법 제792조).

② 자동차보험에서는 자기신체사고를 제외하고 전 종목에 적용된다.

③ 무보험차 상해의 경우 피보험자의 손해액이 보험가입금액을 초과할 경우 제한된다.

(2) 법적 성질

보험자대위는 당사자의 의사표시에 따른 양도행위의 효과가 아니라 법률상 인정한 당연한 효과로서, 대위의 요건이 충족되면 당사자의 의사표시와 상관 없이 당연히 권리가 보험자에게 이전된다. 따라서 목적물(잔존물)대위에서 인도・등기를 요하는 물권변동의 절차(민법 제186조, 제188조)나 청구권대위에서 지명채권양도의 대항요건(민법 제450조)의 절차가 없어도 채무자 또는 그 밖의 제3자에게 대항할 수 있다.

3. 보험자대위의 유형

(1) 보험의 목적에 대한 보험자대위(= 잔존물대위)

① 의 의

보험의 목적이 전부멸실 한 경우에 보험금액의 전부를 지급한 보험자는 그 목적에 대한 피보험자의 권리를 취득하는데(상법 제681조), 이를 보험의 목적에 관한 보험자대위 또는 목적물대위, 잔존물대위라 한다.

② 인정근거

피보험자의 이익을 방지하기 위한 것으로 보는 이득방지설이 다수설이다.

③ 요 건

㉠ 보험의 목적의 전부멸실 : 보험사고로 보험의 목적의 전부가 멸실되어야 한다(상법 제681조). 여기서 전부멸실이란 보험계약의 체결당시에 보험의 목적이 지닌 형태의 멸실을 의미하고, 일부잔존물이 있어도 경제적 가치가 전부멸실하였으면 전손으로 본다.

㉡ 보험금액의 전부지급 : 보험자가 보험금액의 전부를 피보험자에게 지급하여야 한다(상법 제681조).

④ 효 과

㉠ 보험의 목적에 관한 권리의 이전

ⓐ 이전되는 권리내용 : 보험자는 피보험자가 보험의 목적에 대하여 가졌던 모든 권리를 취득한다.

ⓑ 이전되는 권리범위 : 피보험자가 보험의 목적에 대하여 가지는 모든 권리에는 보험목적의 소유권뿐만 아니라 채권 등도 포함한다.

ⓒ 권리이전의 시기 : 보험자가 보험금을 전부지급한 때부터 그 권리가 이전한다.

㉡ 일부보험의 경우 : 일부보험은 보험자가 보험금액의 보험가액에 대한 비율에 따라 보상할 책임을 지므로(상법 제674조) 보험자가 보험금액의 전부를 지급하면 보험금액의 보험가액에 대한 비율에 따라 피보험자 보험의 목적에 대하여 가지는 권리를 취득한다(상법 제681조 단서).

㉢ 피보험자의 협조의무 : 보험자의 권리행사를 위하여 피보험자의 협조를 요구하는데, 이는 보험의 목적을 피보험자가 점유하는 것이 일반적이고 또한 그 내용을 잘 알고 있는 위치에 있기 때문에 손해감소를 위한 조치나 필요한 통지 등 보험자의 권리행사에 협력하도록 하고 있다.

㉣ 목적물에 대한 부담과 대위권의 포기 : 보험자는 그 대위권에 의하여 보험의 목적에 관한 소유권을 취득함으로써 그 목적물에 부수하는 의무를 부담하지 않으면 안 되는 경우가 있다. 즉, 대위권에 의한 권리취득이 오히려 잔존물 제거의무 등 보험자에게 불이익할 때는 대위권을 포기하고 보험의 목적에 따른 공법상, 사법상의 부담을 피보험자에게 귀속시킬 수 있다.

(2) 제3자에 대한 보험자대위(= 청구권대위)

① 의 의

㉠ 손해가 제3자의 행위로 인하여 발생한 경우에 보험금을 지급한 보험자는 그 지급한 금액의 한도에서 그 제3자에 대한 보험계약자 또는 피보험자의 권리를 취득한다. 다만, 보험자가 보상할 보험금의 일부를 지급한 경우에는 피보험자의 권리를 침해하지 아니하는 범위에서 그 권리를 행사할 수 있다.

㉡ 보험계약자나 피보험자의 권리가 그와 생계를 같이 하는 가족에 대한 것인 경우 보험자는 그 권리를 취득하지 못한다. 다만, 손해가 그 가족의 고의로 인하여 발생한 경우에는 그러하지 아니하다.

② 인정근거

피보험자의 이중이득방지와 보험사고발생에 예방적 효과에 근거를 두고 있다.

③ 요 건

㉠ 제3자에 의한 보험사고와 손해발생 : 보험사고로 인한 피보험자의 손해가 제3자의 행위로 말미암은 것이어야 한다.

㉡ 보험자의 보험금지급 : 보험자가 피보험자에게 보험금을 지급하여야 한다. 따라서 보험금을 일부 지급하여도 그 지급한 범위 안에서 대위권을 행사할 수 있는 것이 목적물대위와 다르다.

㉢ 제3자에 대한 피보험자의 권리의 존재 : 청구권대위는 보험자가 보험금을 지급하면 당연히 발생하지만 피보험자의 권리에서 나오므로, 제3자의 행위에 의하여 보험사고가 발생하여 피보험자가 제3자에게 손해배상청구권을 가지고 있어야 한다.

④ 효 과

㉠ 피보험자 권리의 이전 : 제3자의 행위로 인하여 보험사고의 발생 시에 보험금액을 지급한 보험자는 그 지급한 금액의 한도에서 그 제3자에 대한 보험계약자 또는 피보험자의 권리를 취득한다(상법 제682조).

㉡ 권리행사의 범위 : 보험자 대위권의 범위는 지급한 보험금액의 한도 내에서 피보험자 또는 보험계약자가 제3자에 대하여 가지는 권리로 지급한 보험금액을 초과할 수 없다.

㉢ 피보험자의 협조의무 : 피보험자는 제3자에 대한 권리내용, 보전방법을 잘 알고 있는 위치에 있으므로 보험금을 지급받은 후 보험자가 권리를 행사할 수 있도록 협조할 의무가 있다.

㉣ 피보험자에 의한 권리처분 : 보험자의 보험금 지급에 의하여 보험자대위의 효과가 발생하면 보험계약자, 피보험자는 보험금을 지급받은 한도 내에서 그 권리를 잃게 되므로 제3자에 대한 권리를 행사하거나 처분할 수 없고 보험자만이 그 권한을 갖는다.

⑤ 대위권 행사의 제한

㉠ 보험금의 일부를 지급한 경우 : 보험자가 보상할 보험금액의 일부를 지급한 때에는 피보험자의 권리를 해하지 않는 범위 내에서만 그 권리를 행사할 수 있다(상법 제681조 단서).

㉡ 일부보험의 경우 : 우리 「상법」 제681조 단서에 아무 규정이 없으므로 이전하는 권리가 보험금 지급액의 상당액에 대한 청구권이라는 절대설, 비례부담(안분)의 원칙에 따른 금액에 대한 청구권이라는 상대설, 피보험자의 손해액을 충당하고 나머지 남은 손해배상액에 대한 차액이라는 차액(원칙)설이 있다. 차액설이 통설이다.

17 보험금의 분담

1. 수 개의 책임보험

(1) 의 의

피보험자가 동일한 사고로 제3자에게 배상책임을 짐으로써 입은 손해를 보상하는 수 개의 책임보험계약을 동시 또는 이시로 체결하는 경우를 말한다.

(2) 수 개의 책임보험의 요건

① 동일한 보험사고

② 중복 보험기간

③ 수 개의 보험계약 체결

④ 보험금 총액이 실제손해 초과

⑤ 동일한 피보험자

2. 중복보험

보상책임의 전부 또는 일부가 중복되는 수 개의 책임보험을 말한다.

(1) 자동차보험약관

"독립책임액 분담방식"으로 손해액을 보상한다.

(2) 상 법

① **비례보상방식**

보험금액의 비율에 따라 보상책임을 진다.

② **연대책임주의**

각 보험자는 각자의 보험금액 한도 내에서 연대책임을 진다.

* 「**상법**」 **제673조** : 보험자 1인에 대한 권리의 포기는 다른 보험자에 대해 영향을 주지 않는다.

CHAPTER

자동차보험의 이론과 실무(대인배상 및 자기신체손해)

02 자동차보험약관

01 자동차보험의 가입대상 및 적용 자동차

1. 자동차보험의 가입대상

「자동차관리법」상 자동차와 「건설기계관리법」상 건설기계 등을 대상으로 다음과 같이 적용된다.

(1) 개인용 자동차보험

승차정원 10인 이하 개인소유 자가용 자동차

(2) 업무용 자동차보험

자가용 자동차 중 개인용 가입차량 제외 자동차

(3) 영업용 자동차보험

모든 사업용 자동차

2. 「자배법」상 적용 자동차

(1) 「자동차관리법」상 자동차

원동기에 의해 육상을 이동할 목적으로 제작된 용구(피견인차 포함)로 다음과 같이 분류한다.

① 승용자동차
② 승합자동차
③ 화물자동차
④ 특수자동차
⑤ 이륜자동차[배기량이 50cc 미만(최고정격출력 4kW 이하)인 것도 포함]

(2) 「건설기계관리법」상 건설기계

① 덤프트럭

② 콘크리트 믹서 트럭

③ 타이어식 기중기

④ 타이어식 굴삭기

⑤ 트럭 적재식 아스팔트 살포기

⑥ 트럭 적재식 콘크리트 펌프

⑦ 트럭지게차

⑧ 도로보수트럭

⑨ 노면측정장비

(3) 「자동차관리법」상 적용제외 자동차

① 「건설기계관리법」에 따른 건설기계

② 「농업기계화 촉진법」에 따른 농업기계

③ 「군수품관리법」에 따른 차량

④ 궤도 또는 공중선에 의하여 운행되는 차량

⑤ 「의료기기법」에 따른 의료기기

3. 대인배상 Ⅰ의 의무가입 자동차

(1) 특 징

① 「자배법」 적용대상 자동차와 원칙적으로 동일하다.

② 무보차 상해의 범위보다는 좁다.

(2) 예 외

아래 대통령령으로 정하는 자동차

① 한국주류 국제연합 군대보유 자동차

② 한국주류 미합중국 군대보유 자동차

③ 운수업자가 아닌 외국인으로서 국토교통부장관 지정자가 보유하는 자동차

④ 피견인자동차

4. 무보험자동차 상해 적용 자동차

범위가 제일 넓고, 거의 모든 이동용 용구가 해당된다.

① 「자동차관리법」상 자동차

② 「건설기계관리법」상 건설기계

③ 「군수품관리법」상 차량

④ 「농업기계화촉진법」상 농업기계

⑤ 「도로교통법」상 원동기장치부착 자전거

5. 다른 자동차 운전특약

자가용 자동차 중 본래의 피보험자동차와 동일한 차종의 자동차로 인정범위가 가장 좁다.

① 승용자동차(다인승 1, 2종 포함)간

② 경・3종 승합자동차간

③ 경・4종 화물자동차 상호간

02 대인배상/자기신체사고/무보험자동차상해에서 보상하는 손해

1. 보상하는 손해

(1) 대인배상 Ⅰ

피보험자가 피보험자동차의 운행으로 인하여 타인을 사상케 한 경우, 「자배법」 제3조에 의한 손해배상책임을 짐으로써 입은 손해를 보상한다.

(2) 대인배상 Ⅱ

피보험자가 피보험자동차를 소유・사용・관리하는 동안에 생긴 피보험자동차의 사고로 인하여 타인을 사상케 하여 법률상 손해배상책임을 짐으로써 입은 손해를 보상한다. 단, 대인배상 Ⅰ에서 보상하는 손해를 초과하는 손해에 한한다.

(3) 자기신체사고

피보험자가 피보험자동차를 소유・사용・관리하는 동안에 생긴 다음 중 어느 하나의 사고로 인하여 상해를 입은 때 그로 인한 손해를 보상한다.

① 피보험자동차의 운행으로 인한 사고

② 피보험자동차의 운행 중 발생한 다음의 사고. 단, 피보험자가 피보험자동차에 탑승 중 일 때 한한다.

㉠ 날아오거나 떨어지는 물체와 충돌

㉡ 화재 또는 폭발

㉢ 피보험자동차의 낙하

(4) 무보험자동차에 의한 상해

피보험자가 무보험자동차로 인하여 생긴 사고로 상해를 입은 때 그로 인한 손해에 대하여 배상의무자가 있는 경우 보상한다.

배상의무자란, 무보험자동차로 인하여 생긴 사고로 피보험자를 사상케 함으로써 피보험자에게 입힌 손해에 대하여 법률상 손해배상책임을 지는 사람을 말한다.

2. 보상항목

(1) 대인배상 Ⅰ, Ⅱ

① **사망보험금** : 장례비, 위자료, 상실수익액

② **부상보험금** : 적극손해(치료관계비 등), 위자료, 휴업손해 등

③ **후유장애 보험금** : 위자료, 상실수익액, 가정간호비

(2) 자기신체사고

사망/부상/후유장애 보험금

(3) 무보험자동차에 의한 상해

대인배상과 동일하다. 단, 대인배상 Ⅰ을 초과하는 손해에 한하여 보상한다.

3. 보험금 한도

(1) 대인배상 Ⅰ

「자배법」에서 정한 기준에 따라 산출한 금액을 보상하며, 부상 및 후유장애의 경우 최고 1급~최저 14급으로 구성된다.

① **사망** : 1억5천만원 ~ 2천만원

② **부상** : 3천만원 ~ 50만원

③ **후유장애** : 1억5천만원 ~ 1천만원

(2) 대인배상 Ⅱ

보험가입금액 한도 내에서 보상한다.

(3) 자기신체사고

① **사 망**

보험가입금액 한도 내에서 보상한다.

② **부상/후유장애**

상해/후유장애 등급별 보험가입금액 한도 내에서 보상한다.

(4) 무보험자동차에 의한 상해

1인당 보험증권에 기재된 보험가입금액(2억/5억) 한도 내에서 보상한다.

03 피보험자

1. 의 의

피보험이익의 주체로서 피보험이익을 받는 사람이며, 보험금청구권자이다. 배상책임보험에서는 피보험자 = 배상의무자이어야만 보험금청구권이 발생한다.

* 기명피보험자가 법인일 경우 그 법인의 이사와 감사를 기명피보험자로 본다.

2. 종 류

각 종류별 우선순위는 없다.

(1) 기명피보험자

피보험자동차를 소유·사용·관리하는 자(계약체결 당시면 족함) 중 보험증권에 기재된 사람을 말한다. 실무에서는 소유자, 할부차량 매수인, 리스임차인 등도 인정하고 있다.

(2) 친족피보험자

기명피보험자와 같이 살거나, 살림을 같이 하는 친족으로 피보험자동차를 사용하거나 관리하고 있는 자를 말한다.

① 기명피보험자의 묵시적 승낙이 있을 것으로 추정되기 때문에 피보험자로 인정한다.

② 사고발생 당시 피보험자를 사용·관리 중이어야 한다.

③ 친 족
8촌 이내 혈족, 4촌 이내 인척(혼인에 의해 형성된 친족관계), 배우자

④ '같이 산다'
동일가옥거주만으로 충분하고, 일시적 별거는 인정한다.

⑤ '살림을 같이 한다'
생계를 같이 하거나 부양관계에 있는 것을 의미한다.

⑥ 같이 살거나, 살림을 같이 하는지 불확실한 경우 사회통념상 기명피보험자의 승낙 없이 자동차를 사용할 수 있는 관계인가 여부가 중요하다.

심화학습 피보험자의 부모, 배우자, 자녀

- **부모** : 피보험자의 부모, 양부모를 말한다.
- **배우자** : 법률상 배우자, 사실혼 관계에 있는 배우자를 말한다.
- **자녀** : 법률상 혼인관계에서 출생한 자녀, 사실혼 관계에서 출생한 자녀, 양자 또는 양녀를 말한다.

(3) 승낙피보험자

기명피보험자의 승낙을 얻어 피보험자동차를 사용하거나 관리하고 있는 자를 말한다.

① 불가피한 상황으로 발생하는 위험으로부터 보호하기 위한 취지이다.

② 기명피보험자의 명시적, 묵시적, 추정적 승낙이어도 인정된다.

③ 승낙피보험자의 승낙은 인정되지 않는다.

* **예외** : 승낙피보험자에게 포괄적 사용, 관리를 위임한 경우(판례)

④ 반드시 현실적으로 피보험자동차를 사용 또는 관리하는 경우뿐 아니라 사회통념상 피보험자동차에 대한 지배 또는 관리 상태의 경우도 포함한다.

⑤ 양도 중인 경우 양수인을 승낙피보험자로 인정한다(판례).

(4) 사용피보험자

기명피보험자의 사용자 또는 계약에 따라 기명피보험자의 사용자에 준하는 지위를 얻은 자를 말한다. 다만, 기명피보험자가 피보험자동차를 사용자의 업무에 사용하고 있는 때에 한한다.

① 기명피보험자가 피보험자동차를 사용자의 업무에 사용하고 있을 때 그 사용자

② 사용관계는 업무상 지휘/감독 관계면 족하다.

③ 사용자는 「자배법」상 책임과 더불어 「민법」상 사용자배상책임(제756조)도 부담한다.

(5) 운전피보험자

다른 피보험자(기명피보험자, 친족피보험자, 승낙피보험자, 사용피보험자)를 위하여 피보험자동차를 운전 중인 자(운전보조자를 포함)를 말한다.

심화학습 ‘위하여’ 용어설명

- **‘위하여’**
  도와준다는 의미로 해석한다.
- **「자배법」상 ‘위하여’**
  자동차 사용에 있어서 운행지배와 운행이익이 운행자에게 귀속되는 것을 의미한다.

3. 피보험자 개별적용

(1) 의 의

동일사고로 복수의 피보험자가 발생할 경우 각 피보험자별로 책임발생요건이나 면책사유 등을 개별적으로 적용하는 것이다.

(2) 취 지

피보험자가 복수일 경우 피보험자의 이익 또한 개별적으로 존재하기 때문에 이를 보호해 주어야 한다(판례).

(3) 제외조항

표준약관 대인배상 Ⅱ 면책조항에서 일부를 제외하고 전면적으로 적용하고 있다.

① 계약자 또는 기명피보험자의 고의로 인한 손해

② 유상운송 면책

③ 시험용/경기용 등의 사용

④ **피보험자 본인 사상 면책(약관 해석상 개별적용 할 수 없음)**
피보험자가 복수인 경우, 피해자가 피보험자(A)인 이상 어느 다른 피보험자가 A에 대해 배상책임을 부담하더라도 A의 피보험자 신분에는 변동이 없다. 다른 피보험자들을 개별적용 한들 피보험자 면책조항에 해당한다.

⑤ 이상위험, 천재지변 등(위험의 성격상 개별적용 할 수 없음)

(4) 구상권

판례는 피보험자에게 구상할 수 없다고 하고 있다. 하지만 학설에서는 아니다.

04 자기신체사고/무보험자동차상해/타차운전특약의 피보험자

1. 자기신체사고

① 대인배상 Ⅱ의 피보험자

② 피보험자의 부모, 배우자, 자녀

2. 무보험자동차에 의한 상해

① 기명피보험자와 그의 배우자

② ①의 부모, 자녀

③ 승낙피보험자(단, 피보험자동차에 탑승 중일 것, 취급업자는 제외)

④ ①, ②, ③을 위하여 피보험자동차를 운전 중인 자(단, 취급업자 제외)

3. 다른 자동차 운전담보특약

① 기명피보험자와 그의 배우자(단, 운전가능범위에 포함되지 않는 경우에는 피보험자로 보지 않는다)

② 1인 지정 한정운전특약의 경우 증권에 기재된 지정운전자

05 면책사유

1. 의 의

보험기간 중 보험사고가 발생하여도 보험자가 보험금 지급책임을 면하게 되는 사유를 말한다.

2. 취 지

(1) 우연성 결여

보험사고는 장래 발생할지도 모를 우연한 사고에 대비하기 위한 경제적 제도이다. 따라서 그와 같은 우연성을 결여한 경우에는 보험의 본질적 기능을 해치게 된다.

예 ① 고의에 의한 사고, ② 자연발생적 손해(마모손실 손해 등)

(2) 위험의 이질성, 위험률의 차이

보험은 위험의 동질성을 기초로 대수의 법칙에 의하여 위험률을 측정, 그 위험을 분산시킨다. 따라서 위험의 동질성이 없는 경우 그 위험 또는 그 위험률 측정결과인 보험료는 특정위험단체 내의 형평성을 깨뜨리므로 원칙적으로 그 특정위험단체에서 배제된다.

예 ① 산업재해 면책약관, ② 유상운송 면책조항

(3) 이상위험, 거대위험의 배제

정상적인 보험료는 그 위험이 담보되지 않는 거대위험 또는 이상위험으로서 그 위험률의 측정이나 손해액의 측정이 곤란한 위험 등은 보험자의 부담능력을 초과하여 보험재정을 파탄시킬 수 있으므로 보험재정의 건전성 유지를 위하여 이들 위험은 배제된다.

예 천, 전, 핵(천재지변, 전쟁, 핵연료물질)에 의한 면책조항

(4) 범법행위의 억제

보험은 적법한 위험을 담보하는 것이 원칙이며, 반면 범법적 행위는 부득이 담보위험에 포함시킨다고 하더라도 이를 예방 또는 억제하는 기능도 가져야 한다.

예 ① 음주/무면허 운전면책, ② 유상운송면책, ③ 고의사고 면책 등

(5) 중복담보 배제 또는 보험상호간 영역조정

동일한 보험사고 이중이득 또는 부당이득을 취하려는 도덕적 위험을 예방하고 특히 손해보험의 경우 실손보상의 원칙을 확보하기 위한 등의 목적으로 이해된다.

예 산업재해 면책조항

3. 면책사유의 일반적 분류

(1) 「상법」상 면책사유

① 보험 전반적 면책사유

㉠ 보험계약자 등의 고의, 중과실로 인한 보험사고

㉡ 전쟁위험 면책 등

㉢ 보험계약해지로 인한 면책

㉣ 보험사고의 객관적 확정으로 인한 면책사유

② 손해보험 면책사유

㉠ 초과보험, 중복보험의 사기

㉡ 보험목적의 성질, 하자 또는 자연소모로 인한 손해

(2) 절대적 면책사유와 상대적 면책사유

① 절대적 면책사유

당사자 약정에 의해서도 담보할 수 없는 면책위험으로서 공서양속에 반하거나 반사회성, 보험의 본질 등에 반하는 위험을 말한다. 따라서 피보험자 개별적용을 하지 않는다.

예 고의사고

② 상대적 면책사유

당사자 약정으로 보험담보가 가능한 면책위험으로 피보험자 개별적용을 한다.

예 유상운송면책, 산업재해면책

(3) 책임면제사유와 담보위험제외사유

① 책임면제사유

사고발생 원인(인위적 사고 등)을 이유로 하는 면책사유

② 담보위험제외사유

사고발생 당시 상황(인수 부적합한 위험 등)을 이유로 하는 면책사유

4. 보험약관의 담보별 공통적 면책사유와 고유 면책사유

(1) 담보별 공통적 면책사유

① 고의사고

② 유상운송 : 대인배상 Ⅰ에서 담보

③ 시험용, 경기용 등 사용

④ 무면허운전

㉠ 대인배상 Ⅰ은 300만원 부분면책

㉡ 자기신체사고/무보험자동차상해에서 담보

⑤ 음주운전

대인배상 Ⅰ, Ⅱ 합하여 1억1,000만원 부분면책

* 대인배상 사고부담금은 「자동차손해배상보장법 시행규칙」 개정(2020.7.21.)으로 현행 최대 1억300만원에서 1억1,000만원으로 인상되었다.

⑥ 이상위험(천, 전, 핵)

㉠ 대인배상 Ⅰ에서 상황에 따라 부책

㉡ 풍수해 손해는 자기신체사고에서 담보

(2) 담보별 고유 면책사유

① 대인배상 Ⅰ

음주/무면허운전 부분면책(사고부담금제)

② 대인배상 Ⅱ

㉠ 피보험자와 그 부모, 배우자, 자녀 면책

㉡ 산업재해면책

㉢ 제3자와의 계약으로 늘어난 손해 면책 등

③ 무보험자동차상해

배상의무자가 다음 중 어느 하나에 해당하는 사람일 경우에는 보상하지 않는다.

㉠ 상해를 입은 피보험자의 부모, 배우자, 자녀

㉡ 피보험자가 사용자의 업무에 종사하고 있을 때 피보험자의 사용자 또는 피보험자의 사용자의 업무에 종사 중인 다른 피용자

* '배상의무자'라 함은 무보험자동차의 사고로 인하여 피보험자를 죽게 하거나 다치게 함으로써 피보험자에게 입힌 손해에 대하여 법률상 손해배상책임을 지는 사람을 말한다.

5. 구체적 설명

(1) 고의로 인한 손해

우연성이 없고, 신의성실의 원칙에 반하며, 비도덕적이고 공서양속에 반하는 행위여야 한다.

① 「상법」

보험사고가 보험계약자 또는 피보험자나 보험수익자의 고의 또는 중대한 과실로 인하여 생긴 때에는 보험자는 보험금액을 지급할 책임이 없다.

② 약관과 「상법」의 차이

상법에서는 고의뿐 아니라 중과실로 인한 보험사고도 면책으로 하고 있으나, 자동차보험약관에서는 중과실 사고를 담보하고 있다.

이는 ㉠ 중대한 과실은 우연성이 결여되거나 공서양속에 반하는 정도가 아니고, ㉡ 자동차사고는 중대한 과실로 발생하는 것이 대부분이며, ㉢ 실무상 중과실과 경과실을 구별하기 어렵고, ㉣ 자동차보험 본래의 기능면에서도 면책하기 어렵기 때문이다.

또한, 인보험 및 상해보험에서도 중대한 과실을 담보하고 있다. 따라서 결국은 자동차보험을 제외한 손해보험에서만 중과실 면책조항이 적용된다.

③ 결과적 가중손해

보험계약자 등의 예상범위를 초과하는 고의에 의한 결과적 가중손해는 고의에 의한 손해로 보지 않을 것으로 예상된다(판례).

④ 피보험자 개별적용 여부

대인배상 Ⅱ에서 보험계약자 또는 기명피보험자의 고의만 개별적용을 배제한다.

(2) 유상운송면책

비사업용 자동차의 보험요율을 사업용 자동차보다 저렴하게 하기 위한 취지이다.

① 약 관

영리를 목적으로 요금이나 대가를 받고 반복적으로 피보험자동차를 사용하거나 대여한 때에 생긴 사고로 인한 손해는 면책한다.

② 예외 조항

임대차계약(계약기간이 30일 이상을 초과하는 경우에 한 함)에 의하여 임차인 피보험자동차를 전속적으로 사용하는 경우는 보상한다. 그러나 임차인이 피보험자동차를 요금이나 대가를 목적으로 반복적으로 사용하는 경우에는 보상하지 않는다. 업무용 자동차보험은 제외한다.

③ 유상운송 면책조건

㉠ 영리성 : 영리를 목적으로 '요금이나 대가'를 받아야 한다. '요금이나 대가'는 실비 변상적 성격의 경비 등은 포함되지 않는다고 본다.

㉡ 반복성 : 일정한 단위시간 내에 2회 이상 되풀이 하는 것으로 유상운송 면책조항의 취지상 '유상운송으로 인하여 변경 또는 증가된 위험이 보험계약체결 당시 존재하고 있었다면 보험자가 보험계약을 체결하지 않거나 같은 보험료로 인수하지 않았을 정도로 파악해야 한다(판례).'

㉢ 사고발생과의 인과관계 : 유상운송 중이면 족하고 유상운송과 사고발생 사이에 인과관계를 요하지 않는다. 또한 유상운송 일련의 과정 중에 발생한 사고도 유상운송 중 사고로 본다. 따라서 유상운송을 하러가거나 유상운송을 끝내고 귀가 중의 사고인 경우도 포함된다.

㉣ 유상운송의 주체 : 어느 누가 피보험차량을 운행했던 간에 유상운송이면 무조건 면책된다.

④ 보험종목별 · 차종별 유상운송 면책의 차이점

구 분	적용차종	유상운송	장기임대차	담보특약	비 고
개인용	승 용	면 책	부 책	불 가	
	다인승 1, 2종 승용	면 책	부 책	가 능	
업무용	승 용	면 책	면 책	불 가	
	다인승 1, 2종 승용	면 책	면 책	가 능	
	승 합	면 책	면 책	가 능	
	화물차	부책(규정 無)			

(3) 무면허운전 면책

① 취 지

중대한 법규위반을 방지하고, 위험률을 관리하기 위한 취지이다.

② 면책요건

㉠ 운전자가 무면허운전을 했을 것

㉡ 피보험자 본인이 무면허운전을 했을 것

㉢ 기명피보험자의 명시적, 묵시적 승인하에 피보험자동차의 운전자가 무면허운전을 하였을 것

③ 무면허운전

㉠ 약관상 무면허운전 : 「도로교통법」 또는 「건설기계관리법」상의 운전(조종)면허에 관한 규정에 위반하는 무면허 또는 무자격운전(조종)을 말하며, 운전(조종)면허 효력 정지 또는 금지 중에 있을 때 운전하는 것

ⓐ 운전면허를 받지 아니하고 운전

ⓑ 면허시험 합격 후 운전면허증을 현실적으로 교부받지 않고 운전

ⓒ 면허의 취소 또는 정지기간 중에 운전

㉡ 약관상 운전 : 도로 또는 도로 이외의 장소에서 자동차를 그 본래의 사용방법에 따라 사용하는 것

㉢ 판례상 운전 : 원동기의 시동을 걸고 핸들이나 가속기 또는 브레이크 등을 다루어 일정한 방향과 속도로 움직이게 하여 발진하거나 발진조작을 완료하는 것(기어를 넣는 것)

㉣ 묵시적 승인여부의 판단기준(판례) : ⓐ 기명피보험자와 무면허운전자와의 관계, ⓑ 평소 차량의 운전 및 관리상황, ⓒ 당해 무면허운전이 가능하게 된 경위와 그 운행목적, ⓓ 평소 운전자의 무면허운전에 대해 기명피보험자가 취해 온 태도 등을 종합적으로 판단한다.

㉤ 승인의 주체 : 주체는 기명피보험자이다. 그 외의 피보험자의 경우 면책불가론과 기명피보험자 준용론 간의 논란이 있다.

㉥ 기명피보험자가 통상의 주의의무를 다하였음에도 운전자가 면허 없는 사실을 몰랐다면 무면허운전 면책약관을 적용할 수 없다.

㉦ 무면허운전과 사고발생 간에 인과관계가 필요하지 않다.

④ 면책손해의 범위

㉠ 대인배상 Ⅰ : 1사고당 300만원의 사고부담금을 부과한다. 부담금은 귀책사유가 있는 피보험자, 즉 무면허운전을 한 피보험자 본인 또는 무면허운전을 명시적・묵시적으로 승인한 피보험자가 부담한다.

㉡ 대인배상 Ⅱ : 전부면책

⑤ 특수사례(판례)

소지한 면허로 피보험자동차를 운전할 수 없는데도, 보험자 측이 자동차검사증과 운전면허증을 제출받고 청약서의 운전자란에 그 면허번호를 기재하여 보험계약을 체결한 경우, 무면허운전 면책조항을 배제키로 하는 개별약정이 있다고 볼 수 있는지 여부가 문제되나, 우리나라 대법원 판례는 "소지한 면허가 취소/정지된 상태에서 이루어진 운전이 아닌 한 무면허운전 면책약관을 배제하는 개별약정이 있었다"고 하여 대체로 이를 긍정하고 있다.

(4) 음주운전 면책

① 취 지

㉠ 사고위험의 증가로 그 위험을 보상하지 않겠다는 취지

㉡ 중대한 법규위반을 방지하기 위한 취지

② 면책요건

㉠ 음주운전이 있었을 것 : 혈중 알코올농도 0.03% 초과

㉡ 피보험자 본인이 음주운전을 하였을 것

㉢ 기명피보험자의 명시적, 묵시적 승인 하에 피보험자동차의 운전자가 음주운전을 하였을 것

㉣ 사고가 음주 운전 중에 발생했을 것

(5) 시험용, 경기용 등 사용 면책

① 취 지

손해발생의 위험이 매우 크기 때문이다.

② 면책요건

단순 입사시험, 운전면허 시험, 시운전 등은 불포함하며, 한 패끼리 모여 하는 도로상의 경주도 불포함한다.

③ 적용범위

대인배상 Ⅰ을 제외한 전담보에 적용된다.

(6) 이상위험 면책

① 취 지

㉠ 통계적으로 보험료 산정이 어렵다.

㉡ 사고의 대형화, 누적적인 손해증대로 보험자의 인수능력을 초과할 우려가 있다.

② 적용범위

㉠ 풍수재 면책의 경우 자기신체사고에서는 담보한다.

㉡ 대인배상 Ⅰ의 경우 운행과 상당인과관계가 있는 경우라면 명시규정이 없기 때문에 부책한 사례가 있다.

(7) 피보험자 및 그 가족 면책(대인배상 Ⅱ)

본 약관에 해당하는 피보험자는 그 스스로가 배상책임을 부담하여야 할 주체로서의 지위에 있다고 보아야 하며, 그러한 자의 부모, 배우자 및 자녀가 사상한 경우에는 그 손해는 그 가정 내에서 처리함이 보통이고 손해배상을 청구하지 않는 것이 사회통념상에도 부합하며, 나아가 이러한 자들이 신체사상에 대하여 '자기신체사고'로 보상받을 수 있는 길을 별도로 열어 놓고 있으므로 대인배상의 담보범위에서 제외하기 위함이 그 취지라 할 수 있다.

(8) 산업재해(업무상 재해) 면책(대인배상 Ⅱ)

① 취 지

㉠ 위험의 이질성

㉡ 중복담보의 배제가 그 취지이다.

② 피용자 재해 면책요건

㉠ 피해자가 배상책임 의무가 있는 피보험자(사용자)의 피용자여야 한다.

㉡ 그 피용자인 피해자는 「산재보험법」에 의한 보상을 받을 수 있는 자야 한다.

③ 동료재해면책

㉠ 피보험자가 피보험자동차를 사용자의 업무에 사용 중일 것

㉡ 피해자가 피보험자와 동일한 사용자의 업무에 종사 중인 다른 피용자일 것

㉢ 그 피해자가 「산재보험법」에 의한 보상을 받을 수 있는 자일 것

㉣ 피보험자가 동료 피용자에게 법률상 손해배상책임을 질 것

④ 면책범위

㉠ 대인배상 Ⅱ에만 적용된다.

㉡ 산재보험 초과손해는 보상된다.

⑤ 대인배상 Ⅰ과의 관계

피해 피용자가 「자배법」상 타인에 해당하면 대인배상 Ⅰ에서는 보상된다. 따라서 피해 피용자가 산재보험금을 받았다 하더라도 그의 손해 중 산재보험금으로 전보되지 않은 대인배상 Ⅰ 부분에 대하여는 보험자에게 손해에 대한 보상을 청구할 수 있다.

(9) 제3자와의 계약으로 늘어난 손해 면책(대인배상 Ⅱ)

① 취 지

㉠ 예측하지 못한 손해에 해당하고, ㉡ 대인배상에서 담보할 성질의 위험이 아니기 때문이다.

② 계약의 유형

㉠ 배상책임과 손해에 대하여 법정요건 이하의 요건을 적용하는 것

㉡ 입증책임을 피보험자에게 불리하도록 전환하는 것

㉢ 법률상 손배책임액 이상으로 손해배상금에 대하여 약정하는 것 등

06 자기신체사고/무보험자동차상해/타차운전특약의 면책사유

1. 자기신체사고

공통 면책사유와 같다.

단, 피보험자, 보험금을 받을 자의 고의사고의 경우 그 사람이 받을 수 있는 금액만을 면책한다.

2. 무보험자동차사고

자기신체사고 면책사유 외에 다음 중 어느 하나에 해당하는 사람이 배상의무자일 경우 보상하지 아니한다. 단, 이들이 무보험자동차를 운전하지 않은 경우로, 이들 이외에 다른 배상의무자가 있는 경우에는 보상한다.

① 상해를 입은 피보험자의 부모, 배우자, 자녀

② 피보험자가 사용자의 업무에 종사하고 있을 때 피보험자의 사용자 또는 피보험자의 동료 피용자(사용자의 업무에 종사 중일 것)

3. 다른 자동차 운전담보특약

대인배상 Ⅱ+자기신체사고+무보험자동차에 의한 상해 면책사유 외에 다음에 해당하는 손해는 보상하지 아니한다.

① 피보험자가 사용자의 업무에 종사하고 있을 때, 그 사용자 소유 자동차를 운전 중 생긴 사고로 인한 손해

② 피보험자가 소속한 법인 소유 자동차를 운전 중 생긴 사고로 인한 손해

③ 피보험자가 자동차 취급업무상 수탁받은 자동차를 운전 중 생긴 사고로 인한 손해

④ 피보험자가 다른 자동차를 유상운송(요금이나 대가를 지불 또는 받고) 운전 중 생긴 사고로 인한 손해

⑤ 피보험자가 다른 자동차의 사용에 대하여 정당한 권리를 가지고 있는 자의 승낙을 받지 않고, 다른 자동차를 운전 중 생긴 사고로 인한 손해

⑥ 피보험자가 다른 자동차의 소유자에 대하여 법률상 손해배상책임을 짐으로써 입은 손해

⑦ 피보험자가 다른 자동차를 시험용 또는 경기용(이를 위한 연습포함)으로 사용하던 중 생긴 사고로 인한 손해

⑧ 보험증권에 기재된 운전가능 범위 외의 자가 다른 자동차를 운전 중 생긴 사고로 인한 손해

07 개인용 자동차보험과 업무용 자동차보험의 유상운송 면책 비교

1. 유상운송

대인배상 Ⅱ에서는 피보험자동차가 영리의 목적으로 요금이나 대가를 받으며, 반복적으로 사용되는 동안의 손해를 면책사유로 하고 있다. 이는 사업용 자동차와의 보험요율차이, 「여객자동차운수사업법」상 범법행위가 되기 때문이다.

2. 개인용 자동차보험과 업무용 자동차보험의 유상운송 면책 비교

구 분	개인용 자동차보험	업무용 자동차보험
대상차종	10인 이하의 자가용 승용차	승용차 또는 승합차
면책 예외	계약기간이 30일을 초과하는 임대차계약에 따라 임차인이 피보험자동차를 전속적으로 사용하는 경우	해당사항 없음
유상운송위험담보 특약	다인승 1, 2종 승용차만이 가입가능	모두 가능

08 가불금, 우선지급금, 가지급금

1. 가불금제도(자배법)

(1) 법적 근거와 취지

「자배법」상 인정된 제도로서 보험가입자 등이 「자배법」상 책임을 지게 된 때에 그 책임의 존부 등을 따지지 않고(우선지급제도와 다른 점), 일정금액을 우선 지급함으로써 피해자를 보호하는 제도이다.

(2) 청구권자

피해자가 청구권자이다.

(3) 청구내용

치료비(자동차보험 진료수가에 의한 진료비) 전액과 나머지 손해배상금에 대하여는 피해자 1인당 보상한도액의 50% 상당액을 가불금으로 청구할 수 있다.

(4) 지급기한

청구일~10일 이내이다.

(5) 지급액 반환

보험가입자는 가불금 지급 후 보험가입자 등에게 손해배상책임이 없다는 것이 판명된 때에는 지급액 전액을, 또 지급한 가불금이 지급해야 할 보험금을 초과한 경우에는 그 초과액을 지급받은 자에게 그 반환을 청구할 수 있다. 반환받지 못할 경우 정부에 이를 청구할 수 있다.

(6) 기 타

가불금 청구권은 이를 압류 또는 양도할 수 없고, 이 청구권의 소멸시효는 3년이다.

2. 우선지급제도(교통사고처리특례법)

(1) 의 의

교통사고로 인해 가해자와 피해자간 합의가 성립되기 이전에도 치료비에 관한 통상비용의 전액과 약관에서 정한 지급기준금액의 50% 해당액을 우선 지급하여 피해자보호를 강화하는 제도로서 「교특법」에 의해 부여된 것이 아니라, 「교특법」의 적용을 받기 위한 보험약관에 의해 부여된 것이다.

(2) 청구권자

피해자가 청구권자이다.

(3) 지급범위

① 치료비에 관한 통상비용의 전액

② 부상의 경우, 지급기준에 의하여 산출한 위자료 전액과 휴업손해액의 50% 해당액

③ 후유장애의 경우, 지급기준에 의하여 산출한 위자료 전액과 상실수익액의 50% 해당액

다만, 사망의 경우에는 우선지급할 손해배상금이 없다. 또한 「자배법」에 의한 가불금이 있을 때에는 보험사업자 등은 우선지급할 손해배상금에서 이를 공제할 수 있다.

(4) 지급기한

청구일~7일 이내이다.

3. 가지급보험금제도(보험약관)

(1) 의 의

약관상 가불금제도와 우선지급금제도를 충족시키기 위한 제도이다. 이에 따라 가지급보험금의 지급범위가 다른 어느 것보다도 넓다.

(2) 청구권자

피보험자 이외의 피해자도 가능하다.

(3) 지급기한

지급액을 정한 날~7일 이내이다.

(4) 지급내용

대인배상의 경우 치료비(자동차보험 진료수가)는 전액, 진료수가 이외의 손해배상금은 약관에서 정하는 금액의 50%, 자기신체사고나 무보험자동차상해 등에서는 약관에 따른 금액의 50%이다.

(5) 지급을 거부할 수 있는 경우

해당 약관상 보험금지급책임이 발생하지 않는 것이 객관적으로 명백할 경우이다.

(6) 기타 사항

보험금지급에 관한 약관규정을 준용한다.

4. 가불금, 우선지급금, 가지급보험금의 상호관계

대인사고가 발생하면 피해자는 위 3가지에 대한 청구권을 갖는다. 3가지 청구권은 각각 별개로 모두 청구할 수 있는 것이 아니고, 3가지 청구권 중 가장 지급범위가 넓은 가지급보험금의 지급범위(보상한도액) 내에서 지급된다고 본다.

한편, 가불금, 우선지급금, 가지급보험금을 지급받게 되면 향후 지급될 보험금에서 이를 공제하게 되며, 특히 가지급보험금의 지급은 향후 최종보험금의 결정에 영향을 미치지 않는다.

09 합의 등의 협조 · 대행 및 공탁금

1. 약관 규정

보험회사는 피보험자의 협조요청이 있는 경우 피보험자의 법률상 손해배상책임을 확정하기 위하여 피보험자가 손해배상청구권자와 행하는 합의 · 절충 · 중재 또는 소송에 대하여 협조하거나, 피보험자를 위하여 이러한 절차를 대행한다.

2. 취 지

피보험자와 보험사는 보험계약으로 이루어진 공동이익체로서 보상책임액의 합리적인 확정과 피보험자에 대한 서비스 등의 차원이다.

3. 적용담보

대인배상에서만 인정된다.

4. 대행조건

피보험자에 대하여 보상책임을 지는 한도 내에서 대행한다. 그러나 다음과 같은 경우 대행하지 않는다.

① 피보험자가 손해배상청구권자에게 대하여 부담하는 법률상 손해배상책임액이 보험증권에 기재된 보험가입금액을 명백하게 초과하는 때

② 피보험자가 정당한 이유 없이 협력하지 않는 때

5. 효 과

소요된 비용은 약관에 따라 보상된다. 단, 피보험자가 정당한 이유 없이 협력하지 않는 경우 보험사는 그로 인하여 늘어난 손해에 대하여는 보상하지 않는다.

6. 공탁금의 대출

(1) 상법 규정

대인배상 등 책임보험의 보험자에게 피보험자를 위한 방어의무를 부과하고 있으므로, 피보험자는 담보의 제공 또는 공탁으로서 재판의 집행을 면할 수 있는 경우에는 보험자에 대하여 보험금액의 한도 내에서 담보의 제공 또는 공탁을 청구할 수 있다(상법 제720조 제2항).

(2) 약관 규정

약관에서는 보험자가 피보험자에게 공탁금을 대부하는 경우 공탁금 및 이자의 회수청구권을 보험자에게 양도하도록 규정하고 있다.

10 비 용

1. 손해방지 · 경감비용

보험사고발생시 그로 인한 손해의 발생을 방지하거나 손해의 확대를 방지함은 물론 손해를 경감할 목적으로 행하는 행위에 필요하거나 유익하였던 비용으로 보험금액을 초과하더라도 보험자가 부담한다(긴급조치비용 포함).

2. 권리보전 · 행사비용

자동차사고발생과 관련하여 제3자의 행위가 개입되고 제3자에게도 책임이 있는 경우, 제3자에 대한 청구권을 보전하고 행사하기 위해 필요한 비용이다.

3. 기타 보험회사의 동의를 얻어 지출한 비용

합의 · 절충비용, 소송비용 및 변호사 보수 등이 있다.

(1) 보험자 동의를 얻어 지출한 비용

보험자의 사전 동의를 얻어 지출한 비용은 보상한다.

(2) 보험자 요청에 의한 협력비용

피보험자가 보험회사에 협력하기 위해 지출한 비용은 보상한다.

(3) 방어비용(소송, 변호사 보수 등)

피해자가 피보험자를 상대로 손해배상청구를 한 경우 그 방어를 위하여 지출한 재판상 또는 재판 외 필요비용이다. 「상법」상 보험자의 방어의무를 전제로 하며, 보험의 목적에 포함된다고 규정되어 있다.

「상법」에서는 보험자의 지시에 의한 경우 보험금액을 초과하여도 보험자가 이를 부담하지만 약관에서는 보험자의 지시 여부를 불문한다.

심화학습 「상법」상 손해방지비용과 방어비용의 비교

구 분	손해방지비용	방어비용
유사점	① 양 비용의 지출이 어떠한 효과를 발생하지 않았던 때에도 그 보상이 이루어진다. ② 보험자의 의도에 의한 비용 지출의 경우, 그 비용과 보상액의 합산액이 보험금액을 초과하는 경우에도 그 비용을 보상한다. ③ 양 비용의 보상은 모두 필요성의 존재라고 하는 요건에 의존한다. ④ 각각 보험자의 소송 진행에 관한 지시 또는 지도권을 승인하고 있다.	
차이점	① 보험금액을 초과해도 보상한다. ② 피보험자가 선급청구 할 수 없다. ③ 피해자의 피보험자에 대한 청구를 전제로 하는 것은 아니다. 그러나 보험사고로 인한 손해배상의무를 확정하는데 아무런 의미가 없는 비용은 해당하지 않는다.	① 보험금액 한도 내에서 보험자가 부담한다. ② 선급청구 할 수 있다.

11 보험기간의 시기와 종기

1. 대인배상 Ⅰ 및 자동차보험에 처음 가입하는 자동차

(1) 시 기

보험계약자와 피해자 모두에게 보험혜택을 주기 위해 의무보험인 대인배상 Ⅰ에서는 보험책임 개시의 시각을 임의보험과 다르게 규정하고 있다.

① 원 칙

보험자가 보험료를 받은 때를 그 시기로 하며, 이륜자동차보험계약의 경우 보험계약자가 보험료를 우체국에 납입한 때에 접수 우체국에서 발행하는 영수증에 기록된 영수일시가 보험료의 영수시점이다.

② 예 외

㉠ 보험기간 개시 이전에 보험계약을 맺고 보험료를 받은 경우 : 보험기간의 첫날 0시
㉡ 책임개시일이 이전 대인배상 Ⅰ 계약의 종기와 같은 날일 경우 : 이전 계약의 종기

(2) 종 기

보험기간 마지막 날 24시이다.

> **심화학습 자동차보험에 처음 가입하는 자동차**
>
> 자동차 판매업자 또는 그 밖의 양도인 등으로부터 매수인 또는 양수인에게 인도된 날부터 10일 이내에 처음으로 그 매수인 또는 양수인을 기명피보험자로 하는 자동차보험에 가입하는 신차 또는 중고차를 말한다. 다만, 피보험자동차의 양도인이 맺은 보험계약을 양수인이 승계한 후 그 보험기간이 종료되어 이 보험계약을 맺은 경우를 제외한다.

2. 임의보험(대인배상 Ⅰ 이외의 담보종목)

(1) 시 기

최초보험료의 지급을 전제로 하여 보험기간 첫날의 24시이다.

(2) 종 기

보험기간의 마지막 날 24시이다.

12 고지의무와 통지의무

1. 고지의무(계약전 알릴의무)

(1) 고지해야 할 중요한 사항(보험자 서면 질문사항)

① 피보험자동차의 검사에 관한 사항

② 피보험자동차의 용도, 차종, 등록번호(이에 준하는 번호도 포함), 차명, 연식, 적재정량, 구조 등 피보험자동차에 관한 사항

③ 기명피보험자의 성명, 연령 등에 관한 사항(기명피보험자의 동의가 필요)

④ 그 밖에 보험청약서에 기재된 사항 중에서 보험료의 계산에 영향을 미치는 사항

(2) 고지의무위반 효과

보험자는 보험계약을 맺은 후 보험계약자가 계약전 알릴 의무를 위반한 사실이 확인되었을 때에는 추가보험료를 더 내도록 청구하거나, 보험계약을 해지할 수 있다.

2. 통지의무(계약후 알릴의무)

(1) 통지해야 할 사항

① 용도, 차종, 등록번호, 적재정량, 구조 등 피보험자동차에 관한 사항 변경

② 피보험자동차에 화약류, 고압가스, 폭발물, 인화물 등 위험물을 싣게 된 사실

③ 그 밖에 위험이 뚜렷이 증가하는 사실이나 적용할 보험료에 차이가 발생한 사실

(2) 통지를 받은 경우 보험자의 선택

통지를 받은 경우 보험자는 그 사실에 따라 보험료가 변경되는 경우 보험료를 더 받거나 돌려주고 계약을 승인하거나, 보험계약을 해지할 수 있다.

13 보험사고발생시 의무

1. 의 의

보험계약자 또는 피보험자가 보험사고의 발생을 안 때에 이행해야할 의무로서 ① 손해방지경감의무 및 권리보전의무, ② 사고발생 통지의무, ③ 손해배상 합의전 보험사의 동의의무, ④ 소송사실 통지의무, ⑤ 도난신고의무, ⑥ 서류제출 및 보험사고조사 협력의무 등이 있다.

2. 의무발생요건

(1) 보험사고의 발생

의무는 보험사고가 일어난 때 발생한다.

(2) 보험계약자 등의 보험사고의 발생사실 인지

보험계약자 등이 보험사고의 발생사실을 알아야 한다.

(3) 보험자의 부지(不知)

보험자가 뒤늦게 보험사고의 발생을 알았다면 보험계약자 등에게 통지의무위반으로 대항할 수 있다.

3. 의무의 주요 유형

(1) 보험사고발생 통지의무

① 통지의무자와 시점

보험계약자 또는 피보험자는 보험사고의 발생 사실을 안 때 지체 없이 통지를 하여야 한다. 지체 없이란 '귀책사유 있는 지연이 없이'라는 것을 의미하고 '즉시'의 의미는 아니다.

② 통지방식

통지방식에는 제한이 없다.

③ 통지의 내용

보험자가 보험금액 지급의무를 지게 될 보험사고가 발생하였다는 것을 알 수 있도록 하여야 한다.

㉠ 사고가 발생한 때, 곳, 상황 및 손해의 정도

㉡ 피해자 및 가해자의 성명, 주소, 전화번호

㉢ 사고에 대한 증인이 있을 때에는 그의 성명, 주소, 전화번호

㉣ 손해배상의 청구를 받은 때에는 그 내용

④ 통지의무 해태의 효과

보험회사는 보험계약자 또는 피보험자가 정당한 이유 없이 통지의무를 이행하지 않을 경우 그로 인하여 늘어난 손해액이나 회복할 수 있었을 금액을 보험금에서 공제하거나 지급하지 않는다. 그러나 이러한 사유로 피해자에게 대항할 수는 없다고 봄이 상당하며, 통지의무해태로 인하여 손해가 증가되었다는 사실은 보험자가 입증하여야 한다.

(2) 손해방지경감의무

① 의무발생시점

보험계약자나 피보험자가 보험사고발생사실을 안 때이다.

② 보상책임 없는 사고의 경우

원칙적으로 의무가 발생하지 아니한다. 그러나 사고발생시 피보험자의 법률상 배상책임여부가 판명되지 아니한 상태에서 피해자의 위급구호를 위한 긴급비용지출의 경우 후에 피보험자의 배상책임이 없음이 밝혀져도 이는 보험자가 부담한다. 이 경우 응급처치일부터 면책통보를 한 날까지의 치료비에 한정한다(판례).

③ 손해방지경감의무 해태의 효과

보험계약자 등이 정당한 이유 없이 의무를 해태할 경우 그로 인한 손해액이나 회복할 수 있었을 금액을 공제하거나 지급하지 아니한다. 그러나 이러한 사유로 피해자에게 대항할 수는 없다고 봄이 상당하다.

(3) 권리보전의무

보험계약자 등은 사고가 생긴 것을 안 때에는 다른 사람으로부터 손해배상을 받을 수 있는 권리가 있는 경우, 그 권리의 보전과 행사에 필요한 절차를 밟아야 하며, 그 정도는 보험계약이 없는 경우 자기의 이익보호를 위하여 적절한 조치를 취하는 정도면 족하다고 본다.

보험계약자 등이 정당한 이유 없이 이를 이행하지 아니한 경우, 그로 인해 늘어난 손해액이나 회복할 수 있었을 금액을 공제하거나 지급하지 아니한다.

(4) 손해배상 합의전 보험사의 동의의무

손해배상의 청구를 받은 경우에 미리 회사의 동의 없이 그 전부 또는 일부를 합의하여서는 아니 된다. 그러나 피해자의 응급치료, 호송 그 밖의 긴급조치에 대하여는 회사의 동의를 필요로 하지 아니한다.

(5) 소송사실 통지의무

보험계약자나 피보험자는 손해배상청구의 소송을 걸려고 할 때, 또는 피해자가 소송을 걸어온 때에는 지체 없이 회사에 곧 알려야 하며, 정당한 이유 없이 이를 이행하지 않은 경우 그로 인하여 늘어난 손해액이나 회복할 수 있었을 금액을 보험금에서 공제하거나 지급하지 않는다.

(6) 도난신고의무

피보험자동차를 도난당하였을 때에는 지체 없이 그 사실을 경찰관서에 신고하여야 한다.

(7) 서류제출 및 보험사고 조사 협력의무

보험회사가 사고를 증명하는 서류 등 꼭 필요하다고 인정하는 자료를 요구한 경우에는 지체 없이 이를 제출하여야 하며, 또한 보험회사가 사고에 관해 조사하는데 협력하여야 한다.

(8) 보험료 지급의무

보험계약은 유상계약으로서 보험계약자는 보험자에 대하여 보험료를 지급할 의무가 있다. 만약 이를 해태한 경우 보험자는 상당한 기간을 정하여 보험계약자에게 최고하고 그 기간 내에 지급되지 아니한 때에는 그 계약을 해제할 수 있다고 보며, 보험계약시 계약 성립 후 부지급 상태로 2개월이 경과할 경우 그 계약은 해지된 것으로 본다(해제의제). 보험료 지급의무는 1년의 시효에 의하여 소멸한다.

14 보험계약의 변경

1. 보험계약 내용의 변경

(1) 보험계약의 변경

보험계약자는 의무보험을 제외하고는 보험회사의 승낙을 얻어 다음에 정한 사항을 변경할 수 있다. 이 경우 승낙을 서면 등으로 알리거나 보험증권의 뒷면에 기재하여 교부한다.

① 보험계약자. 다만, 보험계약자가 이 보험계약의 권리/위무를 피보험자동차의 양수인에게 이전함에 따라 보험계약자가 변경되는 경우에는 제48조(피보험자동차의 양도)에 따른다.

② 보험가입금액, 특별약관 등 그 밖의 계약내용

(2) 추가보험료 청구

보험회사는 그 계약내용의 변경으로 보험료가 변경된 경우 보험계약자에게 보험료를 반환하거나 추가보험료를 청구할 수 있다.

(3) 보험계약자의 사망

보험계약 체결 후 보험계약자가 사망한 경우 이 보험계약에 의한 보험계약자의 권리/의무는 사망시점에서의 법정상속인에게 이전한다.

2. 피보험자동차의 교체

(1) 의 의

보험계약자 또는 기명피보험자가 보험기간 중에 기존의 피보험자동차를 폐차 또는 양도하고 그 자동차와 동일한 차종의 다른 자동차로 교체하는 것을 말한다.

(2) 동일한 차종의 범위

① 개인용 자동차보험

개인소유 자가용 승용차 간에 적용된다. 따라서 소형, 중형, 대형 승용차 간에 대체한 경우에도 동일한 차종으로 대체한 경우로 본다(다인승 1, 2종 승용차를 포함한다).

② 업무용 자동차보험

㉠ 자가용 승용차간 : 소형/중형/대형 승용차간 교체한 경우 동일한 차종으로 교체한 것으로 본다. 다인승 1, 2종 승용차를 포함한다.

㉡ 화물자동차간 : 2종/3종 화물자동차간 또는 경/4종 화물자동차간 교체한 경우 동일한 차종으로 교체한 것으로 본다.

㉢ 승합자동차간 : 경/3종 승합자동차간 교체한 경우 동일한 차종으로 교체한 것으로 본다.

③ 영업용 자동차보험

동일한 차종으로 교체한 경우와 2종/3종 화물자동차간 교체한 경우 동일한 차종으로 교체한 것으로 본다.

(3) 승계시점

원칙은 보험사의 승인을 받은 때이다. 그러나 영업용과 업무용의 경우는 예외이다.

① 영업용 자동차

피보험자동차를 법령에 따라 교체한 때에는 교체된 자동차를 등록한 날로부터 자동승계된다.

② 업무용 자동차

피보험자동차가 관용자동차인 경우 피보험자동차를 대체하는 때에 자동승계된다.

(4) 효 과

① 기존 계약의 효력상실

② 대체 승인전 사고에 대한 보험자 면책

③ 승인의제

보험회사가 서면 등의 방법으로 통지를 받은 날로부터 10일 이내 승인 여부를 보험계약자에게 통지하지 않으면, 그 10일이 되는 다음날 0시에 승인한 것으로 본다.

④ 보험료의 반환 또는 추징

교체된 자동차에 적용하는 보험요율에 따라 보험료의 차이가 나는 경우 보험계약자에게 남는 보험료를 반환하거나 추가보험료를 청구할 수 있다.

15 피보험자동차의 양도

1. 양도의 개념

(1) 표준약관 제48조(피보험자동차의 양도)

① 보험계약자 또는 기명피보험자가 보험기간 중에 피보험자동차를 양도한 경우에는 이 보험계약으로 인하여 생긴 보험계약자 및 피보험자의 권리와 의무는 피보험자동차의 양수인에게 승계되지 않는다. 그러나 보험계약자가 이 권리와 의무를 양수인에게 이전하고자 한다는 뜻을 서면 등으로 보험회사에 통지하여 보험회사가 승인한 경우에는 그 승인한 때부터 양수인에 대하여 이 보험계약을 적용한다.

② 피보험자동차의 양도에는 소유권을 유보한 매매계약에 따라 자동차를 '산 사람' 또는 대차계약에 따라 자동차를 '빌린 사람'이 그 자동차를 피보험자동차로 하고, 자신을 보험계약자 또는 기명피보험자로 하는 보험계약이 존속하는 동안에 그 자동차를 '판 사람' 또는 '빌려준 사람'에게 반환하는 경우도 포함한다. 이 경우 '판 사람' 또는 '빌려준 사람'은 양수인으로 본다.

(2) 「상법」 제726조의4 제1항(자동차의 양도)

피보험자가 보험기간 중에 자동차를 양도한 때에는 양수인은 보험자의 승낙을 얻은 경우에 한하여 보험계약으로 인하여 생긴 권리와 의무를 승계한다.

2. 승 인

보험회사가 보험계약자의 통지를 받은 날부터 10일 이내에 승인여부를 보험계약자에게 통지하지 않으면, 그 10일이 되는 날의 다음날 0시에 승인한 것으로 본다.

3. 승인효과

① 보험회사가 승인을 하는 경우에는 피보험자동차의 양수인에게 적용되는 보험요율에 따라 보험료의 차이가 나는 경우 피보험자동차가 양도되기 전의 보험계약자에게 남는 보험료를 돌려주거나, 피보험자동차의 양도 후의 보험계약자에게 추가보험료를 청구한다.

② 보험회사가 승인을 거절한 경우 피보험자동차가 양도된 후에 발생한 사고에 대하여는 보험금을 지급하지 않는다.

4. 기명피보험자 사망의 경우 특칙

보험계약자 또는 기명피보험자가 보험기간 중에 사망하여 법정상속인이 피보험자동차를 상속하는 경우 이 보험계약도 승계된 것으로 본다. 다만, 보험기간이 종료되거나 자동차의 명의를 변경하는 경우에는 법정상속인을 보험계약자 또는 기명피보험자로 하는 새로운 보험계약을 맺어야 한다.

5. 의무보험의 승계[자배법 제26조(의무보험 계약의 승계)]

① 의무보험에 가입된 자동차가 양도된 경우에 그 자동차의 양도일(양수인이 매매대금을 지급하고 현실적으로 자동차의 점유를 이전받은 날을 말한다)부터 「자동차관리법」 제12조에 따른 자동차소유권 이전등록 신청기간이 끝나는 날(자동차소유권 이전등록 신청기간이 끝나기 전에 양수인이 새로운 책임보험 등의 계약을 체결한 경우에는 그 계약 체결일)까지의 기간은 「상법」 제726조의4에도 불구하고 자동차의 양수인이 의무보험의 계약에 관한 양도인의 권리의무를 승계한다.

② 제1항의 경우 양도인은 양수인에게 그 승계기간에 해당하는 의무보험의 보험료(공제계약의 경우에는 공제분담금을 말한다)의 반환을 청구할 수 있다.

③ 제2항에 따라 양수인이 의무보험의 승계기간에 해당하는 보험료를 양도인에게 반환한 경우에는 그 금액의 범위에서 양수인은 보험회사 등에게 보험료의 지급의무를 지지 아니한다.

신체 손해사정사 2차 드릴 노트
DRILL NOTE

9년 연속 손해사정사 부문
판매량 · 선호도 1위
[누적판매]
손해사정사 시리즈, 9년간 5만부 판매

26년 합격의 노하우!
NO.1
합격의 공식

(주)시대고시기획 시대교육(주)	고득점 합격 노하우를 집약한 최고의 전략 수험서
	www.**sidaegosi**.com
시대에듀	자격증 · 공무원 · 취업까지 분야별 BEST 온라인 강의
	www.**sdedu**.co.kr
이슈&시사상식	한 달간의 주요 시사이슈 논술 · 면접 등 취업 필독서
	매달 25일 발간
	외국어 · IT · 취미 · 요리 생활 밀착형 교육 연구
	실용서 전문 브랜드

꿈을 지원하는 행복...

여러분이 구입해 주신 도서 판매수익금의 일부가
국군장병 1인 1자격 취득 및 학점취득 지원사업과
낙도 도서관 지원사업에 쓰이고 있습니다.

SD에듀
(주)시대고시기획

발행일 2023년 3월 10일(초판인쇄일 2023 · 2 · 15)
발행인 박영일
책임편집 이해욱
편저 한치영
발행처 (주)시대고시기획
등록번호 제10-1521호
주소 서울시 마포구 큰우물로 75 [도화동 538 성지B/D] 9F
대표전화 1600-3600
팩스 (02)701-8823
학습문의 www.**sdedu**.co.kr

2023 최신판

합격의 공식 | SD에듀

신체 손해사정사 2차

신체손해사정사 2차 시험 강의노트

편저 한치영

- 제1과목 의학이론
- 제2과목 책임보험·근로자재해보상보험의 이론과 실무
- 제3과목 제3보험의 이론과 실무
- 제4과목 자동차보험의 이론과 실무(대인배상 및 자기신체손해)

Profile

한치영 편저

명지대학교 경영대학 국제통상학과 졸업

국민대학교 법무대학원 손해사정학 전공

신체손해사정사

(현) 손해와평가손해사정법인 & SNP Insurance Research Center CEO

(현) 시대고시기획 SD에듀 교수

SD에듀 도서 및 동영상 강의 문의 1600-3600

책 출간 이후에도 끝까지 최선을 다하는 SD에듀!
도서 출간 이후에 발견되는 오류와 바뀌는 시험정보, 기출문제, 도서 업데이트 자료 등을 홈페이지 자료실 및 시대에듀 합격 스마트 앱을 통해 알려 드리고 있습니다. 또한, 도서가 파본인 경우에는 구입하신 곳에서 교환해 드립니다.

편집진행 서정인 | **표지디자인** 조혜령 | **본문디자인** 김민설 · 하한우

2023 최신판

합격의 공식 | SD에듀

신체 손해사정사 2차

신체손해사정사 2차 시험 강의노트

파이널 노트

F I N A L N O T E

(주)시대고시기획

이 책의 차례

Contents

제1과목 | 의학이론

제2과목 | 책임보험·근로자재해 보상보험의 이론과 실무

제3과목 | 제3보험의 이론과 실무

제4과목 | 자동차보험의 이론과 실무 (대인배상 및 자기신체손해)

신체 손해사정사

2차 시험

제1과목 의학이론

제2과목 책임보험 · 근로자재해보상보험의 이론과 실무

제3과목 제3보험의 이론과 실무

제4과목 자동차보험의 이론과 실무(대인배상 및 자기신체손해)

신체손해사정사 2차 시험 Final Note

제1과목

의학이론

2014년도 제37회 2차 시험문제
2015년도 제38회 2차 시험문제
2016년도 제39회 2차 시험문제
2017년도 제40회 2차 시험문제
2018년도 제41회 2차 시험문제
2019년도 제42회 2차 시험문제
2020년도 제43회 2차 시험문제
2021년도 제44회 2차 시험문제
2022년도 제45회 2차 시험문제

제37회 신체손해사정사 2차 시험문제

01 피로골절(fatigue fracture)에 대하여 설명하고(2점), 호발하는 대표적 부위 4곳(8점)을 기술하시오. (10점)

02 35세 남자 환자가 우측 경골(tibia) 간부골절로 ○○병원을 방문하여 부목 고정을 실시하고 입원하여 병실에서 안정을 취하던 중 부목을 시행했던 우측 하퇴부에 극심한 통증과 우측 발가락의 감각 저하 및 발가락의 움직임이 되지 않는다고 호소하였다. 붕대 속으로 발등의 맥박을 촉지해보니 촉지되지 않았다. (10점)

(1) 상기 환자에서 가장 가능성이 높은 진단은? (3점)

(2) 상기 진단의 발생 기전에 대하여 설명하시오. (4점)

(3) 상기 환자에게 취해야 할 조치에 대하여 기술하시오. (3점)

03

45세 남자 환자가 작업 중 좌측 하퇴부에 약 10cm 정도의 열상(laceration)을 당하여 ㅇㅇ병원에서 창상에 대하여 봉합술을 시행받고 입원하게 되었다. 수술 후 약 2일 정도가 지난 후에 창상 부위에 극심한 통증을 호소하였고 창상의 부종 및 피부 변색이 발생하였고 창상의 배출액이 증가하였으며 쥐가 부패하는 것 같은 악취가 났다. (10점)

(1) 상기 환자에서 가장 가능성 높은 진단은? (3점)

(2) 상기 합병증을 예방하기 위한 조치에 대하여 설명하시오. (3점)

(3) 상기 환자의 치료에 대하여 설명하시오. (4점)

04

올림픽 대로에서 3중 추돌 사고가 발생하여 가운데 차량에 탑승한 운전자가 좌측 하지에 부상을 당하였다. 부상 부위를 관찰하니 부종과 변형이 관찰되었으나 개방창은 없었다. 운전자는 심한 통증을 호소하고 있었다. 의식은 분명하였으며 사고 정황상 타부위의 손상은 없는 것으로 판단되었다. (10점)

(1) 상기 운전자에 대한 응급조치 중 가장 중요하고 먼저 시행해야 할 것은 무엇인가? (2점)

(2) 상기 응급조치가 필요한 이유에 대하여 설명하시오. (8점)

05 운동 마비의 정도를 평가하기 위한 근력 등급에 대하여 설명하시오. (10점)

06 전방십자인대의 손상은 대표적인 스포츠 손상으로 젊은 남자에서 호발한다고 한다. 이러한 전방십자인대 손상을 진단하기 위한 대표적인 신체검진 소견에 대하여 기술하고(8점), 가장 대표적인 영상진단방법(2점)에 대해 쓰시오. (10점)

07 암은 우리나라 국민의 사망원인 1위를 차지하는 질환으로 평균적으로 우리나라 국민 3명 중 1명은 암을 경험하게 된다고 한다. 전 세계적으로 암을 치료하기 위한 노력을 계속하고 있으나 전반적인 발생 및 암사망률은 줄어들지 않고 있어, 현실적으로 관리에 가장 효율적인 방법으로 암 조기진단을 시행하고 있다. 이상적인 암 선별검사의 조건에 대하여 5가지 이상 약술하시오. (10점)

08 당뇨병은 만성진행성 질환으로 현대인의 식생활 습관의 변화와 비만의 증가에 따라 급증하고 있다. 최근 2형 당뇨병에 대한 많은 연구결과에 따라 새로운 진료지침과 새로운 약제들이 개발되어 치료에 적용하고 있으나 아직까지도 당뇨병의 유병률은 줄어들지 않고 있어, 당뇨병은 현대인의 건강을 위협하는 중요한 질환 중 하나이다. 이러한 당뇨병의 진단기준을 모두 쓰시오. (10점)

09 두통은 머리 또는 목에 발생하는 통증을 의미하는 것으로 병원을 방문하게 하는 매우 흔한 증상 가운데 하나이다. 이렇게 흔하게 접하는 두통이라 하더라도 위험신호(red flag)들이 발견될 경우에는 위험한 결과를 야기할 수 있는 이차성 두통의 가능성이 높아지게 된다. 이러한 두통의 위험신호(red flag)에 대하여 5가지 이상 약술하시오. (10점)

10 고혈압은 세계적으로 높은 유병률을 보이는 만성 질환으로 관상동맥 질환, 심부전증, 뇌졸증, 신부전 등을 일으키는 심혈관계 질환의 위험인자이다. 우리나라에서도 27 ~ 28% 정도의 유병률을 보이고 있으며 남자 30 ~ 40대에서 인지, 치료, 조절률이 낮아 문제가 되고 있다. 이러한 고혈압의 치료에는 여러 가지 방법을 사용하고 있는데, 약물치료 이외의 생활습관 개선에 대하여 4가지 이상 약술하시오. (10점)

제38회 신체손해사정사 2차 시험문제

01 활막관절에 대하여 설명하시오. (10점)

02 40세 남자 환자로 자동차에 우측 무릎이 부딪친 후 무릎에 부종이 생겼다. 일반 방사선 촬영상 골절의 소견을 보이지 않아 슬관절 무릎내 장애(슬내장)로 진단되었다. 손상이 의심되는 조직을 모두 쓰시오. (10점)

03 관절강직의 원인은? (10점)

04 부정유합의 정의(5점)와 원인(5점)은? (10점)

05 40세 남자 환자로 5m 높이에서 떨어지면서 우측 족근관절에 골절이 있었다. 수술 후 3주가 지나서 발바닥 및 발가락 끝 부위에 약물치료에도 반응이 없는 통증과 저림을 호소하였고 족근관 부위에 압통이 나타났다. (10점)

(1) 진단명은? (2점)

(2) 압박되는 신경은? (3점)

(3) 진단법을 모두 쓰시오. (3점)

(4) 치료방법은? (2점)

06 75세 남자 환자로 자동차에 충돌 후 우측 대퇴경부골절이 생겼으나 전신상태가 좋지 않아 수술이 늦어지고 심한 골다공증이 있는 상태이다. 예상되는 국소적 합병증(4가지)과 합당한 수술적 방법은? (10점)

07 골다공증은 폐경 또는 노화에 의해 발생하는 흔한 대사성 질환으로 뼈를 구성하는 미세구조가 약해지고 손상되어 쉽게 골절이 생기는 질환이다. (10점)

(1) 주(major) 위험인자 3가지 약술하시오. (6점)

(2) 예방을 위해서는 '이 시기'에 형성되는 최대 골량을 최고로 만드는 것이 중요하므로 '이 시기'의 영양이 매우 중요하다. '이 시기'는? (2점)

(3) 고령자에서는 골절을 유발하는 가장 큰 요인이 '이것'이며 이를 예방하기 위해서는 근력강화와 유연성, 균형능력을 키우는 것이 중요하다. '이것'은? (2점)

08 65세 여자가 최근 식사량이 줄고 스트레스로 인하여 잠을 설치는 등 3 ~ 4일 전부터 평소보다 힘들게 지내면서 몸통 왼쪽 가슴에서 등쪽에 걸쳐 가려움과 통증이 발생하였고, 금일 같은 부위에 수포가 관찰되었다. (10점)

(1) 진단은? (4점)

(2) 동반 가능한 합병증을 2가지 쓰시오. (6점)

09 우리나라의 유방암은 여성에서 2번째로 호발하는 암이다. 유방암의 경우 여러 가지 위험요인에 의해 복합적으로 영향을 받는데 이러한 고위험군에 해당하는 경우를 3가지 약술하시오. (10점)

10 자궁경부암의 발생에는 (①) 감염이 중요한 요인이다. (①)은(는) 자궁경부의 편평세포암 환자의 99%에서 발견되며, 과정은 다를 것으로 보이지만 편평세포암과 선암 모두의 원인으로 밝혀져 있다. (10점)

(1) ①에 들어갈 내용을 쓰시오. (4점)

(2) 자궁경부암의 발생 위험요인을 3가지 쓰시오. (6점)

제39회 신체손해사정사 2차 시험문제

01 병적 골절의 원인이 되는 전신적 병변 및 국소적 병변 5개 이상을 기술하시오. (10점)

02 골다골증성 골절이 많이 발생하는 곳 3곳 이상을 기술하시오. (10점)

03 29세 환자로 교통사고 후 우측 전완부의 요골 및 척골에 분쇄 골절이 발생하였다. 예상되는 합병증은(5개 이상)? (10점)

04 50세 환자로 교통사고 후 우측 고관절 비구부 골절 및 탈구가 발생하여 수술적 치료를 받았다. 예상되는 합병증은(5개 이상)? (10점)

05 발에서 중족부에 해당되는 골구조물을 쓰시오(5개). (10점)

06 교통사고로 대퇴골 원위부 관절내 골절이 발생하였다. 관절내 골절편을 견고하게 고정시켜야 하는 이유를 설명하시오. (10점)

07 대표적인 우리나라 가을철 고열성 질환으로 제3급 법정감염병으로 지정되어 있어, 공중보건학적으로 지속적 감시가 필요한 질환 3가지를 쓰시오. (10점)

08 우리나라는 과거에 비하여 결핵 환자수가 많이 감소하였으나, 여전히 가장 중요한 감염병이다. 일반적으로 결핵의 진단에 사용할 수 있는 검사를 3가지 쓰시오. (10점)

09 간암은 우리나라에서 갑상선암을 제외하고 5번째로 호발하는 암이며, 사망률로는 폐암 다음으로 두 번째에 해당하는 질환이다. 이러한 간암의 대표적인 위험요인을 3가지 쓰시오. (10점)

10 간경변증은 만성 간 손상에 대한 회복과정에서 발생하는 섬유화가 진행되어 불규칙한 재생결절이 생긴 상태이다. 대상성 간경변증 환자의 50%는 진단 후 10년 이내 합병증이 발생한다. 간경변증의 대표적인 합병증 3가지를 쓰시오. (10점)

제40회 신체손해사정사 2차 시험문제

01 골절의 국소합병증 중 하나인 구획증후군(compartment syndrome)의 증상에 대하여 기술하고(5점), 진단방법(5점)에 대하여 기술하시오. (10점)

02 45세 남자 환자가 요통 및 우측 하지로의 방사통(radiating pain)을 호소하며 ○○병원 응급실을 방문하였다. 요통은 3년 전부터 있었고 3주 전부터는 우측 종아리 외측으로의 통증이 있어 인근 병원에서 추간판 탈출증이 의심된다고 들었다고 한다. 약물 치료 등의 보존적 치료를 시행하였으나 1일 전부터는 보행시 하지의 위약감을 호소하였고, 금일 아침부터는 소변을 보기가 어렵다고 한다. 신체검진상 좌측 하지의 위약이 관찰되었고 항문 주위의 감각이 저하되었다.

(1) 상기 환자에서 가장 타당한 진단은? (5점)

(2) 상기 환자의 가장 적절한 치료방법은? (5점)

03 25세 남자 환자가 축구하다가 회내전 상태로 손을 뻗힌 상태에서 땅을 짚고 넘어지면서 발생한 극심한 수근부 통증 및 부종을 주 증상으로 내원하였다. X-ray상 요골 원위부의 골절과 원위 요척관절의 탈구가 동반된 소견을 보였다.

(1) 상기 환자에서 가장 가능성 높은 진단은? (5점)

(2) 상기 환자의 가장 적절한 치료방법은? (5점)

04 수근부를 이루는 8가지의 뼈를 기술하시오. (각 1점, 총 8점)

이 중 가장 흔하게 골절되는 뼈를 기술하시오. (2점)

05 견관절 탈구는 가능한 빨리 정복을 시행하여야 한다. 견관절 탈구에서 흔히 사용되는 정복술을 4가지 기술하고(명칭만 기술할 것, 각 2점, 총 8점), 가장 안전하고 널리 사용되는 방법에 대해 기술하시오(명칭만 기술할 것, 2점). (10점)

06 슬관절 후방십자인대 손상은 슬관절의 과신전이나 경골의 후방전위로 인하여 발생한다. 이러한 후방십자인대 손상을 진단하기 위한 신체검진법에서 대표적인 방법 2가지만 기술하시오. (각 4점, 총 8점)

또한 가장 민감도가 높다고 알려진 영상검사방법(2점)에 대하여 기술하시오.

(10점)

07 만성 콩팥병의 정의는 KDIGO 2012 가이드라인에 따르면 사구체 여과율(GFR) 60 ml/min/1.73m^2 미만의 콩팥기능의 장애가 3개월 이상 있거나, 콩팥기능의 장애가 없더라도 '콩팥 손상의 증거'가 3개월 이상 있는 경우 진단을 내릴 수 있다고 알려져 있다. 여기에서 '콩팥 손상의 증거'에 해당하는 소견을 4개 쓰시오.

(10점)

08 **중증재생불량성 빈혈의 일반적인 정의를 보면 골수검사에서 세포충실도가 통상 (①)% 미만으로 저하되어 있고, 이와 함께 '말초혈액검사에서 이상소견들'이 있는 경우이다. (10점)**

(1) ①에 들어갈 적절한 내용을 쓰시오. (5점)

(2) '말초혈액검사에서 이상소견들'에 해당하는 3개의 기준 중 호중구감소와 혈소판감소에 대한 기준을 쓰시오. (5점)

① 호중구 ( )/ml 이하

② 혈소판 ( )/ml 이하

09 **일반적으로 베체트병은 International Study Group(ISG) 진단기준에 따라 재발성구강궤양이 존재하고 '4가지 항목' 중 2가지 이상을 만족시킬 때 진단내릴 수 있다. 이 '4가지 항목'에 해당하는 기준들을 3가지 이상 쓰시오. (10점)**

10 **원발성 심근병증(primary cardiomyopathy)은 일반적으로 심장근육 자체의 질환을 말하는 것으로 다른 구조적인 심장질환(예를 들면 관상동맥질환, 판막질환)으로부터 이차적으로 유발된 심근의 기능부전은 제외한다고 알려져 있다. 이 원발성심근병증의 대표적인 3가지 질환을 모두 쓰시오. (10점)**

제41회 신체손해사정사 2차 시험문제

01 다음 골절 또는 탈구시 동반되는 신경 손상은? (10점)

(1) 상완골두 탈구

(2) 상완골 간부 골절

(3) 비골 근위부 골절

(4) 고관절 탈구

02 관절내 골절에 의한 부정유합으로 진행되는 질환(5점)과 치료방법(5점)은? (10점)

03 무혈성 괴사의 정의(4점) 및 골절 후 무혈성 괴사가 흔히 발생하는 부위(3개 이상, 6점)는? (10점)

04 개방성 골절에 대한 치료 원칙에 대해 기술하시오. (10점)

05 골절에 대한 부목고정의 장점은? (10점)

06 대부분의 쇄골골절은 보존적 치료로 골유합을 얻을 수 있다. 그러나 수술이 필요한 경우는? (10점)

07 유아 및 소아에서 발생하는 고관절(Hip Joint)의 이상은 일시적인 경우도 있으나, 질병에 따라 후유증을 남기게 되는 경우도 있어 그 원인 파악이 중요하다. 유아 및 소아에서 발생하는 고관절 이상의 질병적 원인에 대하여 기술하시오. (10점)

08 허혈성 심질환은 사망과 장애를 초래하며 상당한 경제적 손실을 초래한다. 심근의 허혈은 심근으로 산소 전달이 원활하지 못하여 발생하는 것으로 심장의 관상동맥과 관련이 깊다.

(1) 허혈성 심질환인 '협심증'의 종류를 쓰시오. (5점)

(2) 허혈성 심질환인 심근경색증의 진단방법에 대해 기술하시오. (5점)

09 42세의 여성이 양측 유방에서 젖이 나와서 내원하였다.

(1) 유방검사에서 특별한 이상을 발견할 수 없는 경우 생각할 수 있는 유즙분비의 원인을 약술하시오. (6점)

(2) 만약 이 환자가 유즙분비와 더불어 시야 장애 및 두통을 호소한다면 생각할 수 있는 질병을 쓰시오. (4점)

10 치매는 후천적으로 발생한 인지기능 손상에 의해 성공적인 일상생활 수행이 불가능해진 상태로 정의할 수 있으며, 인구노령화와 관련하여 그 중요도가 크다. 치매의 원인 및 감별질환에 대해 약술하시오. (10점)

제42회 신체손해사정사 2차 시험문제

01 골관절계의 정상적인 관절에서는 능동적 운동범위가 수동적 운동범위와 일치하나, 수동적 운동범위가 능동적 운동범위보다 큰 경우는? (10점)

02 6세 남아가 우측 경골간부에 골절 후 부정유합으로 7도 정도의 전방 각 변형이 형성되었다. 향후 치료(5점)와 그 이유(5점)는? (10점)

03 외상성 관절염이 있을 때 관절의 기능 유지를 위한 수술법에 대해 열거 하시오. (10점)

04 말초신경의 손상 후 회복이 잘 되는 경우를 열거 하시오. (10점)

05 불안정성 골절이란 무엇인가? (10점)

06

75세의 여자환자가 자동차 사고로 인해 우측 상완골 근위부에 사분 골절 및 탈구가 생겼다. 치료방법(5점)과 그 이유(5점)는? (10점)

07

아프가점수(APGAR score)는 출생 직후에 소생술이 필요한 신생아를 계통적으로 알아내는 실제적인 방법이라고 할 수 있다. 즉 1분 아프가점수(APGAR score)는 출생 직후 소생술의 필요성을 의미하며, 이후의 아프가점수(APGAR score)의 호전은 신생아가 성공적으로 소생될 가능성과 연관이 깊다. 아프가점수(APGAR score)를 구성하는 구성요소 5가지에 대해 기술하시오. (10점)

08

대부분의 암에서 병의 범위는 다양한 침습적 및 비침습적 진단검사와 시술에 의해 평가되며, 이러한 과정을 시기결정 혹은 병기 결정(staging)이라고 한다. 이러한 병기의 결정은 암환자의 예후와 밀접한 관련이 있으며, 치료 방법을 결정하는데 중요한 역할을 한다.

(1) 시기(병기) 결정에는 임상적 시기결정과 병리학적 시기결정의 두 가지가 있다. 임상적 시기와 병리학적 시기는 어떻게 결정되는지 기술하시오. (4점)

(2) 가장 널리 사용되는 시기(병기)분류 체계 중 하나는 TNM체계에 따른 시기(병기)이다. T, N, M은 각각 어떤 의미가 있는지 기술하시오. (6점)

09 **현훈(vertigo)은 사물이나 공간 혹은 자신이 빙빙 도는 증상을 뜻하며, 다양한 원인에 의해 발생할 수 있다. 현훈의 원인을 찾을 때는 특히 내이(속귀)질환에 의한 말초성인지, 뇌졸중과 같은 중추성인지 감별이 매우 중요하다.**

(1) 귀의 구조는 크게 외이, 중이, 내이로 나누어지며, 이 중 현훈은 내이와 관련이 깊다. 내이(속귀, inner ear)를 이루는 구조물을 쓰시오. (4점)

(2) 내이와 관련된 말초신경성 현훈을 일으키는 질병(원인)을 쓰시오. (6점)

10 **환자가 급성 흉통 혹은 흉부 불쾌감을 호소할 때 감별해야 할 질환 중 심근경색증은 급격한 사망 및 합병증을 초래할 수 있어 반드시 감별해야 할 중요한 질환이다. 그러나 급성 흉통 혹은 흉부 불쾌감을 일으키는 질환은 심근경색증 외에도 다양하다. 급성 흉통 혹은 흉부 불쾌감을 일으킬 수 있는 질환 중 심근경색을 제외한 다른 원인들에 대하여 기술하시오. (10점)**

제43회 신체손해사정사 2차 시험문제

01 체간골은 흉곽과 척추체로 이루어져 있다. 흉곽과 척추체를 구성하는 뼈의 이름을 서술하고(7점), 체간골의 기능을 서술하시오(3점).

02 어깨 손상의 주요 부위인 회전근개 파열에 대해 아래의 물음에 답하시오.

(1) 회전근개를 이루는 근육은? (각 1점, 총 4점)

(2) 이 중 가장 손상이 많이 발생하는 근육은? (1점)

(3) 회전근개 파열의 진단시 가장 많이 사용하는 영상검사 2가지는? (각 1점, 총 2점)

(4) 회전근개 파열의 주요 치료 3가지는? (각 1점, 총 3점)

03 사지의 근력평가는 마비환자와 신경손상환자에서 중요하다. 사지근력평가와 관련하여 아래의 물음에 답하시오.

(1) 근력을 평가하는 도수근력평가의 단계를 각각 작성하시오(숫자, 영어단어, 영어기호 모두 표시할 것). (6점)

(2) 이 중, 중력의 제거 유무로 구분되는 두 개의 단계를 작성하시오. (4점)

04 외상 후 발생할 수 있는 가동범위 감소나 근력약화와 관련된 아래의 물음에 답하시오.

(1) 외상 후 운동장해(장애)가 발생할 수 있는 원인을 나열하시오. (6점)

(2) 외상 후 관절염과 가장 관련이 높은 주요 손상을 나열하시오. (4점)

05 압박골절과 관련된 아래의 물음에 답하시오.

(1) 압박골절이 발생했을 때 일차적으로 가장 많이 진단에 사용하는 영상검사 2가지 (각 1점, 총 2점)

(2) 급성골절과 만성(진구성)골절을 구분하는데 가장 유용한 영상검사 2가지 (각 1점, 총 2점)

(3) 압박골절이 가장 호발하는 부위 (3점)

(4) (3) 이외 압박골절이 많이 발생하는 부위 (3점)

06 25세 남자가 축구경기를 하던 중 점프 후 착지하며 '뚝'하는 파열음과 함께 슬관절의 통증이 발생하였다.

(1) 손상 가능성이 가장 높은 부위의 이름은? (2점)

(2) 상기 경우에서 가장 우선적으로 선택하는 치료방법은? (2점)

(3) 상기 손상을 진단(치료 후 장애 평가시에도 활용)하기 위한 신체 검사방법 2가지의 이름과 내용을 서술하시오. (6점)

07

당뇨병은 췌장에서 분비되는 인슐린의 기능에 문제가 발생해서 혈당이 비정상적으로 상승해 우리 몸에 많은 문제를 일으키는 대표적인 만성 질환이다. 정상 혈당은 최소 8시간 이상 금식한 상태에서 공복 혈장 혈당이 100mg/dL 미만, 75g 경구 당부하 후 2시간 혈장 혈당이 140mg/dL 미만이다. 당뇨병 진단과 관련된 다음 빈칸을 채우시오. (각 1점, 총 10점)

1) 당뇨병 진단기준

(1) 당화혈색소 (①)% 이상 또는

(2) 8시간 이상 공복 혈장 혈당 (②)mg/dL 이상 또는

(3) 75g 경구 당부하 후 2시간 혈장 혈당 (③)mg/dL 이상 또는

(4) 당뇨병의 전형적인 증상 [(④), (⑤), (⑥)]이 있으면서 무작위 혈장 혈당검사에서 (⑦)mg/dL 이상

2) 당뇨병 전단계(당뇨병 고위험군)

(1) 당화혈색소 (⑧ ~ ⑧)% 해당하는 경우 당뇨병 전단계로 정의한다.

(2) 8시간 이상 금식 후 공복 혈장 혈당 (⑨ ~ ⑨)mg/dL 인 경우 공복 혈당 장애로 정의한다.

(3) 75g 경구 당부하 후 2시간 혈장 혈당 (⑩ ~ ⑩)mg/dL 인 경우 내당능 장애로 정의한다.

08

자살은 2018년 기준 우리나라 사망원인 5위를 차지할 정도로 심각하고 중요한 문제이며, 10 ~ 30대 사망원인 1위이다. 최근 청소년 자살률도 지속적으로 증가하고 있으며, OECD 평균 10만명당 11.5명인 것에 비해 우리나라는 24.7명으로 매우 높은 편이라 자살예방을 위해서 많은 노력을 하고 있다.
자살의 고위험군에 대해서 10개 이상 서술하시오. (10점)

09 종양이란 우리 몸속에 새롭게 비정상적으로 자라난 덩어리라 볼 수 있다. 종양은 크게 양성 종양과 악성 종양으로 구분할 수 있다. 종양이 가지는 특성별로 양성 종양과 악성 종양의 차이점에 대해서 5가지 이상 서술하시오. (10점)

10 우리나라 사망원인 1위인 암을 조기에 발견해서 암 치료율을 높이고 암 사망률을 감소시키기 위해서 국가 암 검진사업을 하고 있다.
국가 암 검진에는 총 6개 항목이 제공되고 있는데, 이들의 이름(최고 5점)과 검진 방법(최고 5점)에 대해서 서술하시오. (10점)

제44회 신체손해사정사 2차 시험문제

01 다음은 상지의 구조를 표시한 그림이다. 아래의 질문에 답하시오(영문 및 국문의 의학용어 모두 작성 가능, 단 정확한 명칭을 작성해야 함). (10점)

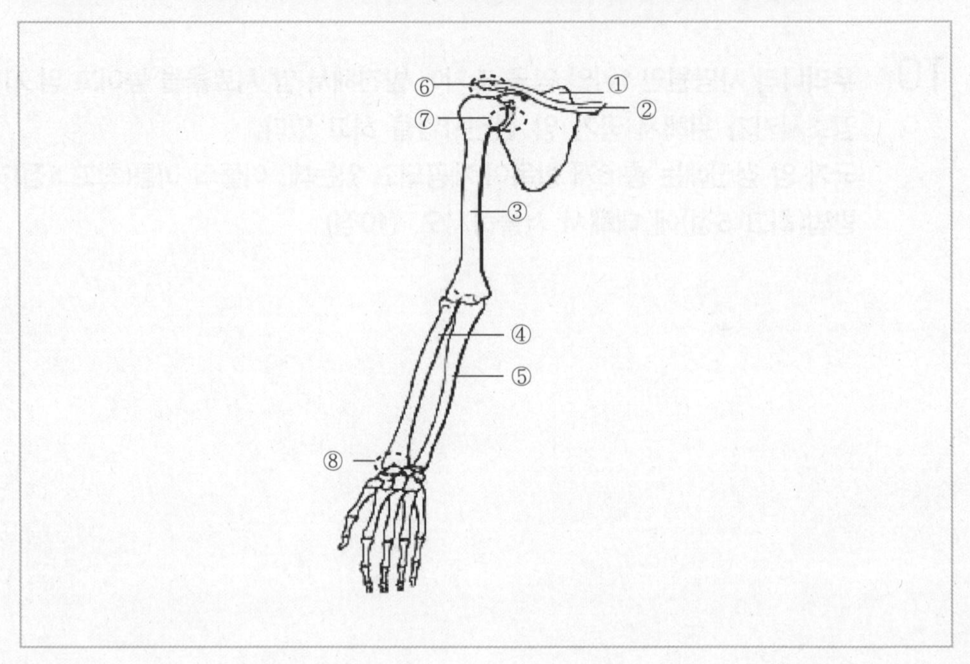

(1) ①, ②, ③, ④, ⑤ 각 숫자에 해당하는 뼈의 이름을 작성하시오. (5점)

(2) 점선으로 표시된 각 숫자 ⑥, ⑦, ⑧에 해당하는 관절의 이름을 작성하시오(견관절, 완관절이 아닌 구체적인 명칭을 쓰시오). (3점)

(3) 상지의 주요 관절 중, 삼각 섬유연골 복합체(TFCC, triangular fibrocartilage complex lesions) 병변이 발생하는 관절은 어느 관절인가? (2점)

02 다음은 발목의 그림이다. 각 표시된 부분의 명칭을 작성하고 질문에 답하시오(영문 및 국문의 의학용어 모두 작성 가능, 단 정확한 명칭을 작성해야 함). (10점)

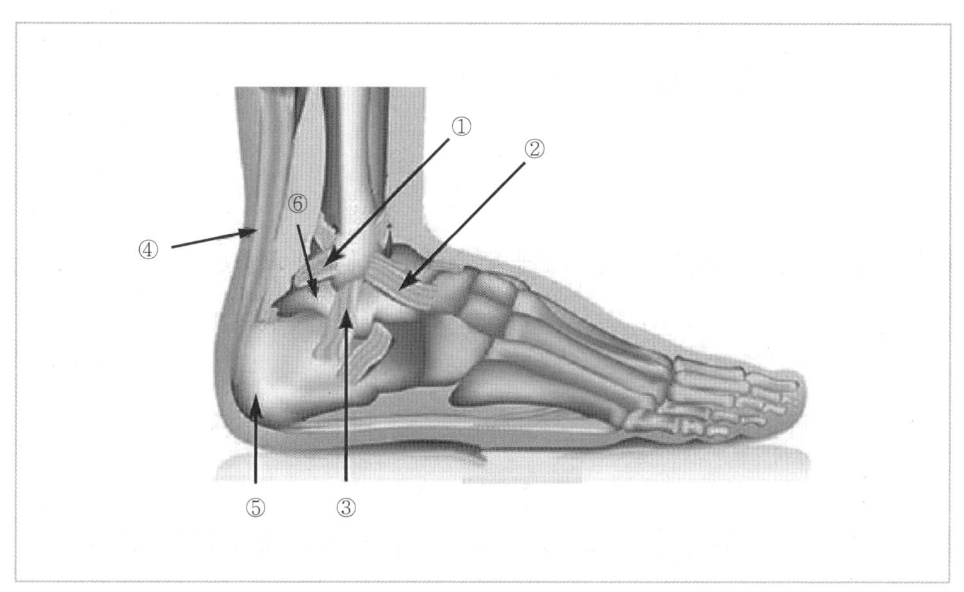

(1) 외측 발목의 안정성과 관련이 높은 주요 인대 ①, ②, ③을 작성하시오. (3점)

(2) ④의 명칭을 작성하시오. (1점)

(3) ⑤, ⑥에 해당하는 뼈의 이름을 작성하시오. (2점)

(4) 발목의 외상 발생시 가장 많이 손상되는 동작(2점) 및 가장 많이 손상되는 인대의 이름(2점)을 쓰시오.

제1과목 의학이론

03 뇌실질내출혈에서 출혈의 외상성과 자발성을 감별하기 위한 고려사항들을 서술하시오. (10점)

04 관절운동의 제한 원인을 크게 두 가지로 나누어 서술하시오. (10점)

05 척추전방전위증(spondylolisthesis)에 관하여 아래의 질문에 답하시오. (10점)

(1) 척추전방전위증의 정의 (3점)

(2) 척추전방전위증의 가장 흔한 원인 두 가지 (2점)

(3) 척추전방전위증이 주로 발생하는 부위 (2점)

(4) 척추전방전위증에서 수술을 고려하는 경우 (3점)

06 척추의 변형각을 측정하는 방법은 크게 두 가지가 있다. 이 두 가지 방법에 대해 설명하시오. (10점)

(1) Cobb's angle(콥스각)을 측정하는 경우 및 임상적 의의를 서술하시오. (2점)

(2) 아래 그림에서 선을 그어 Cobb's angle(콥스각)을 측정하는 방법을 표시하시오(아래 그림을 답안지에 그린 후 선을 그을 것). (3점)

(3) 국소 후만각(local kyphotic angle)의 임상적 의의를 서술하시오. (2점)

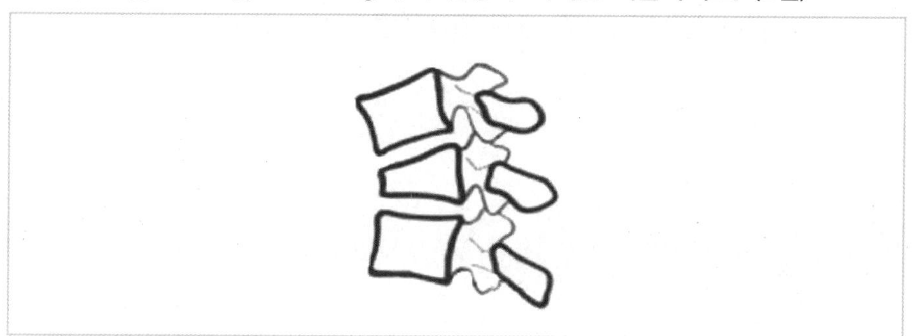

(4) 아래 그림에서 선을 그어 국소 후만각(local kyphotic angle)을 측정하는 방법을 표시하시오(아래 그림을 답안지에 그린 후 선을 그을 것). (3점)

07 결장 직장의 용종에는 선종성 용종, 과형성 용종, 유년기 용종 등이 있다. 이중 선종성 용종의 경우 악성화 가능성을 가지고 있다. 선종성 용종(adenomatous polyp)에 있어 악성화 가능성이 높은 위험인자 5개를 쓰시오. (10점)

08 수면무호흡증은 수면 중에 호흡의 멈춤 또는 호흡이 얕아지는 문제가 발생해 수면에 지장이 발생하는 질환이다. 수면무호흡증의 세 가지 유형과 밤 동안의 수면 기록을 분석하여 진단하는 검사방법의 의료 행위명에 대해서 쓰시오. (10점)

(1) 수면무호흡증의 세 가지 유형 (6점)

(2) 수면무호흡증 진단을 위한 검사 의료 행위명 (4점)

09 종양표지자(tumor marker)는 암의 성장에 반응해서 체내에서 또는 암조직 자체에서 생성되며 혈액, 소변, 조직검체에서 검출된다. 하지만 꼭 특정 암에서만 증가하는 것은 아니고 양성 질환 등 비특이적인 상황에서도 상승할 수 있기 때문에 상승했다고 암을 진단할 수 있는 것은 아니다. 하지만 암 진단에 보조적 역할, 암치료 반응 정도 확인, 암 재발 여부 확인, 암의 크기 반영 등에 이용 할 수 있어 임상에서 흔히 사용하고 있다. 다음 제시된 암의 진단에 도움이 되는 가장 중요한 종양표지자를 한 개씩만 쓰시오. (10점)

(1) 간세포암 :

(2) 갑상선 수질암 :

(3) 대장암, 폐암 :

(4) 전립선암 :

(5) 난소암 :

10 만성 간질환의 중증도 판정에 사용하는 평가 방법으로 Child-Pugh 분류법을 사용하고 있다. 중증도 판정, 예후 판단, 치료법 결정에 사용되고 있는 Child-Pugh 분류법에는 5가지 항목에 대하여 점수를 평가하여 합산하여 A, B, C 등급을 산정한다. 5가지 평가 항목에 대해서 쓰시오. (10점)

제45회 신체손해사정사 2차 시험문제

01 당뇨병의 합병증은 급성 합병증과 만성 합병증으로 구분하고 만성 합병증은 다시 미세혈관 합병증과 대혈관 합병증으로 구분한다. 미세혈관 합병증에는 크게 3가지 질환이 있으며, 그중 한 개가 당뇨병성 망막병증이다. 나머지 2개의 질환은 어떤 질환인지 쓰시오. (4점)

당뇨병성 망막병증은 다시 2가지로 구분이 되는데, 이 2가지 질환에 대하여 쓰고, 그 2가지 질환의 차이점에 대해서 쓰시오. (6점)

02 국제 종양 분류에서는 신생물의 부위와 형태(Morphology)를 포함하고 있으며, 형태는 5자리 분류 번호로 구성되어 있다. 이중 처음 4자리 수는 신생물의 조직학적 형태를 표시하고, 사선 뒤의 5째 자리수는 행동양식을 표시하는 행태코드(biologic behavior code)로 6가지 숫자(/0, /1, /2, /3, /6, /9)를 사용하고 있다. 6가지 숫자와 그 숫자가 의미하는 행태를 쓰시오. (10점)

03 가와사키병은 일반적으로 5일 이상 지속되는 발열과 5가지 주요 임상기준 중 4개 이상을 만족하면 진단할 수 있다. 또한 심장 관련 합병증은 가와사키병의 장기예후에 중요한 변수가 된다. 가와사키병에서 발열 외 5가지 임상기준을 쓰고(8점), 가와사키병의 심장 관련 합병증에 대하여 쓰시오(2점).

04

치매보험에서 보장하는 경도치매, 중등도치매, 중증치매의 경우 CDR 척도검사를 통해서 진단을 받은 경우에 통상적으로 인정해주고 있다. CDR 검사는 환자 및 보호자와 자세한 면담을 통해 6가지 세부 영역의 기능을 평가해 점수를 결정한다. 6가지 세부 영역을 쓰시오. (10점)

05

다음은 골반에 대한 기술 및 골반을 정면과 측면에서 그린 그림이다. 아래의 질문에 답하시오. (10점 / 영문 및 국문의 의학용어 모두 작성 가능하나 정확한 용어를 사용할 것)

골반골은 두 개의 무명골, 천골과 미골로 이루어 졌으며, 후방에는 두 개의 무명골이 천골과 (①)을 형성하고, 전방에는 양측의 무명골이 (②)을 형성한다. 무명골은 (③), (④), (⑤) 총 세 개의 뼈가 융합하여 이루어진다.

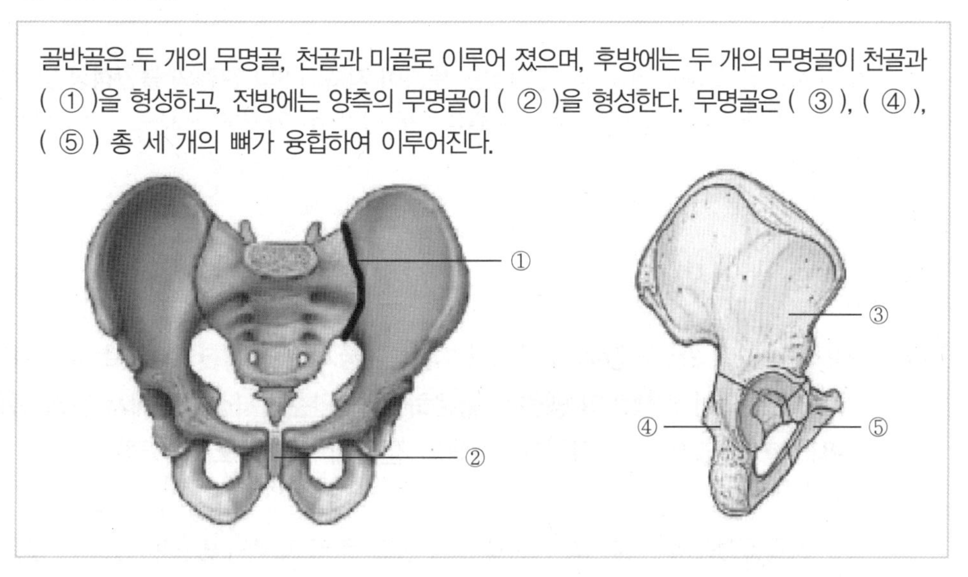

(1) ①, ② 각 숫자에 해당하는 관절의 이름을 쓰시오. (각 2점)

(2) ③, ④, ⑤ 각 숫자에 해당하는 뼈의 이름을 쓰시오. (각 2점)

06

60세 여성이 낙상 후 악화된 양측 무릎의 통증으로 병원에 방문하였다. 자세한 병력 청취 결과, 무릎통증은 약 10년 전부터 별다른 이유 없이 발생하였고, 초기에는 휴식 후에는 호전되는 경향을 보였으나, 근래에는 쉬어도 잘 호전되지 않았으며 낙상 후 악화되었다고 하였다. 양측 무릎관절의 내반변형이 관찰되었고, 단순방사선검사에서 양측 내측 및 슬개대퇴구획의 관절 간격의 협소가 나타나며, 연골하골의 경화, 관절면 가장자리의 골극이 관찰되었다. 아래의 질문에 답하시오. (10점)

(1) 병력과 신체소견, 방사선소견을 종합하였을 때 가장 가능성이 높은 기저질환은 무엇인가? (2점)

(2) 위 (1)의 질환의 위험인자를 두 가지를 쓰시오. (각 2점)

(3) 보존적 치료에 잘 듣지 않고 심한 통증이 지속되거나 관절의 불안정성 및 변형이 지속되면 수술 적응이 된다. 수술적 치료방법 두 가지를 쓰시오. (각 2점)

07

42세 남성이 2m 난간에서 발을 헛디뎌 발꿈치로 착지한 후 양측 발꿈치의 심한 부종과 통증이 발생하여 병원에 방문하였다. 단순방사선검사에서 양측 종골의 관절내 분쇄골절이 의심되었다. 아래의 질문에 답하시오. (10점)

(1) 종골골절에서 관절면의 전위와 손상 정도, 종골 체부의 방출된 정도 등 골절의 형태를 명확하게 파악하기 위해서 필요한 추가적 영상검사는 무엇인가? (2점)

(2) 종골골절 후 발생할 수 있는 급성 합병증을 한 가지만 쓰시오. (2점)

(3) 종골골절은 정확하게 관절면을 정복하더라도 관절내 분쇄골절이 심한 경우 종골과 (①)이 이루는 관절인 (②)에 외상성 관절염이 남게 되는 경우가 많다. ①에 적합한 뼈의 이름과 ②에 적합한 관절의 이름을 쓰시오. (각 2점)

(4) 수상 후 6개월 내지 1년 정도 경과 후 발생한 외상성 관절염으로 증상이 심한 경우 시행해 볼 수 있는 수술방법은? (2점)

08 51세 여성이 발을 헛디뎌 낙상 후 발생한 우측 발목의 심한 통증과 부종으로 병원에 방문하였다. 단순방사선검사 및 전산화단층촬영에서 우측 발목의 삼과골절(trimalleolar fracture)이 확인되었다. 아래의 질문에 답하시오. (10점)

(1) 다음은 발목관절을 그린 그림이다. '삼과골절'에서 골절이 발생한 뼈의 번호 두 개를 그림에서 찾아 적고, 그 이름을 함께 적으시오. (번호, 이름 각각 2점, 총 8점)

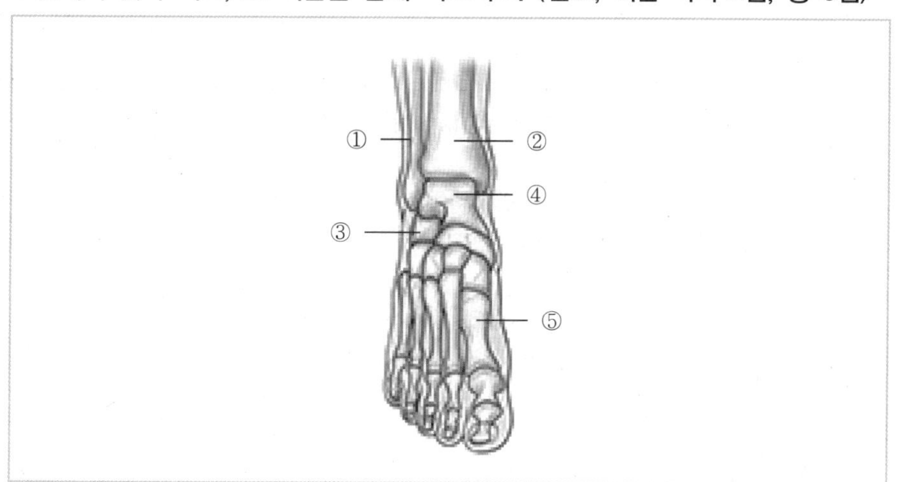

(2) 위 여성에서 발생한 삼과골절에 가장 적합한 치료방법을 간단히 쓰시오. (2점)

09 다음은 경추의 해부학 및 구조에 대한 설명이다. 다음 빈칸을 순서에 맞게 채우시오. (각 2점, 총 10점)

경추는 굴곡, (①), 외측굴곡 그리고 (②) 운동이 가능한 총 (③)개의 경추골과 이들을 연결시키는 근육, 인대 및 추간판으로 구성된다. 이중 상부 2개의 경추는 하부의 경추와 형태 및 운동의 양상이 서로 사뭇 다르다. 제1경추인 (④)는 추체와 극돌기가 없는 환상구조로 짧은 전궁과 긴 후궁에 의해 연결된 두 개의 외측괴로 구성된다. 제2경추인 (⑤)는 경추골 중 가장 큰 체부를 갖고 체부의 상부에는 발생학적으로 제1경추의 추체에 해당하는 치돌기가 존재한다.

10 50세 남자가 공사현장에서 머리 및 얼굴부위를 기계에 수상하여 응급실에 이송되었다. 아래의 질문에 답하시오. (10점)

(1) 외상성 뇌손상이 의심되어 응급실에서 평가와 예후판정을 위해 눈뜨기, 가장 좋은 운동반응, 가장 좋은 언어반응의 3가지 항목을 합산하여 평가하였다. 이 평가방법이 무엇인지 쓰시오. (2점)

(2) 다음은 시행한 뇌 전산화단층촬영 결과지이다. 결과지에서 출혈과 관계된 두개강내 국소 손상을 두 가지만 찾아서 한글로 쓰시오. (각 2점)

Traumatic SAH in suprapatellar cistern, both CPA cistern, prepontine cistern, and cisterna magna. Acute EDH in cerebellar region. Acute IVH in both lat. 3rd, 4th ventricles Pneumocephalus in suprasellar area.

(3) 다음은 시행한 안면골 전산화단층촬영 결과지이다. 결과지에서 골절된 두개골을 이루는 뼈의 이름을 두 가지만 찾아서 한글로 쓰시오. (각 2점)

Fracture of Lt. occipital bone, Rt. zygomatic bone, both nasal bones, both maxillary bones.

제2과목

책임보험 · 근로자 재해보상보험의 이론과 실무

제37회 신체손해사정사 2차 시험문제

01 배상책임보험의 보상하는 손해 및 보험금 등의 지급한도에 대하여 국문 영업배상 책임보험 보통약관과 Commercial General Liability Policy를 비교하여 서술하시오. (15점)

02 통상임금과 평균임금에 대하여 약술하고, 근로자재해보장책임보험의 재해보상책임담보 특별약관에서 규정하고 있는 휴업보상(상병보상)의 보상기준을 기술하시오. (15점)

03 2013년 5월 1일 18:00경 ○○유람선(주) 소속 동백호가 거제도 앞 해상에서 갑작스런 폭우로 급히 선착장으로 회항하던 중에 다른 유람선을 피하려 항해사 김기철이 키를 급히 돌리는 바람에 전복되어 항해사 김기철이 실종되고, 승객 중 홍가람(직장인)이 익사한 사고가 발생하였다. ○○유람선(주)는 B 보험회사에 다음과 같이 선원근로자 재해보장책임보험 및 유도선사업자 배상책임보험에 가입하였다.
주어진 조건을 참조하여 B 보험회사가 지급해야 할 보험금을 산출하되 그 과정을 명시하여 각각 계산하시오. (30점)

구 분	선원근로자 재해보장책임보험	유도선사업자 배상책임보험
보상한도액	–	• 대인배상 • 1인당 : 2억원 • 1사고당 : 10억원
자기부담금	–	1사고당 : 5백만원

보험조건	• 근로자재해보장책임보험 보통약관 • 재해보상책임담보 특별약관 • 비업무상재해 확장담보추가 특별약관	• 유도선사업자 배상책임보험 보통약관 • 구조비 특별약관
기타 관련사항	〈김기철 임금〉 • 월 통상임금 ₩3,000,000(일 ₩100,000) • 월 승선평균임금 ₩3,600,000(일 ₩120,000)	〈홍가람 인적사항〉 • 생년월일 : 1959.6.1. • 월급여 : ₩4,500,000(일 평균임금 ₩150,000) • 고용계약서상 정년 55세 • 도시보통인부 일당 : ₩75,000 • 호프만 계수 : 사고일부터 55세 10.000 60세 60.000 (*계산 편의를 위함) • 위자료는 판례경향을 감안 : ₩80,000,000

04 배상책임보험의 담보기준(Coverage Trigger)을 약술하고, 국문 영업배상책임보험과 국문 의사 및 병원배상책임보험을 예시하여 설명하시오. (10점)

05 일반불법행위의 성립요건에 대하여 약술하시오. (5점)

06 피해자 직접청구권의 법적성질에 대하여 약술하시오. (10점)

07 배상책임보험에서 일실수입의 개념 및 산정요인을 약술하고, 취업형태별로 손해배상금을 산출하는 방식에 대하여 기술하시오. 단, 취업형태는 급여소득자, 개인사업자, 무직자로 구분한다. (15점)

제38회 신체손해사정사 2차 시험문제

01 **△△병원 소속 설비기사인 김○○은 병원 내에서 가스설비 점검작업을 하던 중 가스폭발로 현장에서 사망하였다. 국립과학수사연구소의 사고원인 감정 결과 관리상의 하자와 설비기사 본인의 작업부주의가 결합하여 사고가 발생한 것으로 밝혀졌다. 김○○의 유족들은 산업재해보상보험에서 보상을 받은 후 △△병원에 손해배상을 청구하였다.**
〈별표〉의 내용을 참고하여 보험금을 산정하고, 그 산출과정을 기재하시오.

(25점)

〈별표〉

(1) △△병원 보험가입 사항
① 근로자재해보장책임보험(사용자배상책임특별약관)
• 1인당/200,000,000원
• 1사고당/200,000,000원
② 가스사고배상책임보험 : 의무보상한도액

(2) 전제조건
① 피해자 김○○ 인적사항
• 생년월일 : 1969.2.28.
• 입사일자 : 1999.2.28.
② 사고일 : 2014.3.1.
③ 피해자 과실률 : 20%
④ 월평균임금 : 3,000,000원
(단, 월수계산이 필요한 경우 1개월은 30일로 가정함)
⑤ 도시일용노임단가 : 보통인부 80,000원/1일
⑥ 호프만계수
• 사고일 ~ 정년퇴직 55세(120개월) : 100
• 사고일 ~ 가동기간까지(180개월) : 130
⑦ 민사 판례에 따른 장례비 3,000,000원 가정
⑧ 일실 퇴직금 산정시 현가율은 '1 / (1 + 0.05 × 잔여재직기간)'으로 함
⑨ 위자료는 서울중앙지방법원 산정기준에 따르며, 사망 또는 100% 장해시 기준금액 80,000,000원 적용

02 2015년 7월 30일 11시경 경기도 소재 ○○LPG충전소에서 가스폭발사고가 발생하여 충전소 고객인 이○○가 사망하였다. 〈별표〉에 주어진 내용을 참고하여 보험계약별로 분담할 지급보험금을 산정하고, 그 산출과정을 기재하시오. (20점)

〈별표〉

(1) ○○LPG 충전소 보험가입 사항

구 분	보상한도액	자기부담금
가스사고배상책임보험(A 보험사) 액화석유가스 소비자보장 특별약관	의무보상한도액	
영업배상책임보험(B 보험사) 시설소유관리자 특별약관	1사고당/ 50,000,000원	1사고당/ 1,000,000원
영업배상책임보험(C 보험사) 시설소유관리자 특별약관	1사고당/ 1,000,000,000원	1사고당/ 20,000,000원

(2) 전제조건

① 이○○의 과실률 : 50%

② 일실수입(현가) : 200,000,000원

③ 일실퇴직금(현가) : 28,000,000원

④ 위자료는 서울중앙지방법원 산정기준에 따르며, 사망 또는 100% 장해시 기준금액 80,000,000원 적용

03 **△△건설 소속 허○○이 2010년 11월 17일 10시 30분경 경기도 용인에 소재한 건설현장에서 굴삭기로 송수관을 들어 올리다가 굴삭기와 송수관을 연결했던 밴드로프가 절단되면서 송수관이 관로 하부에서 작업 중이던 같은 회사소속 박○○의 복부를 충격한 사고로 박○○이 다발성 늑골골절 및 비장파열 등의 상해를 입었다.**

〈별표〉에 주어진 내용을 참고하여 피해자의 복합장해율과 보험금을 산정하고, 그 산출과정을 기재하시오. (15점)

〈별표〉

(1) △△건설 보험가입 사항

① 근로자재해보장책임보험 : 사용자배상책임 특별약관

② 보상한도액

- 1인당/100,000,000원
- 1사고당/200,000,000원

(2) 전제조건

① 피해자 : 박○○

㉠ 사고일로부터 가동기간까지의 일실수입(현가) : 200,000,000원

㉡ 피해자 과실률 : 20%

㉢ 후유장해 및 노동능력 상실률

- 정형외과
  - 경추 추간판 탈출증 : 50%(기왕증 기여도 : 20%)
  - 요추 추간판 탈출증 : 30%(기왕증 기여도 : 50%)
- 일반외과
  - 비장결손 : 10%

② 근로복지공단으로부터 지급받은 장해일시금 : 45,000,000원

③ 부상부위의 향후 반흔 성형수술비 : 8,000,000원

④ 위자료는 고려하지 않음

04 영업배상책임보험(국문)을 가입하고 있는 H호텔에서 보험기간 중 2회의 서로 다른 사고가 발생하였다. 〈별표〉에 주어진 내용을 참고하여 각 사고별 지급보험금을 산정하고 산출과정을 기재하시오. (10점)

〈별표〉

(1) H호텔 보험가입 사항

영업배상책임보험 시설소유관리자 특별약관

보상한도액	신체장해	1인당/100,000,000원
		1사고당/200,000,000원
	재물손해	1사고당/200,000,000원
자기부담금	1사고당/1,000,000원	

(2) 1차사고

① 사고내용 : 대형조명설비의 붕괴로 인한 투숙객 A, 투숙객 B 부상

② 손해내역

- 투숙객에 대한 손해배상금 : 투숙객 A/150,000,000원
  투숙객 B/120,000,000원
- 조명설비 복구비용 : 70,000,000원
- 부상투숙객 응급처치 및 호송비용 : 1,000,000원

(3) 2차사고

① 사고내용 : 호텔내 사우나의 온수관 파열로 내방객 1인 전신화상

② 손해내역

- 피해자에 대한 손해배상금(법원 판결금) : 96,000,000원
- 소송비용 : 10,000,000원
- 온수관 복구비용 : 5,000,000원

05 우리나라 「제조물책임법」상 제조물책임의 의의와 제조물의 결함에 대하여 서술하시오. (10점)

06 영업배상책임보험(국문)에서 보험계약자 및 피보험자가 부담하는 손해방지의무에 대하여 서술하시오. (10점)

07 영업배상책임보험(국문) 학교경영자 특별약관에서 보상하는 손해와 학교업무의 범위에 대하여 서술하시오. (10점)

제39회 신체손해사정사 2차 시험문제

01 갑(甲)이 소유한 11층 건물에서 화재가 발생하여 인명피해가 발생하였다. 화재는 을(乙)이 운영하는 3층 음식점(바닥면적 200제곱미터)에서 화기 취급부주의에 의해 발화하여 을(乙) 본인이 부상당하고, 4층 독서실로 연소 확대되어 이용고객 병(丙)과 정(丁)이 사망하는 사고가 발생하였다.
아래 〈별표〉의 내용을 참고하여, 각각의 질문에 답하시오. (30점) 

〈별표〉

(1) 보험가입사항

보험사	계약자/피보험자	보험종목	보상한도액(대인)	자기부담금
A	갑	특약부화재보험 (구 신체손해배상특약부 화재보험)	의무보상한도액	-
B	을	다중이용업소 화재배상책임보험	의무보상한도액	-
		시설소유(관리)자 배상책임특별약관	1인당 / 50,000,000원 1사고당 / 100,000,000원	사고당 1,000,000원

(2) 손해내역

피해자	피해사항	손해액	참고사항
을	부상	30,000,000원	각 특약별 위험률의 부상등급표상 1급 부상
병	현장사망	200,000,000원	법률상 손해배상책임액
정	현장사망	250,000,000원	법률상 손해배상책임액

[질문 1] A, B 보험사의 보상책임유무 및 보상대상자 범위를 약술하시오. (5점)

[질문 2] A, B 보험사에 가입한 의무보험의 약관상 대인 보상한도액을 약술하시오. (5점)

[질문 3] 상기 다수보험계약에 따른 보험금 산정 우선순위를 약술하시오. (5점)

[질문 4] 피해자별, 보험사별 지급보험금을 산정하고, 그 산출과정을 기재하시오. (15점)

02 △△건설(주) 근로자(재해자) 김○○는 건설공사현장에서 작업 중 건설구조물의 관리부실 및 본인의 작업부주의로 3m 아래로 추락하는 산재사고를 당하여 근로복지공단으로부터 아래와 같이 산재보험금을 수령하였다.

※ 보험급여 지급내역

휴업급여	요양급여	장해급여	유족 및 장의비	계
10,000,000원	15,000,000원	50,000,000원	-	75,000,000원

재해자 김○○는 산재보험금을 수령한 후 △△건설(주)에 손해배상을 추가 청구하였는 바, 아래 〈별표〉의 내용을 참고하여 지급보험금을 산정하고, 그 산출과정을 기재하시오. (20점)

〈별표〉

(1) 보험가입사항

① 보험종목 : 국내근로자재해보장책임보험, 사용자배상책임특별약관
② 보상한도액 : 1인당/100,000,000원, 1사고당/200,000,000원

(2) 전제조건

① 재해자 : 김○○
② 생년월일 : 1970.5.1.
③ 사고일자 : 2015.9.1.
④ 직업 : 보통인부(월소득은 월 22일 인정)
⑤ 노임단가(1일) : 2015년 하반기 90,000원, 2016년 상반기 100,000원
⑥ 가동연한 : 만 60세
⑦ 재해자과실 : 20%
⑧ 후유장해율 : 요추부 25% 및 족관절 20%
⑨ 요양종료일 : 2015.12.31.
⑩ 직불치료비 : 없음
⑪ 기타 손해 : 보조구 교체비용 3회 인정(1회 100만원, 교체주기 3년)
⑫ 위자료 : 서울중앙지방법원 산정기준에 따르며, 사망 또는 100% 장해시 기준금액 80,000,000원 적용

(3) 호프만계수(경과월수)

4월(사고일 ~ 요양종료일)	176월(사고일 ~ 가동연한)
3	103

(4) 호프만계수(경과연수)

1년	2년	3년	4년	5년
1.00	0.95	0.90	0.85	0.80
6년	**7년**	**8년**	**9년**	**10년**
0.75	0.70	0.65	0.60	0.55

※ 호프만계수는 계산상 편의를 위해 위 표의 계수를 적용

03 △△칼국수 식당의 종업원 백○○가 음식물을 제공하던 중 바닥에 잔존한 물기에 미끄러지면서 국물을 쏟아 피해자 박○○의 우측 허벅지에 심한 화상을 입힌 사고가 발생하였다.
아래 〈별표〉의 내용을 참고하여, 각 보험사의 지급보험금을 산정하고, 그 산출과정을 기재하시오. (10점)

〈별표〉

(1) 보험가입사항

보험사	보험종목	보상한도액(대인)	자기부담금
A	(국문)영업배상책임보험 시설소유(관리)자 특별약관	1사고당 / 30,000,000원	1사고당 / 1,000,000원
B	장기종합보험 시설소유(관리)자 특별약관 음식물배상책임 특별약관	1사고당 / 100,000,000원 1사고당 / 30,000,000원	1사고당 / 10,000,000원 1사고당 / 1,000,000원

(2) 손해내역

응급처치 및 호송비용 피해자에 대한 손해배상금(법원판결금) 소송비용	1,000,000원 70,000,000원 8,000,000원
합 계	79,000,000원

04 「민법」상 특수불법행위책임을 열거하고, 내용을 약술하시오. (10점)

05 사업주(사용자)의 안전배려의무를 설명하고, 위반시 효과에 대하여 약술하시오. (10점)

06 해외근로자 재해보장책임보험에 첨부되는 특별약관을 중심으로 보상하는 손해의 종류와 내용을 약술하시오. (10점)

07 손해사고기준 배상책임보험과 배상청구기준 배상책임보험의 의의 및 장단점을 비교 약술하시오. (10점)

제40회 신체손해사정사 2차 시험문제

01 「재난 및 안전관리기본법」에 따라 의무적으로 가입해야 하는 재난배상책임보험의 의무가입 대상시설과 가입의무 면제시설을 열거하고, 담보위험과 대인사고에 대한 보상한도를 기술하시오. (10점)

02 장기종합보험의 가족일상생활배상책임 특별약관에서 피보험자의 범위를 열거하고, 책임능력 없는 미성년자의 불법행위에 대한 책임법리를 약술하시오. (10점)

03 「산업재해보상보험법」에서 정하고 있는 특수형태근로종사자의 개념과 범위를 설명하고, 그 적용특례에 대하여 약술하시오. (10점)

04 국문 영업배상책임보험에서 피보험자가 피해자로부터 손해배상청구소송을 받고 보험회사에 소송의 대행을 요청하는 경우 보험회사가 대행하는 업무의 범위를 약술하고, 피보험자의 의무와 보험회사가 소송을 대행하지 않는 경우를 기술하시오. (10점)

05 2016년 12월 15일 갑(甲) 소유의 15층 건물 5층에서 원인미상의 화재사고가 발생하였다. 이 사고로 방문객 을(乙)이 중증화상을 입고 긴급 이송되었으나, 입원치료 중 사망하였다.

아래 〈별표〉의 내용을 참고하여 각각의 질문에 답하시오. (25점)

> 〈별표〉
> (1) 보험가입사항
> ① 계약자/피보험자 : 갑(甲)
> ② 국문 화재보험 : 특약부화재보험
>
> (2) 전제조건
> ① 피해자 : 을(乙)
> ② 생년월일 : 1957년 2월 5일
> ③ 피해사항 : 전신 3도 화상 진단 후 치료 중 사망
> ④ 상해급수 : 1급 11항(보상한도액 : 30,000,000원)
> ⑤ 입원치료비용 : 3,000,000원
> ⑥ 사고발생시 갑(甲)이 지출한 긴급조치비용 : 2,000,000원
> ⑦ 일실수익(현가) : 5,000,000원
> ⑧ 남자평균임금 : 100,000원/1일

[질문 1] 「화재로 인한 재해보상과 보험가입에 관한 법률」에 따른 갑(甲)의 손해배상책임에 대하여 약술하시오. (5점)

[질문 2] 「화재로 인한 재해보상과 보험가입에 관한 법률」에서 정하고 있는 실손해액의 범위를 기술하고, 을(乙)의 실손해액을 산출하시오. (10점)

[질문 3] 보험회사가 지급해야 할 보험금을 산정하고, 그 산출과정을 기재하시오. (10점)

06 **2017년 5월 10일 12:05분경 △△노인전문 간호센터에서 요양보호사 김○○는 요양 3등급인 입소자 박○○가 간식으로 떡 드시는 것을 도와주던 중 자리를 잠시 비웠다. 박○○는 12:15분경 갑자기 기침 및 사레를 시작하였으나 멈추지 않아 인근 병원으로 이송되었고 치료 중에 사망하였다.**
아래 〈별표〉의 내용을 참고하여 보험회사가 지급해야 할 보험금을 산정하고, 그 산출과정을 기재하시오. (10점)

〈별표〉
(1) 보험가입사항
① 국문 영업배상책임보험 : 시설소유(관리)자 특별약관
(보상한도액 : 1억/1인당, 2억/1사고당, 자기부담금 : 10만원)
② 전문직업배상책임보험(요양보호사)
(보상한도액 : 1억/1인당, 2억/1사고당, 자기부담금 : 50만원)

(2) 전제조건
① 피해자 : 박○○
② 생년월일 : 1931년 3월 1일
③ 사고일 : 2017년 5월 10일
④ 사망일 : 2017년 7월 10일
⑤ 피해자과실 : 20%(기존 연하장해 고려하여 적용)
⑥ 사망관여도 : 50%(직접사인 : 심부전)
⑦ 책임비율 : 간호센터 30%, 요양보호사 70%
⑧ 손해사항

치료비	간병비	장례비
5,000,000원	5,000,000원	4,000,000원

※ 피해자과실은 치료관계비에만 적용한다.
※ 위자료는 감안하지 아니한다.

07 **김○○은 도로공사 하수관거 작업현장 옆을 지나던 중 자전거를 피하려다 도로 절개면의 토사를 밟고 미끄러져 넘어지는 상해를 입어 시공자 △△건설(주)를 상대로 소송을 제기하여 판결을 받았다.**
아래 〈별표〉의 내용을 참고하여 보험회사가 지급해야 할 보험금을 산정하고, 그 산출과정을 기술하시오. (10점)

〈별표〉

(1) 보험가입사항
① 계약자/피보험자 : △△건설(주)
② 보험종목 : 국문영업배상책임보험/도급업자 특별약관
③ 보상한도액 : 대인 50,000,000원/1인당
④ 자기부담금 : 10,000,000원/1사고당

(2) 손해사항
① 사고시 응급 호송비용 : 1,000,000원
② 상해 및 장해진단서 발급비용(피해자 부담) : 300,000원
③ 사고원인 등 필요조사비용(피보험자 부담) : 2,000,000원
④ 제3자에 대한 권리행사를 위한 비용 : 100,000원
⑤ 변호사비용(피보험자 부담) : 5,000,000원
⑥ 인지대, 송달료(피보험자 부담) : 500,000원
⑦ 신체감정비용(피해자 부담) : 1,000,000원
⑧ 판결금 : 60,000,000원

08 남대서양 해역에서 오징어 채낚기 조업 중이던 △△수산(주) 소속 선원 강○○은 2016년 3월 10일 조타기 유압라인이 파열되어 이를 수리하던 중 기상악화로 인한 선체의 롤링으로 유압파이프에 안면부와 무릎을 부딪히는 사고를 입었다. 당시 충격으로 치아가 파절되고 슬관절부에 통증이 있어 병원에서 치료를 받았다. 아래 〈별표〉의 내용을 참고하여 각각의 질문에 답하시오. (15점)

〈별표〉

(1) 보험가입사항
- ① 계약자/피보험자 : △△수산(주)
- ② 선원근로자재해보장책임보험
  - 재해보상책임 특별약관
  - 비업무상재해확장 추가특별약관

(2) 전제조건
- ① 피해자 : 강○○
- ② 사고발생일 : 2016년 3월 10일
- ③ 상병명 : 치아 파절 및 상실(장해등급 11급)
슬관절 손상(장해등급 12급)
- ④ 입원(2016년 5월 1일 ~ 2016년 11월 30일) : 5,000,000원
- ⑤ 통원(2016년 12월 1일 ~ 2016년 12월 31일) : 1,000,000원(요양종료)
- ⑥ 임금현황
  - 고정급 : 2,000,000원
  - 통상임금 : 2,700,000원(월 30일 가정)
  - 승선평균임금 : 3,300,000원(월 30일 가정)
- ⑦ 장해등급별 장해급여표(평균임금 기준)

구 분	근로기준법	산업재해보상보험법
9급	350일	385일
10급	270일	297일
11급	200일	220일
12급	140일	154일

[질문 1] 위 〈별표〉와 같이 둘 이상의 장해가 있는 경우에 적용하는 장해등급의 조정방법에 대하여 약술하시오. (5점)

[질문 2] 보험회사가 지급해야 할 재해보상금을 산정하고, 그 산출과정을 기재하시오. (10점)

제41회 신체손해사정사 2차 시험문제

01 **갑(甲)은 5층 높이의 비계 위에서 철골절단 작업 중 추락하여 인근병원으로 이송하였으나 사망하였으며, 근로복지공단은 유족급여를 「산재법」상 수급권자에게 지급하였다. 이후 유족인 배우자와 성년의 자녀(1인)는 사용자를 상대로 각자 손해배상을 청구하였다.**
아래 〈별표〉의 내용을 참고하여 보험회사가 지급해야 할 보험금을 각각 산정하고, 그 산출과정을 기재하시오. (15점)

〈별표〉
(1) 보험가입사항
① 국내근로자재해보장책임보험
② 사용자배상책임 특별약관
• 보상한도액 : 1인당 100,000,000원 / 1사고당 200,000,000원

(2) 전제조건
① 피해자 : 갑(甲)
② 사고일자 : 2018년 3월 5일
③ 직업 : 철골공
④ 임금 : 2,500,000원(월)
⑤ 근로복지공단 지급내역

(단위 : 원)

요양급여	휴업급여	유족급여(일시금)	장의비	기 타
1,000,000	–	100,000,000	12,000,000	–

※ 유족급여는 일시금으로 환산한 금액임.
⑥ 피해자 과실 : 40%
⑦ 호프만계수(H) : 계산상 편의를 위한 임의계수임.
• 사망일 ~ 가동연한 : 120개월(H : 100)
⑧ 위자료 : 유족들은 50,000,000원에 합의함.

02 가스공급업자 A는 2018년 1월 22일 행복음식점을 방문하여 가스통 1개를 교체하였다. 이후 행복음식점에서 근무하는 갑(甲)은 주방에서 조리를 위해 가스밸브를 열고 점화하는 순간 폭발하여 건물이 붕괴되었다. 갑(甲)은 무너진 건물에 매몰되었다가 구조되어 병원으로 이송되었다. 동 사고의 원인은 불상의 가스누출에 의한 폭발사고로 확인되었다.

아래 〈별표〉의 내용을 참고하여 질문에 답하시오. (15점)

〈별표〉

(1) 보험가입사항
① 가스사고배상책임보험
② 액화석유가스 소비자보장 특별약관

(2) 전제조건
① 직업 / 임금 : 일용직 / 290만원(월)
② 진단명 : 목 부위 3도 화상
③ 후유장해 : 추상장해 10%
④ 호프만계수(H) : 계산상 편의를 위한 임의계수임.
- 사고일 ~ 퇴원일 : 3개월(H : 3)
- 사고일 ~ 가동종료일 : 25개월(H : 23)

⑤ 피해자의 부상급수 1급, 장해급수 14급
⑥ 발생비용

(단위 : 원)

치료비	향후치료비	응급처치 및 호송비용	구조비용
4,000,000	2,000,000	200,000	500,000

(1) 가스사고배상책임보험에서 보험을 가입해야 하는 사업자 및 담보하는 가스사고는 무엇인지 약술하시오. (5점)

(2) 액화석유가스 소비자보장특약에서 보상하는 손해와 보상하지 않는 손해를 약술하시오. (5점)

(3) 상기 〈별표〉의 내용을 참조하여 갑(甲)의 지급보험금을 산정하고, 그 산출과정을 기재하시오. (5점)

03 갑(甲)은 본인 소유의 1층 단독건물에서 일반음식점을 운영하고 있다. 2018년 1월 20일 22:00경 영업 중인 갑(甲)의 음식점에 불상의 자가 침입하여 미리 준비한 인화성 물질을 붓고 방화하여 그 화재와 유독가스로 인해 음식점 손님 을(乙), 병(丙), 정(丁)이 상해를 입는 사고가 발생하였다.

아래 〈별표〉의 내용을 참고하여 각각의 질문에 답하시오. (15점)

〈별표〉

(1) 갑(甲)의 보험가입사항

① 보험회사 A : 재난배상책임보험

② 보험회사 B : 장기재물보험, 화재(폭발 포함)배상책임 특별약관

- 보상한도액 : 사망 1인당 100,000,000원 / 부상 1인당 20,000,000원

(2) 손해사항

(단위 : 원)

피해자	피해사항	법률상 손해배상금	손해 세부내역
을(乙)	현장사망	200,000,000	사망에 따른 실제손해액 2억원
병(丙)	치료 중 사망	220,000,000	사망에 따른 실제손해액 2억원 부상등급 1급, 실제치료비 2천만원
정(丁)	부상	50,000,000	부상등급 1급, 실제치료비 5천만원

(2) 전제조건

① 음식점 바닥면적은 165제곱미터이다.

② 경찰조사 및 국립수사연구원 화재감식결과 등에 따르면, 화재원인은 불상자의 방화로 최종 확인되었고, 갑(甲)의 건물소유에 따른 관리상 하자나 기타 귀책사유에 따른 손해 확대 등은 확인되지 않아 갑(甲)의 과실 없는 사고로 종결되었다.

③ 갑(甲)의 음식점은 다중이용업소 화재배상책임보험 의무가입대상 시설에는 해당하지 않는다.

(1) 각 보험종목별 보상하는 손해와 보상책임에 대하여 각각 약술하시오. (5점)

(2) 보험사별, 피해자별 지급보험금을 산정하고, 그 산출과정을 기재하시오. (10점)

04 갑(甲)은 을(乙) 소유의 건물에 사무실을 임차하여 사용 중이다. 2018년 5월 10일 갑(甲)의 사무실 내에서 화재사고가 발생하였으며, 외국인 내방객들(A, B, C)이 대피하는 과정에서 상해를 입었다. 아래 〈별표〉의 내용을 참조하여 각각의 질문에 답하시오. (15점)

〈별표〉
[보험가입사항]
① Commercial General Liability Insurance
② Insured : 갑(甲)
③ Limits of Insurance
- General Aggregate Limit $500,000
- Each Occurrence Limit $500,000
- Fire Damage Limit $100,000(any one fire)
- Medical Expenses Limit $5,000(any one person)
- All Costs & Expenses Limit $20,000

(1) 피해자 A는 임차인 갑(甲)을 상대로 응급치료비 $3,000을 청구하였다. 피해자 B는 $1Million의 손해배상청구의 소를 제기하였고, 임차인 갑(甲)은 변호사를 선임하여 변론한 결과 배상판결금 $200,000과 변호사비용 $25,000이 발생하였다. 이 경우 지급보험금을 산정하고, 그 산출과정을 기재하시오. (5점)

(2) 피해자 A와 B의 보험금이 지급된 후 보험자는 갑(甲)과 을(乙)간에 합의된 건물화재 손해 $135,000에 대하여 증권상 보험금을 지급하였다. 이후 피해자 C는 $2Million의 손해배상청구의 소를 제기하였고, 임차인 갑(甲)은 변호사를 선임하여 변론한 결과 배상판결금 $300,000과 변호사비용 $40,000이 발생하였다. 이 경우 지급보험금을 산정하고, 그 산출과정을 기재하시오. (10점)

05 아래 〈별표〉를 참고하여 A, B, C 보험회사별로 근로자 갑(甲)과 을(乙)에 대한 약관상 담보 여부 및 그 사유를 약술하시오. (10점)

〈별표〉

(1) 사고내용

주상건설(주)는 상가건물 신축을 도급받아 비계공사의 일부를 상승비계(주)에 하청을 주었으며, 상승비계(주)는 서울크레인(주)와 크레인 임대차계약을 별도로 맺어 공사를 진행 중이다.

2017년 2월 10일 위 현장에서 상승비계(주) 소속 현장반장의 유도에 따라 공사자재를 이동하던 중 크레인 붐대가 비계를 충격하여 비계작업 중이던 갑(甲)이 추락하여 사망하였고, 무너진 비계에 의해 을(乙)이 부상을 입었다.

※ 갑(甲) : 상승비계(주) 소속 비계공, 을(乙) : 서울크레인(주) 소속 운전자

(2) 보험가입사항

① A 보험회사(계약자 : 주상건설(주))
- 국내근로자재해보장책임보험
  (보험료는 전체도급공사의 총임금으로 보험가입)
- 사용자배상책임 특별약관

② B 보험회사(계약자 : 상승비계(주))
- 국문영업배상책임보험
- 도급업자 특별약관

③ C 보험회사(계약자 : 서울크레인(주))
- 국문영업배상책임보험
- 건설기계업자 특별약관

※ 상승비계(주)와 서울크레인(주)의 과실은 각각 50% 가정

06 건물신축공사 현장에서 2014년 5월 8일 근로자 갑(甲)은 5m 높이의 벽체 미장작업 중 사다리에서 미끄러져 추락하여 상해를 입었다. 갑(甲)은 산재보상을 청구하였으며, 2017년 12월 22일 산재보상이 종료되었다. 그 후 사용자를 상대로 손해배상을 청구하고 있다. (10점)

(1) 위와 같이 근로자 갑(甲)이 손해배상을 청구하는 경우 「민법」상 손해배상청구권 소멸시효와 사용자배상책임 특별약관의 소멸시효관련 내용을 기술하시오. (5점)

(2) 위 사례의 경우 보험금청구권 소멸시효의 기산점에 대하여 설명하고, 그 사유를 약술하시오. (5점)

07 의사 및 병원배상책임보험 보통약관의 "의료과실배상책임 담보조항"에서 말하는 의료과실(사고)의 정의, 법률상 의료과실의 판단기준, 보상하지 않는 손해(일반조항의 보상하지 않는 손해 제외)에 대하여 약술하시오. (10점)

08 2018년 4월 19일 시행된 「제조물책임법」의 개정취지, 주요 개정내용(제조업자의 책임, 결함의 추정)을 약술하시오. (10점)

제42회 신체손해사정사 2차 시험문제

01 A 건설회사의 전공보조직원(정규직)인 피해자 "김○○"은 2016년 12월 1일 11시경 회사가 시행하는 전신주 조류피해방지 공사현장에서 동료직원 박○○이 약 16m 높이의 전신주 위에서 작업도중 떨어뜨린 약 3kg정도의 전류방지 커버에 머리부분을 충격당하여 두개골 함몰골절, 뇌실질내 출혈 및 두개골 결손상태의 재해를 입었다. 피해자 "김○○"은 사전에 안전교육을 받은 바 없었고, 사고당시 안전모를 착용하지 않았다. 피해자 "김○○"은 치료종결 후 다음 날부터의 일실수익과 개호비를 회사에 청구하였다.
아래 〈별표〉의 내용을 참고하여 각각의 질문에 답하시오.

〈별표〉
(1) 보험가입사항
① 보험사 : ○○보험(주)
② 피보험자 : A 건설회사
③ 보험종목
- 근로자재해보장책임보험
- 사용자배상책임담보 특별약관(보상한도액 : 1인당 2억원 / 1사고당 4억원)

(2) 전제조건
① 피해자 : 김○○
② 생년월일 : 1961년 12월 1일
③ 입사일자 : 2010년 12월 1일
④ 사고일자 : 2016년 12월 1일
⑤ 정년 : 만 60세
⑥ 월급여 : 3,000,000원
⑦ 기대여명 : 치료종결일부터 20년
⑧ 개호 : 치료종결일부터 여명기간까지 1일 8시간의 개호가 필요함.
⑨ 치료기간 : 사고일～2019년 4월 4일
⑩ 노동능력상실률
- 우측 상하지 강직성 부전마비 : 50%
- 기질성 인격장해 : 20%
⑪ 과실비율 : 30%(피해자 과실비율)
⑫ 근로복지공단 지급내역
- 휴업급여 : 58,000,000원
- 요양급여 : 72,000,000원

⑬ 호프만계수
- 사고일 ~ 치료종결일 : 28개월(H계수 : 20)
- 사고일 ~ 정년 : 60개월(H계수 : 50)
- 사고일 ~ 가동기간 : 120개월(H계수 : 100)
- 사고일 ~ 여명기간 : 268개월(H계수 : 180)

⑭ 기 타
- 도시일용임금 : 일 90,000원
- 일실퇴직금 산정시 현가율은 [1 / (1 + 0.05 × 잔여재직기간)]으로 계산
- 위자료는 고려하지 않음.
- 월수계산이 필요한 경우 1개월은 30일로 가정

(1) 복합장해율(노동능력상실률)을 계산하고, 그 산출과정을 기재하시오. (3점)

(2) 치료종결일 이후의 일실수익을 계산하고, 그 산출과정을 기재하시오. (10점)

(3) 일실퇴직금을 계산하고, 그 산출과정을 기재하시오. (10점)

(4) 개호비를 계산하고, 그 산출과정을 기재하시오. (5점)

(5) 보험회사가 지급해야 할 보험금을 계산하고, 그 산출과정을 기재하시오. (2점)

02 **2019년 7월 8일 19시경 서울 종로구 인사동에 소재한 ○○빌딩(10층) 지하 1층 '을'이 임차한 대중목욕탕 기계실에서 화재가 발생하여 미처 대피하지 못한 입욕객 "김○○"이 연기에 질식하여 사망하는 사고가 발생하였다. 1개월전 종로소방서 소방점검에 대비하여 건물소유주 '갑'과 임차인 '을'은 임대차 계약규정에 따라 연대하여 시설점검을 실시한 바 있다.**
아래 〈별표〉의 내용을 참고하여 각각의 질문에 답하시오.

〈별표〉

(1) 보험가입사항
- 1) A 보험회사
  - ① 피보험자 : 건물소유주 '갑'
  - ② 보험종목 : Commercial General Liability Insurance Policy
  - ③ 보상한도액
    - Bodily Injury : 1인당 1억원 / 1사고당 5억원
    - Property Damage : 1사고당 10억원
  - ④ 자기부담금
    - Bodily Injury : 1사고당 1천만원
    - Property Damage : 1사고당 3천만원
- 2) B 보험회사
  - ① 피보험자 : 임차인 '을'
  - ② 보험종목 : 다중이용업소화재배상책임보험
  - ③ 보상한도액 : 의무보상한도액

(2) 전제조건
- ① 피해자 : 김○○
- ② 생년월일 : 1963년 6월 30일
- ③ 직종 : 전기기사(정규직)
- ④ 월급여 : 3,000,000원
- ⑤ 과실비율 : 20%(피해자 과실비율)
- ⑥ 호프만계수
  - 사고일 ~ 정년 : 48개월(H계수 : 40)
  - 사고일 ~ 65세 : 108개월(H계수 : 90)
- ⑦ 기 타
  - 도시일용임금 : 일 90,000원
  - 민사판결사례에 따른 장례비는 4,000,000원으로 가정
  - 위자료는 100,000,000원을 기준으로 함.
  - 퇴직금 손실은 고려하지 않음.
  - 상기 사고에 대하여 건물소유주 '갑'과 임차인 '을'은 공동으로 연대책임을 부담하며, 지급보험금은 독립책임액 분담방식에 따라 계산한다.

(1) 피해자 "김○○"에 대한 법률상 손해배상책임액을 계산하고, 그 산출과정을 기재하시오. (10점)

(2) A, B 보험회사가 지급해야 할 보험금을 계산하고, 그 산출과정을 기재하시오. (10점)

03 여객선 ○○호가 백령도 선착장에 접안하던 중 갑작스런 파도로 접안시설에 충돌하여, 갑판선상에 미리 나와 있던 여객 수명이 넘어지고 1명이 해상으로 추락하였으며, 선착장에 나와 있던 주민 수명이 부상을 입는 사고가 발생하였다. 추락한 여객은 구조되었다.

〈별표〉

(1) 보험가입사항
① 보험종목
• 선주배상책임보험보통약관
• 구조비 특별약관
② 보상한도액 : 1인당 2억원 / 1사고당 10억원

(2) 손해사항
① 추락 승객의 구조비 : 3,000,000원
② 부상 승객의 긴급 후송비 : 2,500,000원
③ 부상 주민의 응급 치료비 : 1,500,000원
④ 파손된 접안시설의 복구비 : 20,000,000원
⑤ 탑승 승객의 소화물 파손손해 : 5,000,000원

(1) 상기 보험계약의 보통약관 및 특별약관에서 보상하는 손해를 약술하시오. (5점)

(2) 상기 손해사항의 항목별 보상 여부를 기술하고, 지급보험금을 계산하시오. (5점)

04 근로자재해보장책임보험의 재해보상책임 특별약관에서 국내근로자와 선원근로자에 대하여 보상하는 손해를 비교하여 약술하시오. (10점)

05 배상책임보험에서 보고기간연장담보(Extended Reporting Period)의 종류와 설정대상 계약조건 및 필요성을 기술하시오. (10점)

06 가스사고배상책임보험에서 피해자의 후유장해가 1등급일 경우, 그 해당 신체장해 유형 9가지 및 1인당 지급가능한 보험금액을 약술하시오. (10점)

07 「산업재해보상보험법」에서 정의하고 있는 업무상 재해의 개념 및 동법 시행령에서 규정하고 있는 업무상 재해의 유형별 인정기준을 약술하시오. (10점)

제43회 신체손해사정사 2차 시험문제

01 A건설(주)는 베트남 하노이 인근 △△쇼핑센터 신축공사를 수주하여 공사를 진행하던 중 2018년 4월 11일 현장근로자 "김○○"은 지하 1층 기계실 내에서 발판이 설치된 사다리 위에 올라가 펌프배관 용접작업을 하던 중 발을 헛디뎌 중심을 잃고 바닥으로 떨어지는 사고로 허리 및 손가락 부위에 큰 부상을 입었다. 사고 이후 "김○○"은 현지 병원에서 응급치료 시행 후 국내로 긴급 이송되어 입원치료를 받았으며, 이후 영구후유장해 판정을 받았다.
아래 〈별표〉의 내용을 참고하여 각각의 질문에 답하시오. (20점)

〈별표〉

(1) 보험가입사항
① 계약자/피보험자 : A건설(주)
② 보험종목 : 해외근로자재해보장책임보험
- 재해보상책임 특별약관
- 재해보상확장 추가특별약관
- 비업무상재해확장 추가특별약관

(2) 전제조건
① 재해자 : 김○○
② 담당직무 : 용접공
③ 근로계약 : 2018년 4월 1일 ~ 2018년 9월 30일(6개월)
④ 지급된 임금총액 : 2,000,000원(2018년 4월 1일 ~ 2018년 4월 10일)
⑤ 과실률 : 30%
⑥ 손해사항
- 현지에서 국내 요양기관으로의 긴급이송비용 : 3,500,000원
  (재해자 이송비용 2,500,000원, 동행간호인 호송비용 1,000,000원)
- 현지/국내 병원치료비 : 15,000,000원
- 향후치료비 : 2,000,000원(현가액)
- 사고일 ~ 요양종료일 : 200일

⑦ 영구후유장해 판정사항
- 요추부 장해 : 「산재법」 제8급 제2호 판정
- 손가락 장해 : 「산재법」 제14급 제6호 판정
- 재해사고 이전 요추부 수술에 따른 기왕증 기여도 50%

⑧ 「근로기준법」상 신체장해등급과 재해보상표

장해등급	제7급	제8급	제13급	제14급
장해보상일시금	560일분	450일분	90일분	50일분

(1) 「근로기준법」에서 정하고 있는 “요양의 범위” 7가지를 기재하시오. (5점)

(2) 재해자 “김○○”의 요양보상을 산정하고, 그 산출과정을 기재하시오. (5점)

(3) 재해자 “김○○”의 휴업보상을 산정하고, 그 산출과정을 기재하시오. (3점)

(4) 재해자 “김○○”의 장해보상을 산정하고, 그 산출과정을 기재하시오. (7점)

02 ○○아파트 101동 101호에 거주하는 ‘갑’은 해외여행을 가기 위해 본인의 반려견을 평소 친하게 지내는 옆집 102호에 거주하는 ‘을’의 배우자 ‘병’에게 맡기고 해외여행을 갔다. 잠시 반려견을 맡게 된 ‘병’은 인근 공원을 혼자 산책하던 중 개목줄을 놓쳐 같은 아파트 주민 ‘정’이 반려견에게 전신을 물려 병원으로 긴급 후송되어 치료를 받던 중 과다출혈로 사망하였다. 이에 피해자 ‘정’의 유가족은 ‘갑’ 및 ‘병’을 상대로 손해배상을 청구하였다.
아래 〈별표〉의 내용을 참고하여 각각의 질문에 답하시오. (20점)

〈별표〉

(1) 보험가입사항

보험회사	계약자/피보험자	가입담보 특약	보상한도액	자기부담금
A	갑	일상생활중배상책임	1억	대물 20만원
B	을	일상생활중배상책임	1억	대물 2만원
C	병	가족일상생활중배상책임	3억	대물 20만원

(2) 전제조건
‘정’에 대한 손해배상금 산정내역

치료비	장례비	일실수익	위자료
20,000,000원	5,000,000원	175,000,000원	100,000,000원

* 생활비 공제는 고려하지 않음

(1) 상기 사례에서 ‘갑’, ‘을’, ‘병’에게 적용되는 「민법」상의 특수불법행위책임에 대하여 약술하시오. (10점)

(2) 각 보험사가 지급해야 할 지급보험금을 산정하고, 그 산출과정을 기재하시오. (10점)

03 **□□인테리어(주)는 인천시 소재 △△모텔 리모델링 공사를 수주하여 보수공사를 진행하던 중 2018년 7월 31일 오후 3시경 소속 근로자 "김○○"가 건물 4층 외벽에 설치된 작업 발판이 무너지며 1층으로 추락하여 사망하는 사고가 발생하였다. 때마침 공사현장 아래를 지나가던 행인 "박○○"가 철제 구조물 및 건축자재 더미에 깔려 머리, 척추, 다리 등에 큰 부상을 입고 약 10개월간 병원치료를 받았고, 이후 영구후유장해 판정을 받았다.**
아래 〈별표〉의 내용을 참고하여 각각의 질문에 답하시오. (20점)

〈별표〉

(1) 보험가입사항
- ① 보험회사 : A보험(주)
- ② 계약자/피보험자 : □□인테리어(주)
- ③ 보험조건 : 영업배상책임보험 보통약관
  - • 도급업자 특별약관
- ④ 보상한도액(대인) : 1인당 5억원, 1사고당 10억원
- ⑤ 자기부담금(대인) : 1사고당 100만원

(2) 전제조건
1) 피해자 : 김○○(현장사망)
- ① 직무(직종) : 현장근로자(비계공)
- ② 과실률 : 30%
- ③ 일실수익 : 120,000,000원
- ④ 위자료 : 70,000,000원

2) 피해자 : 박○○(부상/장해)
- ① 생년월일 : 1970년 7월 30일
- ② 직무(직종) : 도시일용근로자(보통인부)
- ③ 시중노임 : 1일 120,000원(월가동일수 22일)
- ④ 과실률 : 20%
- ⑤ 병원치료비 : 25,000,000원
- ⑥ 향후치료비 : 5,000,000원(현가액)
- ⑦ 영구후유장해부위별 노동능력상실률
  - • 두부손상 장해 50%
  - • 척추체 장해 40%(기왕증 기여도 50%)
  - • 다리 부위 10%
- ⑧ 호프만계수(계산상 편의를 위한 임의계수임)
  - • 사고일 ~ 치료 종료 : 10개월(H계수 : 10)
  - • 사고일 ~ 가동 기간 : 144개월(H계수 : 110)
- ⑨ 위자료 : 서울중앙지방법원 산정기준에 따르며, 사망 또는 100% 장해시 기준금액 100,000,000원 적용

(1) A보험(주)의 피해자별 보상책임에 대하여 약술하시오. (6점)

(2) "박○○"의 복합장해율을 계산하고, 그 산출과정을 기재하시오. (4점)

(3) A보험(주)가 지급해야 할 지급보험금을 산정하고, 그 산출과정을 기재하시오. (10점)

04 **부진정연대채무(不眞正連帶債務)에 대하여 연대채무(連帶債務)와 비교하여 설명하고, 판례에서 부진정연대채무관계로 보는 경우에 대한 「민법」상의 관련 규정을 2가지 기재하시오. (10점)**

05 **「근로기준법」 및 「선원법」의 재해보상에서 정하고 있는 일시보상에 대하여 각각 설명하고, 그 지급의 효과에 대하여 비교 설명하시오. (10점)**

06 **「산재법」상 일용근로자의 평균임금 산정시 적용하는 통상근로계수의 개념을 설명하고, 통상근로계수 적용을 제외하는 3가지 경우에 대하여 약술하시오. (10점)**

07 **어린이놀이시설 배상책임보험의 가입대상별 담보위험과 보상한도액을 기재하고, 이 보험에 적용되는 손해배상책임법리에 대하여 약술하시오. (10점)**

2021년도 책임보험 · 근로자재해보상보험의 이론과 실무

제44회 신체손해사정사 2차 시험문제

01 '갑'이 소유자인 12층 특수건물의 2층 150m²를 '을'이 최근 임차하여 노래연습장을 개업하고 2012년 7월 6일 다중이용업소 화재배상책임보험에 신규 가입하였다. 2021년 7월 8일 저녁 9시경에 노래연습장에서 화재가 발생하여 '을'과 손님 '병'은 현장에서 질식으로 사망하였고 종업원 '정'은 이 사고로 화상치료를 받았으나 장해가 발생하였다. 화재원인에 대하여 국립과학수사연구소는 "정확한 발화원인과 발화지점을 단정할 수 없는 원인미상의 화재사고"로 감식하였다
아래 〈별표〉의 내용을 참고하여 각각의 질문에 답하시오. (20점)

〈별표〉

[보험가입사항]

보험회사	피보험자	보험종목	보상한도액
A	갑	신체손해배상특약부 화재보험	의무보상한도
B	을	다중이용업소 화재배상책임보험	의무보상한도

[등급별 보상한도액]

보험종목	후유장해 7급	부상등급 4급
신체손해배상특약부 화재보험	6천만원	1천만원
다중이용업소 화재배상책임보험	6천만원	1천만원

[재해자별 손해내역]

재해자	피해사항	손해액	손해내용	비 고
을	현장사망	2억원	법률상 손해배상금	노래연습장 주인
병	현장사망	2.5억원	법률상 손해배상금	노래연습장 손님
정	치료후 후유장해	3천만원	병원화상치료비 (부상등급 4급)	노래연습장 종업원
		1억원	법률상 손해배상금 (후유장해등급 7급)	

(1) 신체손해배상특약부 화재보험과 다중이용업소 화재배상책임보험에서 '타인'의 적용범위를 설명하시오. (5점)

(2) 재해자별로 A와 B 보험회사가 지급해야 할 지급보험금을 각각 산정하고, 그 산출과정을 기재하시오. (15점)

02 **2021년 7월 1일 ○○수영장에서 강습을 받던 김○○는 입수가 금지된 풀장에 들어갔다가 수영미숙으로 의식을 잃게 되는 사고가 발생하였다. 그러나 안전요원의 신속한 응급조치가 지연되어 김○○은 후유장해가 발생하였다.**
아래 〈별표〉의 내용을 참고하여 보험회사가 지급해야 할 지급보험금을 산정하고, 그 산출과정을 기재하시오. (15점)

〈별표〉
[보험가입사항]
- 보험조건 : 체육시설업자배상책임보험
- 피보험자 : ○○수영장
- 보험기간 : 2020년 12월 31일 ~ 2021년 12월 31일
- 보상한도액 : 5억원 / 1인당
- 자기부담금 : 100,000원 / 1사고당

[전제조건]
- 성명 : 김○○
- 생년월일 : 1991년 7월 1일(사고 당시 30세)
- 기대여명 : 이 사고로 잔존여명이 10년으로 단축됨.
- 직업 : 회사원(정년 60세)
- 소득 : 현실소득 6,000,000원/월(일실퇴직금 산정 제외)
- 시중노임단가 : 보통인부 3,000,000원/월
- 노동능력상실률 : 두부, 뇌, 척수, Ⅸ-B-4항 100%
- 개호 : 사고일로부터 여명기간까지 3,000,000원/월 인정
- 피보험자 책임범위 : 30%
- 발생치료비(대법원 2018다287935 판례. 최근 판례기준으로 산정할 것)

항 목	요양급여		비급여	총 치료비
	공단부담금	본인부담금		
금 액	30,000,000원	20,000,000원	10,000,000원	60,000,000원

- 향후치료비 및 보조구 구입비(현가) : 100,000,000원
- 위자료 : 50,000,000원(피보험자 책임범위를 고려함)
- 호프만계수(계산상 편의를 위한 임의계수임)
  * 사고일 ~ 기대여명까지 : 120개월(H계수 : 90)
  * 사고일 ~ 정년퇴직 60세까지 : 360개월(H계수 : 220)
  * 사고일 ~ 가동연한까지 : 420개월(H계수 : 242)

03 김○○은 이탈리아 선주의 상선에 선원으로 취업하여 직무수행 중 기상악화로 인해 선박이 좌초되어 중상해를 입고 5개월간 치료를 받았으나, 부상 악화로 사망하여 해외 현지에 매장되었다.

아래의 〈별표〉를 내용에 참고하여 각각의 질문에 답하시오. (15점)

〈별표〉

[보험가입사항 및 손해내역]

보험가입사항	치료기간 및 치료비	임금현황
선원근로자재해보장책임보험 – 해외취업선원재해보상 추가특별약관	• 치료기간(5개월) : 2021.2.1. ~ 2021.6.30. • 치료비 : $4,000	• 월 통상임금 : $3,000($100/일) • 월 승선평균임금 : $3,600($120/일)

[김○○의 부양 중인 가족관계]

- 사실혼 배우자 갑(甲)
- 미성년 자녀 을(乙)
- 모친 병(丙)
- 조모 정(丁)

(1) 보험회사가 지급해야 할 지급보험금을 산정하고, 그 산출과정을 기재하시오. (10점)

(2) 김○○의 부양 중인 가족관계를 토대로 「선원법」에 따른 각 상속인의 상속비율을 기재하시오. (5점)

04 ○○병원에 입원한 환자 '갑'과 '을' 그리고 병원 응급실을 방문한 다른 병원 소속 응급차량 운전기사 '병'은 ○○병원에서 코로나 바이러스에 감염되었다고 주장하면서, 각각 소송을 제기하였다.
법원은 ○○병원의 감염환자관리에 대한 의료과오로 인하여 환자 '갑'과 '을'이 코로나에 감염되었다고 법률상 배상책임을 인정하였으나, 운전기사 '병'은 외부에서 감염되어 병원은 법률상 배상책임이 없는 것으로 판결하였다. 본 건 사고에 대한 소송비용은 보험자 동의하에 ○○병원이 모두 지출하였다.
아래 〈별표〉의 내용을 참고하여 보험회사가 지급해야 할 지급보험금을 산정하고, 그 산출과정을 기재하시오. (15점)

〈별표〉

[피보험자 ○○병원의 보험계약사항]

보험회사	A 보험회사	B 보험회사	C 보험회사
보험종목	의사 및 병원배상책임보험 의료과실배상책임보장조항 (배상청구기준)	국문영업배상책임보험 보통약관 – 시설소유(관리)자 특약	의사 및 병원배상책임보험 의료과실배상책임 보장조항 (배상청구기준)
보험기간	2020.3.1. ~ 2021.3.1.	2020.5.1. ~ 2021.5.1.	2021.3.1. ~ 2022.3.1.
소급 담보일	2019.3.1.	–	2019.3.1.
보상 한도액	1억원 / 1청구당 1억원 / 총 보상한도액	1억원 / 1청구당 1억원 / 총 보상한도액	5천만원 / 1청구당 5천만원 / 총 보상한도액
자기 부담금	5천만원 / 1청구당	1백만원 / 1사고당	1천만원 / 1청구당

[소송결과 및 손해내역]

사건번호	2021가합10001	2021가합10002	2021가합10003
피해자(원고)	갑	을	병
소 가	200,000,000원	200,000,000원	100,000,000원
사고발생일	2021.2.10.	2021.2.10.	2021.2.10.
손해배상청구일	2021.2.15.	2021.3.10.	2021.5.15.
손해액	• 판결금 : 1억원 • 소송비용 : 1천만원	• 판결금 : 6천만원 • 소송비용 : 1천만원	소송비용 : 1천만원

05 2021년 2월 1일 서울□□요양원에 입소중인 중증치매환자 '갑'을 요양보호사 '을'이 부축하여 복도를 지나가다가 요양보호사 '을'의 부주의로 인하여 함께 넘어져 '갑'이 대퇴부 골절상해를 입고 인근 병원으로 이송되어 장기간 입원치료를 받았다. 아래 〈별표〉의 내용을 참고하여 각각의 질문에 답하시오. (10점)

〈별표〉

[보험가입사항]

- 보험회사 : A 보험회사
- 보험종목 : Professional Indemnity & Omissions Insurance Police(Claims – made Basis)
- 보험계약자 : 서울□□요양원
- 피보험자 : 서울□□요양원 / 요양보호사 '을' 외 200명
- 보험기간 : 2020.7.1. 00:00 ~ 2021.7.1. 00:00
- 담보위험 : 노인요양시설 전문직업인 업무
- Terms & Conditions
  * L.O.L : 1억원 / 1인당, 5억원 / 1사고당
  * Deductible : ₩500,000 / any one claim
  * Co – Insurance of the Insured Clause

지급보험금 구간	공동보험 분담비율(%)
2,000만원 이하	지급보험금의 10%
2,000만원 초과	200만원 + 2,000만원 초과하는 지급보험금의 20%

  * Claims Control Clause

[전제조건]

- 피해자 : '갑'
- 사고일자 : 2021년 2월 1일(배상청구일)
- 피해자과실 : 20%
- 손해내용(계산상 편의를 위한 임의금액임)
  * 실제치료비 : ₩19,500,000
  * 간병비 : ₩7,000,000
  * 향후치료비(현가) : ₩8,500,000
  * 위자료는 감안하지 않음

(1) A 보험회사가 피해자 '갑'에게 지급해야 할 지급보험금을 산정하고, 그 산출과정을 기재하시오. (5점)

(2) 상기 〈별표〉의 보험가입사항에서 "Claims Control Clause"에 대하여 약술하시오. (5점)

06 **배상책임보험에서 제3자에 대한 보험자대위를 설명하고, 국문영업배상책임 보험약관에 규정하고 있는 대위권에 대하여 약술하시오. (15점)**

07 **생산물배상책임보험을 가입한 피보험자 ○○전자가 제조 · 공급한 냉장고의 결함으로 화재가 발생하여 김○○이 화상을 입었다. 피해자 김○○은 사고발생전 예정되어 있던 해외유학이 이 건 사고로 인하여 취소되어 손해가 발생하였다고 주장하면서 ○○전자에 손해배상청구를 하였다. (10점)**

(1) 상기 사고의 피해자 김○○의 손해배상청구가 「제조물책임법」상 인정될 수 있는지에 대하여 설명하시오. (6점)

(2) 「제조물책임법」에서 규정하고 있는 제조업자의 면책사유를 약술하시오. (4점)

제45회 신체손해사정사 2차 시험문제

01 2021년 11월 1일 9시 30분경 경기도 평택시 소재 ○○반도체공장 신축공사 현장에서 (주)□□지게차 소속 안○○이 지게차를 운전하던 중, 갓길에 주차되어 있던 덤프트럭 뒤에서 신호를 하면서 도로 쪽으로 나온, (주)△△이앤씨 소속 정식 근로자 김□□를 발견하지 못하고 충격하여 사망하는 사고가 발생하였다.
피해자 유족 측은 근로복지공단으로부터 「산업재해보상보험법」에 따른 보험급여액을 지급받고 추가로 지게차 운전자 안○○의 소속사인 (주)□□지게차에 손해배상을 청구하였으며, (주)□□지게차는 A 보험회사에 보험금을 청구하였다. 한편 근로복지공단도 보험급여액을 지급한 다음 「산업재해보상보험법」 제87조 1항에 따라 손해배상청구권을 대위하여 행사하고 있다.
아래 〈별표〉의 내용을 참고하여, 다음의 질문에 답하시오.

〈별표〉
[보험가입사항]
① 보험회사 : A
② 피보험자 : (주)□□지게차
③ 보험종목 : 영업배상책임보험
- 건설기계업자 특별약관
- 보상한도액 : 대인대물 일괄 1사고당 2억원
- 자기부담금 : 1사고당 30만원

[전제조건]
① 피해자 : 김□□
- 생년월일 : 1964년 10월 31일
- 입사일자 : 2002년 1월 1일
- 정년(60세) : 2024년 10월 31일
- 월평균임금 : 6,000,000원(일 200,000원)
- 과실률 : 30%
② 사고 이해관계자 책임분담률 : (주)□□지게차 60%, (주)△△이앤씨 40%
③ 도시 일용노임단가 : 보통인부 150,000원
④ 호프만계수(계산의 편의를 위한 임의계수임)
- 사고일 ~ 정년 60세(36개월) : 30
- 사고일 ~ 가동연한 65세(96개월) : 80

⑤ 위자료는 서울지방법원 산정기준에 따르며, 사망 또는 100% 장해시 기준금액 100,000,000원을 적용함.
⑥ 민사 판결사례에 따른 장례비는 5,000,000원으로 가정함.
⑦ 일실퇴직금 산정시 현가율은 「1 / (1 + 0.05 × 잔여 재직기간)」으로 함.
⑧ 현가율은 소숫점 첫째자리 미만에서 절사함.
⑨ 월수계산시 1개월은 30일로 가정함.
⑩ 최근 대법원 전원합의체 판결을 준용함.

(1) A 보험회사가 지급할 보험금을 산정하고, 그 산출과정을 기재하시오. (20점)

(2) 「산업재해보상보험법」 제87조 제1항에 따라 근로복지공단이 제3자에 대해 행사할 수 있는 구상권의 대상과 범위에 대하여 약술하시오. (5점)

(3) 근로복지공단이 제3자에 대해 행사할 수 있는 구상금액을 산정하고, 그 산출과정을 기재하시오. (5점)

02 2015년 4월 1일 16시경 ○○건설(주)의 SRF 신규설비 설치공사 현장에서 최□□와 보조작업자가 슈트 인양작업을 하던 중, 높이 3m 가량의 성형기 철골구조물 위에서, 최□□가 보조작업자가 넘겨주던 배출슈트를 받다가 무게중심을 잃고 낙상하는 사고를 당했다.

아래 〈별표〉의 내용을 참고하여, 다음의 질문에 답하시오.

〈별표〉

[보험가입사항]

① 피보험자 : ○○건설(주) 및 협력업체들

② 보험종목 : 국내근로자재해보장책임보험

- 사용자배상책임담보 특별약관
- 보상한도액 : 1인당 100,000,000원 / 1사고당 500,000,000원

[전제조건]

① 피해자 : 최□□

- 생년월일 : 1962년 8월 1일
- 직책 : 용접공(협력업체 소속 일용직)
- 평균임금(일) : 150,000원
- 도시 일용임금(일) : 100,000원
- 과실률 : 20%

② 후유장해(노동능력상실률)

- 흉추골절 : 25%(영구)
- 요추횡돌기골절 : 20%(한시 5년)
- 슬관절동요장해 : 10%(기왕장해)

③ 산재보험 급여액

- 요양급여 지급액(2015년 4월 1일 ~ 2018년 3월 31일) : 74,000,000원
- 휴업급여 지급액(2015년 4월 1일 ~ 2018년 3월 31일) : 73,000,000원
- 장해급여 지급액(결정일 2018년 3월 31일) : 40,000,000원(장해등급 7급)

④ 호프만계수(계산의 편의를 위한 임의계수임)

개 월	계 수	개 월	계 수
36	30	56	50
48	40	108	90

⑤ 위자료는 고려하지 않음.

(1) 보험회사가 지급할 보험금을 산정하고, 그 산출과정을 기재하시오. (10점)

(2) 기왕장해가 존재하는 경우와 기왕증 기여도가 존재하는 장해의 경우, 복합장해율을 산정하는 방식을 비교하여 약술하시오. (5점)

03 **서울 종로구에 소재한 △△병원에서 근무 중이던 간호사 김○○과 외래환자 이□□가 병원 승강기 탑승 중, 오작동된 승강기가 추락하면서, 부상을 입고 그 부상으로 인해 후유장해가 남았다.**
아래 〈별표〉의 내용을 참고하여 보험종목별 및 피해자별로 지급할 보험금을 각각 산정하고, 그 산출과정을 기재하시오. (15점)

〈별표〉
[보험가입사항]
• 피보험자 : △△병원

보험종목	승강기사고 배상책임보험	영업배상책임보험 – 시설소유(관리)자 특별약관	국내근로자 재해보장책임보험 – 사용자배상책임담보 특별약관
보상한도액	법정 보험금액	대인 1사고당 1억원	1사고당 1억원
자기부담금		1사고당 10만원	

[전제조건]
① 간호사 김○○
• 승강기사고배상책임보험 장해등급 : 손가락 13급, 치아 14급
• 상실수익 : 2,000만원
• 위자료 : 500만원
• 산재보험 장해급여 수령액 : 1,000만원
② 외래환자 이□□
• 승강기사고배상책임보험 장해등급 : 팔 12급, 다리 13급, 눈 14급
• 상실수익 : 4,000만원
• 위자료 : 1,000만원
③ 후유장해 등급별 승강기사고 배상책임보험 보험금액 한도

장해등급	10급	11급	12급	13급	14급
장해일시보상금	1,500만원	1,200만원	1,000만원	800만원	500만원

④ 승강기사고배상책임보험에서 상기 피해자들의 등급별 부상은 고려하지 않는 것으로 한다.
⑤ 상실수익 및 위자료 금액은 계산 편의상 산정한 금액임.
⑥ 피해자들의 과실은 없는 것으로 한다.

04 **유도선사업자 '갑'은 승선정원 50명의 선박에 80명의 승객을 승선시키고 운행을 하였으며, 운항을 마치고 접안 중 운전부주의로 선박이 접안시설과 충돌하는 사고가 발생하였다. 이 사고로 갑판에 있던 승객 김○○과 접안시설 위에서 사진을 찍던 관광객 이□□가 바다에 빠져 함께 실종되었다. 수색과정에서 김○○과 이□□를 구조하여 병원으로 후송하였으며, 김○○은 치료 후 상태가 호전되었으나, 이□□는 치료 중 사망하였다.**
아래 〈별표〉의 내용을 참고하여, 다음의 질문에 답하시오.

〈별표〉
[보험가입사항]
① 피보험자 : 유도선사업자 '갑'
② 보험종목 : 유도선사업자배상책임보험(보상한도액 : 1인당 2억원)
- 구조비담보 특별약관(보상한도액 : 1천만원)
- 승객 외 제3자담보 특별약관(보상한도액 : 1인당 2억원)
- 관습상의 비용담보 특별약관

[손해사항]
① 사고선박 예인비 : 10,000,000원
② 수색구조비 : 2,000,000원
③ 피해자
㉠ 승객 김○○
- 병원치료비 : 10,000,000원
- 상실수익 : 3,000,000원
- 위자료 : 3,000,000원
- 휴대품 수리비용 : 1,000,000원

㉡ 접안시설 관광객 이□□
- 병원치료비 : 10,000,000원
- 상실수익 : 50,000,000원
- 위자료 : 100,000,000원
- 카메라 수리비용 : 1,000,000원

(1) 보험회사가 지급할 담보별 보험금을 산출과정을 기재하여 산정하시오. (7점)

(2) "관습상의 비용담보 특별약관"에서 보상하는 손해를 약술하시오. (3점)

05 "수개의 책임보험"에 대한 「상법」 규정을 약술하고, 국문영업배상책임보험 보통약관에서 규정하고 있는 보험금의 분담조항에 대하여 기술하시오. (10점)

06 고객 홍○○은 SUN 가구마트에서 안락의자를 구입하기 위해 안락의자가 편한지 앉아보는 과정에서, 갑자기 안락의자 등받이가 분리되어, 요추골절상을 입었다. 홍○○은 SUN 가구마트를 상대로 손해배상청구소송을 제기하였다. 한편 SUN 가구마트는 아래 2개의 보험을 가입하고 있다.

- Commercial General Liability Policy(Cover for Premises & Operations Liability)
- Products/Completed Operations Liability Policy

(1) SUN 가구마트가 가입한 보험에서 홍○○이 제기한 손해배상청구소송이 담보되는지 여부에 대하여 각각 약술하시오. (5점)

(2) 미주지역에 수출하여 소비자에게 판매된 상기 제품의 결함과 관련한 손해배상청구소송 사건에서 원고는 청구원인으로 피고의 Negligence, Breach of Warranty, Strict Liability를 주장하고 있다. 이에 대하여 각각 약술하시오. (5점)

07 「중대재해 처벌 등에 관한 법률」에서 규정하고 있는 "중대재해"에 대하여 기술하고, 「기업중대사고 배상책임보험(특별약관 포함)」에서 보상하는 손해를 약술하시오. (10점)

제3과목

제3보험의 이론과 실무

2014년도 제37회 2차 시험문제

2015년도 제38회 2차 시험문제

2016년도 제39회 2차 시험문제

2017년도 제40회 2차 시험문제

2018년도 제41회 2차 시험문제

2019년도 제42회 2차 시험문제

2020년도 제43회 2차 시험문제

2021년도 제44회 2차 시험문제

2022년도 제45회 2차 시험문제

제37회 신체손해사정사 2차 시험문제

01 질병 · 상해보험 표준약관 「제4관 보험계약의 성립과 유지」 "청약의 철회" 조항 중 ① 청약철회 기간 및 청약철회를 제한하는 계약 유형, ② 청약철회 접수시 보험회사가 약관에서 정한 유형별 업무처리 내용을 각각 기술하고(개정 보험업법 2014년 7월 15일 시행 기준), ③ "계약의 무효" 조항 중 계약이 무효가 되는 3가지를 약술하시오. (15점)

02 피보험자 신나라씨는 실손의료보험을 가입하고 계약을 정상으로 유지 중 의료기관에서 입원 및 통원치료를 받고 보험금을 청구하였다. 아래 제 조건을 읽고, ① 통원의료비(외래), ② 통원의료비(처방조제비), ③ 입원의료비를 계산하시오(각각 계산과정 명시). (20점)

〈계약사항〉

보험종류	피보험자	보험기간	담보종목	가입금액 (보상한도액)	자기부담률
실손 의료보험 (표준형)	신나라	2014.5.6. ~2017.5.6.	질병입원형 질병통원형	입원 : 3,000만원 통원 : 외래 1회당 25만원, 처방 1건당 5만원	20%

※ 상기 보험은 실손의료보험 표준약관 및 표준사업방법서 개정(2014.2.11.)으로 아래의 통원의료비 및 입원의료비는 발생한 것으로 가정함

※ 동일회사 계약의 자동갱신 또는 재가입은 없는 것으로 가정함

〈통원의료비 발생내역〉

통원일	진단명(병명)	진료기관	본인부담의료비	
			외 래	처방조제비
2017.3.11.	위염	A의원	40,000원	10,000원
2017.3.11.	위염	B병원	200,000원	50,000원
2017.4.25.	비만	B병원	50,000원	100,000원
2017.5.4.	위궤양	C상급종합병원	250,000원	70,000원
2017.10.7.	위궤양	C상급종합병원	300,000원	50,000원

〈입원의료비 발생내역〉

입원기간	진단명(병명)	진료기관	본인부담의료비	
			요양급여 중 본인부담의료비	비급여 의료비
2014.10.1. ~ 10.10.(10일)	추간판탈출증	D상급종합병원	100만원	500만원*
2014.11.1. ~ 11.15.(15일)	추간판탈출증	E한방병원	50만원	300만원
2015.3.1. ~ 3.30.(30일)	추간판탈출증	B병원	200만원	400만원**
2015.11.15. ~ 11.30.(16일)	추간판탈출증	D상급종합병원	150만원	50만원

* D상급종합병원 입원기간(2014.10.1. ~ 10.10.) 중 비급여의료비 500만원에는 병실료 차액 300만원(상급병실 10일 사용)이 포함됨

** B병원 입원기간(2015.3.1. ~ 3.30.) 중 비급여의료비 400만원에는 보조기 구입비용 50만원, 환자 간병비 50만원, 선택진료비 100만원, 보호자 식대비 48만원, 진단서 발급비용 2만원이 포함됨

〈기타사항〉

- 계약전 알릴의무 위반사실은 없음
- 보험금 계산시 편의상 본인부담금 상한제도와 자기부담금 한도제도는 적용하지 않음

03 **장기간병보험의 중증치매진단비 특별약관에서 제6차 개정 한국표준질병사인분류(통계청 고시, 2011.1.1. 시행) 중 중증치매로 분류되는 질병명 및 질병코드에 관하여 기술하시오. (10점)**

04 **제3보험 신경계 장해의 장해판정 기준은 뇌, 척수 및 말초신경계 손상으로 "일상생활 기본동작(ADLs) 제한 장해평가표"의 5가지 기본동작 중 하나 이상의 동작이 제한되었을 때를 말합니다. 아래 (1)~(5)의 유형에서 질문하는 제한 정도에 따른 지급률의 장해상태를 설명하시오. (15점)**

(1) 이동동작 : 제한정도에 따른 지급률 30%의 장해상태

(2) 음식물 섭취 : 제한정도에 따른 지급률 20%의 장해상태

(3) 배변/배뇨 : 제한정도에 따른 지급률 10%의 장해상태

(4) 목욕 : 제한정도에 따른 지급률 3%의 장해상태

(5) 옷입고 벗기 : 제한정도에 따른 지급률 5%의 장해상태

05 **다음 보험금 청구 사례를 읽고 주어진 문제에 대하여 답하시오.** 기출수정

〈계약사항〉

<table>
<tr><th>보험종목</th><th>피보험자</th><th>보험기간</th><th colspan="2">가입금액(보장내용)</th><th>사망시
수익자</th></tr>
<tr><td rowspan="4">장기
상해
보험</td><td rowspan="4">A</td><td rowspan="4">2012.12.1. ~
2022.12.1.</td><td>일반상해사망담보</td><td>2,500만원</td><td rowspan="4">법정
상속인</td></tr>
<tr><td>교통상해사망담보</td><td>5,000만원</td></tr>
<tr><td>일반상해후유장해담보</td><td>1억원</td></tr>
<tr><td>일반상해 80% 이상
후유장해재활자금</td><td>5,000만원</td></tr>
</table>

※ 상기의 일반상해사망, 교통상해사망, 일반상해후유장해, 일반상해 80% 이상 후유장해재활자금 담보는 별도의 특약보험료를 각각 납입하였음

※ 일반상해 80% 이상 후유장해재활자금은 일반상해 사고로 장해지급률이 80% 이상에 해당하는 장해상태가 되었을 때 보험수익자에게 일시금으로 가입금액을 지급함

※ 장기상해보험은 질병·상해보험 표준약관을 사용함

〈사고사항〉

피보험자 A(47세)는 2013.8.1. 건축공사 현장을 지나던 중 철골구조물이 낙하하여 부상을 입고 치료 후 후유장해가 남아 2014.2.25. 후유장해를 진단받았으나, 보험금을 청구하지 않고 지내다가 교통사고로 2014.6.28. 현장 사망함

〈장해진단 사항〉

- 경추에 약간의 추간판탈출증 : 10%
- 우측 눈의 안구에 뚜렷한 조절기능 장해 : 10%
- 우측 손의 5개 손가락을 모두 잃었을 때 : 55%
- 우측 손목관절의 기능에 뚜렷한 장해를 남긴 때 : 10%
- 요추에 심한 추간판탈출증 : 20%(5년 한시장해)
- 좌측 어깨관절의 기능에 약간의 장해를 남긴 때 : 5%

〈가족사항〉

- 피보험자(A) : 사망당시 부친(B)과 모친(C)이 생존해 있음
- 피보험자(A) : 배우자와 자녀가 없음
- 피보험자(A) : 형제자매로 성년의 동생(D)과 방계혈족으로 4촌 형(E)이 있음

〈가족사항〉

- 가족 중에 심신상실 및 심신박약자, 금치산자・한정치산자는 없음
- 부친(B)은 피보험자(A)의 사망 이후인 2014.7.21. 사망함

〈질문사항〉

상기의 조건에서 유가족이 2014.8.5. 보험회사에 보험금을 청구하였을 때, 지급보험금을 ① 후유장해보험금, ② 일반상해 80% 이상 후유장해재활자금, ③ 사망보험금으로 구분하여 산출하고, ④ 모친(C)이 수령할 보험금을 계산하시오(각각 계산과정 명시).

(20점)

06 **다음은 피보험자 행복해씨가 계약한 암보험계약이다. 아래의 제 조건을 참고하여 ① A 보험사가 지급하여야 할 진단급여금 및 수술급여금, ② B 보험사가 지급하여야 할 진단급여금 및 수술급여금을 계산하시오(각각 계산과정 명시). (20점)**

〈계약사항〉

보험사	보험기간	보장내용	
		암 진단급여금	암수술급여금(1회당)
A 보험사	2011.9.11. ~ 2031.9.11.	고액암 : 2,000만원 일반암 : 1,000만원 경계성암 : 200만원 갑상선암 : 200만원	고액암 : 400만원 일반암 : 200만원 경계성암 : 50만원 갑상선암 : 50만원
B 보험사	2012.7.10. ~ 2022.7.10.	고액암 : 1,000만원 일반암 : 500만원	고액암 : 200만원 일반암 : 100만원

※ 상기의 질병(암)은 제6차 개정 한국표준질병사인분류(통계청 고시, 2011.1.1. 시행)를 기준으로 함

〈기타사항〉

- 고액암 : 식도암, 췌장암, 뼈암, 뇌암, 혈액암
- 약관상 보상하는 손해이며, 계약전 알릴의무 위반사실은 없음
- 고액암, 일반암 진단급여금은 최초 1회에 한하여 지급. 경계성암과 갑상선암도 각각 최초 1회에 한하여 지급
- 고액암, 일반암, 갑상선암, 경계성암 진단급여금은 가입일로부터 1년 이내 진단받은 경우 해당 진단급여금의 50% 지급

〈치료사항〉

- 2012.7.25. : 갑상선암(C73) 진단
- 2012.8.17. : 상세불명 부위의 악성 신생물(C77) 진단
- 2012.8.20. : 상세불명 부위의 악성 신생물(C77)로 수술을 시행하고, 조직검사결과 일차성 암은 갑상선암(C73)으로 최종 확인됨
- 2012.10.5. : 조직검사결과 원발성 유방암(C50) 진단 및 유방절제수술 시행
- 2013.6.1. : 백혈병으로 1차 수술 후 시행한 검사결과 만성 호산구성 백혈병(D47.5) 최종 진단
- 2013.11.10. : 백혈병 상태 악화로 재입원하여 만성 호산구성 백혈병(D47.5) 2차 수술 시행

제38회 신체손해사정사 2차 시험문제

01 **김갑동씨는 사무직으로 근무시 아래의 보험을 가입하고 2014.5.3.일자에 엘리베이터 정비원으로 직무가 변경되었으나 사고일까지 통보하지 않았다. 아래의 제 조건을 참고하여 질문에 답하시오. (30점)**

〈계약사항〉

보험종목	피보험자	보험기간	보장내용(가입금액)	
장기상해보험	김갑동	2013.4.1. ~ 2033.4.1.	일반상해후유장해담보	1억원
			교통상해후유장해담보	2억원
			신주말일반상해후유장해담보	1억원
			일반상해 80% 이상 후유장해담보	1억원

※ 상기 각 담보는 별도의 특약보험료를 각각 납입함. 질병·상해보험 표준약관 사용함

※ 일반상해 80% 이상 후유장해는 상해사고로 장해지급률 80% 이상에 해당하는 장해상태가 되었을 때 보험수익자에게 가입금액을 전액 지급함

※ 보험요율 : 1급 요율(0.2%), 2급 요율(0.3%), 3급 요율(0.4%)

※ 직업급수 : 사무직(1급), 엘리베이터 정비원(3급)

〈사고사항〉

피보험자는 2014.8.22.(금요일) 쇼핑몰의 엘리베이터 고장으로 본인이 직접 수선작업을 하는 동안 발생한 사고로 상해를 입고 1차 장해진단 받아 2015.2.18.일 보험금을 청구하였다. 이에 보험회사가 알릴의무 위반으로 2015.3.5.일 계약해지 처리하였으며, 그 후 장해상태가 악화되어 2차 장해진단을 받았다.

〈장해상태〉

① 1차 장해진단[진단일자 : 2015.2.17.(화요일)]
- 우)슬관절 동요관절 8mm(건측대비 환측)
- 코의 1/4 이상 결손
- 한쪽 코의 후각기능을 완전히 잃음
- 좌)고관절 인공골두 삽입

② 2차 장해진단 : 〈후유장해진단서〉 참조

〈후유장해진단서〉

<table>
<tr><td>성 명</td><td>김갑동</td><td>남</td><td>주민번호</td><td>****** - *******</td><td>병 록 번 호</td><td>******</td></tr>
<tr><td>수상일</td><td>2014년 8월 22일</td><td>초진일</td><td colspan="2">2014년 8월 22일</td><td>장해
진단일</td><td>2015년 7월 30일</td></tr>
</table>

□ 상명병(※ 상병명이 많을 때는 장해와 관계있는 주요 상병명을 기재하여 주십시오.)
1)우측 안와부 골절　　　2)좌측 족관절 골절
3)양측 슬관절 후방 십자인대파열 및 대퇴골 골절

□ 주요 치료경과 현증 및 기왕증 주요 검사소견 등
상기 환자는 엘리베이터 수선작업 중 발생한 사고로 본원 내원하여 상병으로 치료 후 1차 후유장해 진단받았으나, 그 후 장해상태 악화되어 2차 후유장해 진단받음

□ 상하지, 수, 족 척추관절의 운동범위 등
- 우)슬관절 - 스트레스 엑스선상 12mm 이상의 동요관절(건측대비 환측)
- 좌)슬관절 - 근전도 검사상 심한 마비 소견이 있고 근력검사에서 근력 '1등급(Trace)'
- 좌)족관절 - 굴곡 : 5(40),　신전 : 5(20),　외반 : 10(20),　내반 : 5(30)
※ (　　) : 정상운동범위(AMA 5판 의거)

<table>
<tr><td rowspan="2">시
력</td><td>라안시력 :
(좌) (우)
교정시력 :
(좌) (우)</td><td>※ 정상시력에 대비한
시각장해율
(정상 100을 기준)</td><td>(좌) %

(우) %</td><td rowspan="2">청
력</td><td>적용기준
ASA
ISO</td><td>(좌)　dB
(우)　dB</td></tr>
<tr><td colspan="3">복시유무 : 정면시에서 복시유무 - (유)</td><td colspan="2">보통대화청취거리 :　m</td></tr>
</table>

□ 장해진단(AMA장해평가)
- 우측 안구의 뚜렷한 운동장해(정면 양안시에서 복시를 남긴 때)
- 우측 슬관절 장해상태는 위와 같음
- 좌측 슬관절 및 족관절 장해상태는 위와 같음

비고(장해부위의 그림표시 등) ※ 영구장해로 사료됨.	상기와 같이 진단함 진단서발행일 : 2015년 7월 30일 병의원 명칭 : **대학교병원

〈장해분류별 장해지급률〉

① 코의 기능 완전히 잃었을 때(15%)
② 외모에 약간의 추상을 남긴 때(5%)
③ 외모에 뚜렷한 추상을 남긴 때(15%)
④ 한 눈의 안구에 뚜렷한 운동장해(10%)
⑤ 한다리 1관절 기능 완전히 잃었을 때(30%)
⑥ 한다리 1관절 기능 심한 장해(20%)
⑦ 한다리 1관절 기능 뚜렷한 장해(10%)
⑧ 한다리 1관절 기능 약간의 장해(5%)

〈질문사항〉

(1) 1차 장해진단으로 지급하여야 할 보험금을 계산하시오(지급근거 및 계산과정 명시). (10점)

(2) 2차 장해진단으로 지급하여야 할 보험금을 계산하시오(지급근거 및 계산과정 명시). (10점)

(3) 상기 제 조건과 달리, 제3보험의 장해분류표상 아래의 「장해판정기준」에 대해 기술하시오. (10점)

① 한 귀의 청력에 "약간의 장해를 남긴 때"

② 흉복부장기 또는 비뇨생식기 기능에 "뚜렷한 장해를 남긴 때"

02 **CI(Critical Illness) 보험에서 「말기 폐질환(End Stage Lung Disease)」에 해당하는 2가지 기준과 제6차 한국표준질병사인분류(통계청 고시, 2011.1.1. 시행) 중 말기 폐질환으로 분류되는 대상 질병명 및 분류번호를 기술하시오. (15점)**

03 피보험자 행복해씨는 보험가입 당시 보험사에 과거병력을 고지하여 "위, 십이지장" 및 "경추부"에 아래 보험계약의 보험기간(보험금을 지급하지 않는 기간)으로 「특정 신체부위 · 질병 보장제한부 인수 특별약관」이 부가된 보험계약을 체결하였다. 다음 질문에 답하시오. (20점)

〈계약사항〉

보험종목	보험기간	가입금액(보장내용)	
종합보험	2015.2.1. ~ 2035.2.1.	암 진단비담보	2,000만원
		질병사망담보	5,000만원
		질병수술비 담보(수술 1회당)	100만원
		일반상해입원일당(1일 이상)	1일당 2만원
		교통상해입원일당(4일 이상)	1일당 5만원

※ 암 진단비담보 : 원발암 및 전이암 여부와 관계없이 최초 1회만 지급됨
※ 알릴의무 위반사항은 없음. 특약 개정으로 사고는 발생한 것으로 가정함

〈질문사항〉

(1) 피보험자는 2015.10.17. 콤바인으로 벼 수확작업을 마치고 콤바인을 운전하여 도로 운행 중 사고로 경추골절이 발생하여 2015.10.17. ~ 10.26.까지 10일간 병원에서 입원치료를 받았다. 보험사가 지급해야 할 보험금과 그 근거를 기술하시오. (6점)

(2) 피보험자는 2016.3.1. 건강검진시 위암으로 진단받고 치료 후 2016.12.1. 간으로 전이되어 간암 진단받아 치료 중 2017.10.15. 간암으로 사망하였다. 보험사가 지급해야 할 보험금과 그 근거를 기술하시오. (7점)

(3) 상기 (1), (2)의 질문사항과 달리, 피보험자가 상기 보험가입 이후 병원에 내원없이 지내다가 가입 이후인 2020.5.1. 최초 내원한 병원에서 위선종 진단받고 선종제거 수술을 받았다. 보험사가 지급해야 할 보험금과 그 근거를 기술하시오. (7점)

04 다음은 「질병 · 상해보험 표준약관」에 관한 내용이다. 아래 질문에 답하시오. (15점)

(1) 사기에 의하여 계약이 성립되었음을 회사가 증명하는 경우에는 계약일로부터 5년 이내(사기사실을 안 날부터 1개월 이내)에 계약을 취소할 수 있다. 약관에 규정된 "계약 취소 사유"를 모두 기술하시오. (4점)

(2) 보험료의 납입연체로 인한 해지계약을 부활(효력회복)하는 경우에 "준용하는 약관 조항"을 모두 기술하시오. (5점)

(3) 해지환급금이란 계약이 해지된 때에 회사가 계약자에게 돌려주는 금액을 말하는데, "해지환급금을 지급하는 약관 조항"을 모두 기술하시오. (6점)

05 피보험자 김소망씨는 A, B사에 보험을 가입하고 해외여행 중 발병한 질병으로 현지 병원에서 치료 후 귀국하여 국내 병 · 의원에서 치료받고 해당 실손의료비를 청구하였다. 아래 질문에 답하시오. (20점)

〈계약사항〉

<table>
<tr><th>보험사</th><th>보험종류</th><th>보험기간</th><th>담보
종목</th><th colspan="2">가입금액(보상한도액)</th><th>비 고</th></tr>
<tr><td>A</td><td>실손
의료보험
(표준형)</td><td>2015.5.1.
~
2035.5.1.</td><td>질병</td><td colspan="2">입원 : 5,000만원
통원 : 외래 1회당 20만원,
처방 1건당 10만원</td><td>자기부담률
(20%)</td></tr>
<tr><td rowspan="2">B</td><td rowspan="2">해외여행
실손
의료보험
(표준형)</td><td rowspan="2">2015.10.1.
~
2015.10.15.</td><td rowspan="2">질병
의료비</td><td>해
외</td><td>1,000만원</td><td rowspan="2">여행지역
(전세계)
자기부담률
(20%)</td></tr>
<tr><td>국
내</td><td>입원 : 5,000만원
통원 : 외래 1회당 20만원
처방 1건당 10만원</td></tr>
</table>

※ 상기 보험은 표준약관 개정(2014.12.26.)으로 아래의 통원의료비 및 입원의료비는 발생한 것으로 가정함. 계약전 알릴의무 위반 사항 없음

※ 보험금 계산시 편의상 본인부담금 상한제도와 자기부담금 한도제도는 적용하지 않음

〈해외의료비 발생내역〉

진료기관	진단명(병명)	치료기간	구 분	본인부담의료비
일본 E대학병원	뇌내출혈(I61)	2015.10.3.	통원	1,000,000원
일본 F치과의원	치주염(K05)	2015.10.14.	통원	300,000원
일본 K약국	치주염(K05)	2015.10.14.	처방	30,000원

〈국내 입원의료비 발생내역〉

진료기관	진단명(병명)	입원기간	요양급여		비급여 의료비
			공단부담	본인부담	
L상급종합병원	뇌내출혈(I61)	2016.5.7. ~ 6.5.(30일)	700만원	400만원	300만원*
N한방병원	뇌내출혈(I61)	2016.11.25. ~ 12.22.(28일)	200만원	200만원	500만원
O병원	뇌내출혈(I61)	2017.5.15. ~ 5.24.(10일)	150만원	300만원	100만원

* L상급종합병원 입원기간(2016.5.7. ~ 6.5.) 중 비급여의료비 300만원에는 회사가 보상하는 질병치료를 목적으로 하는 영양제 30만원, TV시청료 10만원, 의사의 임상적 소견과 관련이 없는 검사비용 50만원이 포함됨

〈국내 통원의료비 발생내역〉

진료기관	진단명(병명)	치료기간	구 분	본인부담의료비
P상급종합병원	뇌출혈후유증(I69)	2017.5.25.	통원	80,000원
Q약국	뇌출혈후유증(I69)	2017.5.25.	처방	30,000원
R의원	상세불명 치매(F03)	2017.6.25.	통원	150,000원
S약국	상세불명 치매(F03)	2017.6.25.	처방	130,000원

〈질문사항〉

(1) 해외의료비 발생내역에 대하여 A, B 보험사가 지급하여야 할 실손의료비를 계산하시오(각각 계산과정 명시). (5점)

(2) 국내의료비 발생내역에 대하여 A, B 보험사가 지급하여야 할 실손의료비[① 입원의료비, ② 통원의료비(외래), ③ 통원의료비(처방조제비)]를 계산하시오(각각 계산과정 명시). (15점)

제39회 신체손해사정사 2차 시험문제

01 다음의 청구 사례를 보고 아래 질문에 답하시오. (30점)

〈계약사항〉

보험종목	피보험자	보험기간	보장내용(가입금액)	보험수익자
장기상해보험 (K보험사)	김보상	2014.5.1. ~ 2029.4.30.	일반상해후유장해 : 1억원	피보험자
			교통사고후유장해 : 2억원	피보험자
			80% 이상 후유장해 : 1억원	피보험자
			일반상해사망 : 7천만원	법정상속인

※ 장기상해보험은 질병·상해보험 표준약관을 사용하며, 정상 유지 계약임
※ 알릴의무 위반사항과 보상하지 않는 사항 없음
※ 80% 이상 후유장해 발생시 일시금으로 전액지급
※ 파생장해 및 기왕증 없음

〈사고내용〉

피보험자(김보상)는 2016년 1월 9일 자가용 자동차를 타고 가족들과 여행을 가던 중 교통사고를 당하여 아래와 같은 장해진단을 받았다(장해진단일 : 2016년 8월 9일).

〈장해진단내용〉

① 머리뼈와 상위경추(상위목뼈 : 제 1, 2목뼈) 사이에 뚜렷한 이상전위가 있음
② 요추의 특수검사(CT, MRI 등)에서 추간판 병변이 확인되고, 의학적으로 인정할 만한 하지방사통(주변부위로 뻗치는 증상)이 있음
③ 우측 고관절의 운동범위 합계가 정상 운동범위의 1/2 이하로 제한됨(7년 한시장해)
④ 우측 슬관절에 스트레스 엑스선상 13mm의 동요관절이 있음
⑤ 얼굴에 지름 4cm의 조직함몰
⑥ 머리에 손바닥 1/2 크기 이상의 반흔, 모발결손
⑦ 좌측 귀의 순음청력검사결과 평균순음역치가 90dB 이상(3회 이상 청력검사 실시함)
⑧ 뇌 손상으로 다음과 같은 일상생활기본동작(ADLs) 제한 남음
- 독립적인 음식물 섭취는 가능하나 젓가락을 이용하여 생선을 바르거나 음식물을 자르지는 못하는 상태
- 목욕시 신체(등 제외)의 일부 부위만 때를 밀 수 있는 상태

※ 상기 장해진단은 장해판정기준에 의해 확정됨

〈장해분류표상 장해지급률〉

① 심한 추간판탈출증(20%)
② 뚜렷한 추간판탈출증(15%)
③ 약간의 추간판탈출증(10%)
④ 척추에 심한 운동장해를 남긴 때(40%)
⑤ 척추에 뚜렷한 운동장해를 남긴 때(30%)
⑥ 척추에 약간의 운동장해를 남긴 때(10%)
⑦ 외모에 뚜렷한 추상을 남긴 때(15%)
⑧ 외모에 약간의 추상을 남긴 때(5%)
⑨ 한 다리의 3대관절 중 관절 하나의 기능을 완전히 잃었을 때(30%)
⑩ 한 다리의 3대관절 중 관절 하나의 기능에 심한 장해를 남긴 때(20%)
⑪ 한 다리의 3대관절 중 관절 하나의 기능에 뚜렷한 장해를 남긴 때(10%)
⑫ 한 다리의 3대관절 중 관절 하나의 기능에 약간의 장해를 남긴 때(5%)
⑬ 한 귀의 청력을 완전히 잃었을 때(25%)
⑭ 한 귀의 청력에 심한 장해를 남긴 때(15%)
⑮ 한 귀의 청력에 약간의 장해를 남긴 때(5%)
⑯ 독립적인 음식물 섭취는 가능하나 젓가락을 이용하여 생선을 바르거나 음식물을 자르지는 못하는 상태(5%)
⑰ 목욕시 신체(등 제외)의 일부 부위만 때를 밀 수 있는 상태(3%)

〈질문사항〉

(1) K 보험회사가 김보상에게 지급해야 할 후유장해보험금을 각 담보별로 계산하시오(산출근거 명시). (15점)

(2) 만약 김보상이 위 교통사고로 현장사망 하였다고 가정할 경우 K 보험회사가 지급해야 할 사망보험금을 수익자별로 계산하시오(계산과정 명시). (7점)

피보험자는 배우자A, 자녀B(30세, 양자)와 자녀C(27세)가 있으며 자녀C는 결혼하여 배우자D와 자녀E(3세)가 있다. 자녀C는 피보험자가 사망하기 1개월 전 질병으로 사망하였다.

※ 보험수익자는 심신상실자, 심신박약자가 아닌 정상인임

(3) 질병 · 상해보험 표준약관 「보험금 지급에 관한 세부규정」에는 일반적인 장해판정시기가 규정되어 있으며, 장해분류표에 장해판정시기를 별도로 정한 경우에는 그에 따르도록 되어 있다. "그 별도로 정한 경우"를 모두 기술하시오. (8점)

02 CI(Critical Illness) 보험의 「중대한 뇌졸중(Critical Stroke)」에서 규정하고 있는 "보상에서 제외하는 질병(질환)"을 기술하시오. (10점)

03 다음의 질문에 답하시오. (15점)

(1) 「보험업법」상 손해보험업의 보험종목 전부를 취급하는 손해보험회사가 질병을 원인으로 하는 사망을 제3보험의 특약의 형식으로 "담보할 수 있는 요건"을 모두 기술하시오. (6점)

(2) 질병 · 상해보험 표준약관상 "회사의 손해배상책임"을 쓰시오. (5점)

(3) 다음은 질병 · 상해보험 표준약관 중 「보험금 지급에 관한 세부규정」이다. 빈칸(①, ②)에 들어갈 내용을 쓰시오. (4점)

> 보험금의 지급사유의 '사망'에는 보험기간에 다음 어느 하나의 사유가 발생한 경우를 포함합니다.
> • 실종선고를 받은 경우 : (①) 때에 사망한 것으로 봅니다.
> • 관공서에서 수해, 화재나 그 밖의 재난을 조사하고 사망한 것으로 통보하는 경우 : (②)을 기준으로 합니다.

04 김행복은 2014년 회사를 퇴직하고, 2015년부터 현재(2016년 8월)까지 국민건강보험료로 매월 58,000원을 납입해왔다. 아래의 제조건을 읽고 질문에 답하시오. (30점)

〈계약사항〉

보험사	보험종목	피보험자	보험기간	보장내용(가입금액)	자기부담률
갑	실손의료보험〈표준형〉	김행복	2016.1.5. ~ 2036.1.4.	질병입원의료비 : 5,000만원	20%

※ 고지의무위반 등 계약상 하자는 없으며, 퇴직시 연령은 고려하지 않음

〈건강보험 기준보험료〉

분 위	본인부담 상한액	보험료수준	월별 직장보험료 구간	월별 지역보험료 구간
1분위	120만원	10% 이하	30,440원 이하	9,380원 이하
2분위 ~ 3분위	150만원	10% 초과 ~ 30% 이하	30,440원 초과 ~ 45,640원 이하	9,380원 초과 ~ 25,050원 이하
4분위 ~ 5분위	200만원	30% 초과 ~ 50% 이하	45,640원 초과 ~ 67,410원 이하	25,050원 초과 ~ 54,450원 이하
6분위 ~ 7분위	250만원	50% 초과 ~ 70% 이하	67,410원 초과 ~ 103,010원 이하	54,450원 초과 ~ 105,000원 이하
8분위	300만원	70% 초과 ~ 80% 이하	103,010원 초과 ~ 132,770원 이하	105,000원 초과 ~ 141,000원 이하
9분위	400만원	80% 초과 ~ 90% 이하	132,770원 초과 ~ 179,700원 이하	141,100원 초과 ~ 190,870원 이하
10분위	500만원	90% 초과	179,700원 초과	190,870원 초과

※ 건강보험 기준보험료 : 2015년과 2016년은 동일하며, 매년 1월 1일부터 12월 31일까지 적용한다고 가정함
※ 김행복은 국민건강보험법 적용대상자이며, 퇴직 이후 건강보험가입자 및 피부양자로 건강보험료 전액을 납입해왔음
※ '갑' 보험사로부터 2016년 지급받지 못한 실손보험금은 2017년 국민건강보험공단에서 환급받을 수 있음

〈입원의료비 발생내역〉

진료기관	진단명	입원기간	요양급여		비급여의료비
			공단부담	본인부담	
A상급종합병원	위암	2016.3.1. ~ 2016.3.15.	600만원	200만원	400만원
B요양병원	위암	2016.4.1. ~ 2016.6.15.	400만원	100만원	600만원
C한방병원	위암	2016.7.1. ~ 2016.7.30.	350만원	300만원	300만원

※ 비급여 비용은 치료관련 비용이고, 상급병실료는 없음
※ C한방병원은 한의사만 진료하는 병원임
※ 2016.7.30. 이후 추가 치료사항은 없음

〈질문사항〉

(1) ‘갑’ 보험사가 지급해야 할 실손의료비를 계산하시오(풀이과정 명시). (15점)

(2) 실손의료보험 표준약관상 “본인부담금 상한제”를 기술하고, 김행복이 2017년 국민건강보험공단으로부터 환급받을 수 있는 금액을 계산하시오. (5점)

(3) 실손의료보험 표준약관 「질병입원의료비의 보상하지 않는 사항」 중 면책사항으로 오인되거나 보험가입자가 놓치기 쉬운 보장내용을 2016.1.1. 개정 이후 약관에는 명확히 기재하고 있다. “이에 해당하는 약관조항”을 5가지 이상 기술하시오. (10점)

05 다음 주어진 조건을 읽고 질문에 대해 답하시오. (15점)

〈계약사항〉

보험종목	피보험자	보험기간	보장내용	가입금액
장기상해보험 (M 보험사)	홍길동	2016.1.10. ~ 2026.1.9.	일반상해사망	5,000만원
			교통상해사망	1억원
			대중교통이용 중 교통상해사망	2억원

※ 장기상해보험은 질병・상해보험 표준약관을 사용하며, 정상유지 계약임

※ 알릴의무 위반사항과 보상하지 않는 사항 없음

〈사고사항〉

피보험자(홍길동)는 2016년 3월 21일 강원도 강릉으로 친구들과 함께 전세버스를 타고 친목모임을 가던 중 영동고속도로에서 교통사고가 발생하여 두개골 골절 등으로 현장에서 사망함

〈질문사항〉

(1) 상해보험의 교통상해사망과 대중교통이용 중 교통상해사망 특별약관에서 공통적으로 “보험금을 지급하지 않는 사유”를 기술하시오(단, 보통약관의 보험금을 지급하지 않는 사유는 제외함). (8점)

(2) 대중교통이용 중 교통상해사망 특별약관에서 “대중교통수단의 범위”에 대해 기술하고, M 보험사가 지급해야 할 사망보험금을 계산하시오. (7점)

제40회 신체손해사정사 2차 시험문제

01 질병 · 상해보험 표준약관(2015.12.29. 개정) 조항에 관한 내용이다. 다음 질문에 답하시오. (10점)

(1) 「보험금 지급에 관한 세부규정」 조항 중 "보험수익자와 회사가 보험금 지급사유에 대해 합의하지 못할 때"에 약관에서 정하고 있는 내용을 기술하시오. (5점)

(2) 「계약자의 임의해지 및 서면동의 철회」 조항에서 정한 "서면동의 철회의 의의, 가능 시기, 효과"에 대하여 기술하시오. (5점)

02 CI(Critical Illness) 보험에서 보장하는 중대한 수술 중 "관상동맥우회술"의 정의와 보장에서 제외되는 수술에 대하여 기술하시오. (10점)

03 피보험자 홍길동은 상해보험을 가입 후, 2017.1.1. 교통사고를 당하여 2017.8.10. 아래와 같이 후유장해 진단을 받았다. 다음 질문에 답하시오. (20점)

〈계약사항〉

보험종목	피보험자	보험기간	보장내용(가입금액)
장기상해보험	홍길동	2016.6.1. ~ 2031.6.1.	일반상해 후유장해 1억
			교통상해 후유장해 2억

※ 장기상해보험은 질병 · 상해보험 표준약관을 사용하며, 정상 유지 계약임
※ 상기 각 담보는 별도의 특약보험료를 각각 납입함
※ 알릴의무 위반사항 등 계약 및 보상과정상 문제점 없음

〈장해분류표 : 귀의 장해〉

장해의 분류	지급률(%)
1. 두 귀의 청력을 완전히 잃었을 때	80
2. 한 귀의 청력을 완전히 잃고, 다른 귀의 청력에 심한 장해를 남긴 때	45
3. 한 귀의 청력을 완전히 잃었을 때	25
4. 한 귀의 청력에 심한 장해를 남긴 때	15
5. 한 귀의 청력에 약간의 장해를 남긴 때	5
6. 한 귀의 귓바퀴의 대부분이 결손된 때	10

〈장해 진단내용〉

- 좌측 귀 : 50cm 이상의 거리에서는 보통의 말소리를 알아듣지 못하는 상태
- 우측 귀 : 귀에다 대고 말하지 않고는 큰 소리를 알아듣지 못하는 상태
- 3회 이상 시행한 순음청력 검사결과는 아래와 같음

주파수	500Hz	1,000Hz	2,000Hz	4,000Hz
좌측청력수준(dB)	40	80	80	60
우측청력수준(dB)	80	70	90	80

〈질문사항〉

(1) 홍길동의 좌, 우측 귀의 순음평균역치를 4분법과 6분법을 기준으로 각각 구하시오(계산식 및 산출근거를 명시할 것). (8점)

(2) 6분법을 기준으로 계산한 경우, 장해분류표상 좌, 우측 귀의 장해지급률과 장해보험금을 구하시오(계산식 및 산출근거를 명시할 것). (7점)

(3) 위 질문에 상관없이, 순음청력검사를 실시하기 곤란하거나 검사결과에 대한 검증이 필요한 경우에 귀의 「장해판정기준」에서 규정하고 있는 추가검사 5가지를 기술하시오. (5점)

04 질병 · 상해보험 표준약관상 "상해보험계약후 알릴의무 위반의 효과"에 대하여 약술하시오. (10점)

05 피보험자 김대한(만 51세)은 2016.8.11. 등산 중 추락사고로 상해를 입고 47일간 의식상실 상태로 있다가, 2016.9.27. 의식을 찾았고, 2017.8.12. 장해보험금을 청구하였다. 아래의 제 조건을 읽고 질문에 답하시오(보험계약은 정상유지 중이며, 보상과정에 면책사항은 없음). (20점)

기출수정

〈계약사항〉

보험종목	피보험자	보험기간	보장내용(가입금액)
장기상해보험	김대한	2014.1.1. ~ 2044.1.1.	일반상해 후유장해 2억

〈장해진단서〉

<table>
<tr><td>성 명</td><td>김대한</td><td>남</td><td>주민번호</td><td>660111 – 1******</td><td>병록번호</td><td>*******</td></tr>
<tr><td>수상일</td><td colspan="2">2016.8.11.</td><td>초진일</td><td>2016.8.12.</td><td>장해진단일</td><td>2017.8.10.</td></tr>
<tr><td colspan="7">상병명(※ 상병명이 많을 때는 장해와 관계있는 주요 상병명을 기재)
가. 안와골절(우측)
나. 외상성 뇌실내 출혈, 뇌좌상(개두술 시행)
다. 양 슬관절 십자인대파열(수술후 상태)
라. 코의 1/3 결손(후각감퇴 상태)
마. 요추 방출성 골절(2개의 척추체 고정술)</td></tr>
<tr><td colspan="7">슬관절의 운동범위 등
슬관절(우) : 스트레스 엑스선상 3mm 동요
슬관절(좌) : 스트레스 엑스선상 18mm 동요</td></tr>
<tr><td colspan="7">장해진단사항
가. 한 눈의(우측) 안구에 뚜렷한 조절기능장해를 남긴 때에 해당
나. 정신행동에 뚜렷한 장해가 남아 대중교통을 이용한 이동, 장보기 등의 기본적 사회 활동을 혼자서 할 수 없을 때에 해당
다. 슬관절(우, 좌)측의 장해 상태는 위(슬관절의 운동범위 등)와 같음
라. (㉠)에 해당
마. 척추(등뼈)에 약간의 운동장해를 남긴 때에 해당</td></tr>
<tr><td colspan="5">비고(장해부위의 그림표시 등)
※ 영구장해에 해당</td><td colspan="2">상기와 같이 진단함
진단서발행일 : 2017.8.11.
병의원 명칭 : ** 병원</td></tr>
</table>

※ 위 장해진단서의 “상병명”과 “장해진단사항”의 각 항목은 일치함

〈질문사항〉

(1) 위 장해진단서의 "장해진단사항" 가 ~ 마 항목에서,

① 장해진단일 현재 장해판정을 유보하는 항목과 그 이유를 쓰시오. (4점)

② 장해분류별 판정기준상 장해에 해당하지 않는 항목 2가지와 그 이유를 쓰시오. (6점)

(2) 위 장해진단서상의 괄호 ㉠에 해당하는 장해의 분류와 지급률을 쓰시오. (5점)

(3) 2017.8.12. 청구한 장해에 대하여 보험회사가 지급하여야 할 장해보험금을 구하고 산출 근거를 기술하시오. (5점)

06 피보험자 김행복은 2017.6.20. 넘어지는 상해사고로 K정형외과의원에서 외래치료 1회를 받고, 30만원의 실손통원의료비(급여 본인부담금 10만원, 비급여 20만원)를 청구하였다. 아래의 제 조건을 읽고 질문에 답하시오. (30점)

※ 단 아래의 문제 (1) ~ (4)은 실손의료보험 표준약관을 준용함

※ 비급여 : 「국민건강보험법」 또는 「의료급여법」에 따라 보건복지부장관이 정한 비급여대상(「국민건강보험법」에서 정한 요양급여 또는 「의료급여법」에서 정한 의료급여 절차를 거쳤지만 급여항목이 발생하지 않은 경우로 「국민건강보험법」 또는 「의료급여법」에 따른 비급여항목 포함)

〈보험가입내역〉

보험종목	피보험자	보험기간	가입금액	비 고
실손의료보험 (표준형)	김행복	2017.1.2. ~ 2036.1.2.	입원 : 5,000만원 통원 : 외래 1회당 20만원 처방 : 1건당 10만원	자기부담률 (20%)

〈과거 치료내역〉

① 2010.1.1. 갑상선암 완치
② 2011.3.1. ~ 2011.3.7. 자궁근종으로 입원
③ 2012.8.2. ~ 2012.8.16. 심장판막증으로 입원 및 수술
④ 2013.6.2. ~ 2013.7.3. 기관지염으로 계속하여 6회 치료
⑤ 2014.12.1. ~ 2014.12.3. 기관지염으로 입원
⑥ 2016.8.2. 검사상 고지혈증 의심 소견
⑦ 2016.9.2. 고지혈증 추가검사
⑧ 2016.12.5. 검진상 이상소견이 발생하여 당뇨병 확정 진단을 받고 치료를 받음

〈질문사항〉

(1) 보험회사는 청구내역을 심사하던 중 김행복이 계약전 치료사실을 회사에 알리지 않고 보험에 가입한 것을 알게 되었다. 위 ①~⑧ 치료 항목 중 알려야 할 대상이 되는 치료항목의 번호를 쓰고, 그에 해당하는 청약서상 질문사항을 기술하시오. (5점)

※ 단, 위 청약서의 질문표는 표준사업방법서에서 정한 계약전 알릴의무 사항을 준용함

(2) 상기 보험계약이 계약전 알릴의무 위반으로 인해 2017.7.1. 해지되었다고 가정할 때, 외래 치료비 지급여부와 지급금액을 구하고, 이에 적용되는 「상법」 조항을 기술하시오. (10점)

(3) 만약 상기 계약이 진단계약인 경우, 김행복이 보험가입을 위해 2016.12.5. 확정진단 받은 당뇨병을 숨길 목적으로 당뇨약을 복용하고 보험회사의 진단절차를 통과하였다면, 실손의료보험 표준약관에서 적용되는 약관조항을 기술하시오. (5점)

(4) 위 질문과 상관없이, 2017.4.1.부터 판매된 실손의료보험 상품은 3개 진료군을 특약으로 분리하여 보장하고 있는데, 「비급여 도수치료 · 체외충격파 · 증식치료 실손의료보험 특별약관」에서 보장하는 비급여 치료에 대한 용어와 정의에 대하여 각각 기술하시오. (10점)

제41회 신체손해사정사 2차 시험문제

01 「질병 · 상해보험 표준약관」에 관한 아래 질문에 답하시오. (20점)

(1) 「제1회 보험료 및 회사의 보장개시」 조항에 '회사가 청약과 함께 제1회 보험료를 받고 청약을 승낙하기 전에 보험금 지급사유가 발생하였을 때에도 보장개시일로부터 이 약관이 정하는 바에 따라 보장을 합니다.'라고 규정하고 있다. 이 조항에도 불구하고 "보장하지 않는 경우"를 모두 기술하시오. (7점)

(2) 계약자는 회사의 승낙을 얻어 계약내용을 변경할 수 있는데, 「계약내용의 변경 등」 조항에 규정된 "계약내용을 변경할 수 있는 항목"을 모두 기술하시오. (7점)

(3) 「약관의 해석」 조항에 규정된 해석원칙을 모두 기술하시오. (6점)

02 제3보험의 「지정대리청구서비스 특약」에 의하면 보험계약자는 보험금을 직접 청구할 수 없는 특별한 사정이 있는 경우를 대비하여 계약체결시 또는 계약체결후 보험금의 대리청구권을 지정할 수 있는데, 이 특약을 체결할 수 있는 "적용대상" 계약 및 "지정대리인의 자격"에 대해 기술하시오. (10점)

03 피보험자 김소망(女)은 실손의료보험(표준형)을 가입하고 정상 유지 중 아래와 같이 입원, 통원치료를 시행하였다. 아래 제 조건을 참고하여 질문에 답하시오. (20점)

〈계약사항〉

피보험자	보험종목	보험기간	가입금액(담보내용)
김소망	실손의료보험 (표준형)	2018.4.5. ~ 2019.4.5.	입원 : 5,000만원 통원 : 외래 20만원(1회당) 처방 10만원(1건당)

※ 계약전 알릴의무 위반사항은 없으며, 본인부담금 상한제도는 적용하지 않음.
※ 김소망은 국민건강보험법 적용 대상자임.

〈입원치료 내용〉

(단위 : 만원)

입원기간	진료기관	진단명(병명)	요양급여		비급여
			공단부담	본인부담	
2018.5.1. ~5.15.	A산부인과	요실금(N393)	100	40	50
2018.6.15. ~6.18.	B외과의원	치핵(K64)	100	50	40
2018.7.3. ~7.20.	C상급종합병원	척추협착(M48)	300	200	120
2018.7.21. ~7.31.	D한방병원	척추협착(M48)	200	100	80
2018.8.3. ~8.10.	E상급종합병원	심근경색증(I21)	500	200	300

※ C상급종합병원의 비급여항목 중 허리보조기 구입비용 20만원 포함
※ D한방병원은 「의료법」 제2조에 따른 한의사만 진료
※ E상급종합병원 입원기간(2018.8.3. ~8.10.) 중 비급여 300만원에는 상급병실료 차액(상급병실 5일 이용) 200만원 포함

〈통원치료 내용〉

(단위 : 만원)

통원일자	진료기관	진단명(병명)	요양급여		비급여
			공단부담	본인부담	
2018.5.20.	F치과의원	치아우식(K02)	10	3	5
	G치과병원	치아우식(K02)	20	10	6
2018.6.20.	D한방병원	척추협착(M48)	10	30	10
2018.8.15.	E상급종합병원	협심증(I20)	20	10	5
	E상급종합병원	기타 섬망(F05)	10	5	6

※ D한방병원은 「의료법」 제2조에 따른 한의사만 진료

〈기타사항〉

- 비급여 : 「국민건강보험법」에 따라 보건복지부장관이 정한 비급여대상
- 3대 진료군 특약에서 보장하는 비급여항목은 없음

〈질문사항〉

(1) 보험회사가 김소망에게 지급하여야 할 입원의료비를 산출하시오(계산과정 명시할 것). (10점)

(2) 보험회사가 김소망에게 지급하여야 할 통원의료비를 산출하시오(계산과정 명시할 것). (10점)

04 피보험자 김믿음과 관련된 아래의 조건을 참고하여 질문에 답하시오. (20점)

〈계약사항〉

보험회사	보험종류	보험기간	가입금액(담보내용)	
생명보험 (A)	CI보험	2015.7.1. ~2035.7.1.	주보험	5,000만원
			암 진단비(1회한)	2,000만원
			암사망	2,000만원
			암수술비(수술 1회당)	200만원
손해보험 (B)	질병보험	2016.10.5. ~2031.10.5.	암 진단비(1회한)	1,000만원
			질병사망	1,000만원
			질병수술비(수술 1회당)	50만원

※ A 보험회사 : 주보험의 담보유형은 80% 선지급형임.
※ 계약전 알릴의무 위반사항은 없음.
※ 주보험 및 선택특약 보험료는 정상적으로 각각 납부함.
※ A, B 보험회사 : 암 진단비(1년 이내 진단시 50% 지급)

〈진단 및 치료과정 요약〉

- 2017.3.7. B형간염 등으로 동년 3.30.까지 입원
- 2017.3.10. CI보험약관상 말기간질환(간경화) 진단
- 2017.3.25. 식도정맥류 결찰술 시행
- 2017.5.23.조직검사결과 간암 진단
- 2018.5.30. 간암으로 동년 6.10.까지 입원
- 2018.6.3. 간동맥색전술 시행
- 2018.6.17. 간암으로 동년 6.30.까지 입원
- 2018.6.20. 간동맥색전술 시행

※ 간동맥색전술은 수술병원 소견상 간암에 대한 직접치료 목적으로 확인됨.

〈질문사항〉

(1) CI(중대한 질병)보험의 「말기간질환(간경화)」의 정의에 대해 약술하시오. (5점)

(2) 제3보험의 수술보장 특별약관에서 규정하고 있는 "수술의 정의"에 대해 약술하시오. (5점)

(3) A, B 보험회사가 보험수익자에게 지급해야 할 보험금을 담보별로 계산하시오(산출 근거 명시). (10점)

05 아래의 제 조건을 참고하여 물음에 답하시오. (30점)

〈계약사항〉

보험종목	피보험자	보험기간	가입금액(담보내용)	
장기상해보험	김정상 (1969.3.1.생)	2018.4.10. ~ 2038.4.10.	일반상해후유장해	2억원
			교통상해후유장해	1억원

※ 장기상해보험은 질병·상해보험 표준약관(2018.3.2. 개정)을 적용하며, 정상 유지 계약임.
※ 알릴의무 위반사항은 없으며, 각 담보는 별도 특약보험료를 각각 납입함.

〈사고 및 장해진단 내용〉

① 1차 사고 : 2009년 1월 15일 낙상사고 발생

▶ 후유장해 진단 : 2009년 8월 10일
- 요추 제2번 압박골절(압박률 20%, 척추후만증 10° 변형)

② 2차 사고 : 2018년 7월 1일
피보험자는 P회사에서 새로 개발한 자동차의 엔진 성능시험을 위해 용인소재 공용도로상에서 자동차 시운전을 하던 중 교통사고 발생

▶ 후유장해 진단 : 2019년 5월 10일
- 좌측 안구조절력이 정상의 1/2 이하 감소
- 얼굴(길이 3cm)와 머리(길이 4cm)에 걸쳐있는 추상 반흔
- 흉추 제12번 압박골절(압박률 50%)
- 미골골절로 방사선검사상 각 변형 70° 남은 상태
- 우측 고관절 인공관절삽입술 시행
- 우측 슬관절 근전도검사상 완전손상 소견이며, 도수근력검사상 근력이 1등급(trace)
- 우측 족관절 근전도검사상 불완전손상 소견이며, 도수근력검사상 근력이 4등급(good)

〈장해분류상 장해지급률〉

① 한 눈의 안구(눈동자)에 뚜렷한 조절기능장해를 남긴 때(10%) ② 외모에 뚜렷한 추상을 남긴 때(15%) ③ 외모에 약간의 추상을 남긴 때(5%) ④ 어깨뼈나 골반뼈에 뚜렷한 기형을 남긴 때(15%) ⑤ 빗장뼈, 가슴뼈, 갈비뼈에 뚜렷한 기형을 남긴 때(10%) ⑥ 척추에 심한 기형을 남긴 때(50%) ⑦ 척추에 뚜렷한 기형을 남긴 때(30%) ⑧ 척추에 약간의 기형을 남긴 때(15%) ⑨ 한 다리의 3대관절 중 관절 하나의 기능을 완전히 잃었을 때(30%) ⑩ 한 다리의 3대관절 중 관절 하나의 기능에 심한 장해를 남긴 때(20%) ⑪ 한 다리의 3대관절 중 관절 하나의 기능에 뚜렷한 장해를 남긴 때(10%) ⑫ 한 다리의 3대관절 중 관절 하나의 기능에 약간의 장해를 남긴 때(5%)

〈질문사항〉

(1) 보험회사가 김정상에게 지급해야 할 후유장해보험금을 담보별로 계산하시오. (20점)

(2) 상기 제 조건과 달리 질병·상해보험 표준약관(2018.3.2. 개정) 장해분류표상,

① '정신행동' 장해판정기준에 규정된 보건복지부고시 「장애등급판정기준」의 "능력장해측정기준의 항목" 6가지를 기술하시오. (6점)

② '흉복부장기 및 비뇨생식기의 장해'에 규정된 장해지급률 100%에 해당하는 "장해의 분류"와 "장해판정기준"을 기술하시오. (4점)

제42회 신체손해사정사 2차 시험문제

01 질병 · 상해보험표준약관 「보험료납입이 연체되는 경우 납입최고(독촉)와 계약의 해지」 조항에 대해 아래 질문에 답하시오.

(1) 조항에서 규정한 ① "납입최고(독촉)기간"과 ② "보험회사가 납입최고(독촉)시 계약자에게 알려야 할 사항"을 기술하시오. (4점)

(2) 해지계약을 부활(효력회복)하는 경우 「준용조항」을 모두 기술하시오. (6점)

02 다음 질문에 답하시오.

(1) 아래의 조건을 참고하여 A, B 보험회사의 지급보험금을 산출하시오(판단근거를 제시할 것). (14점)

〈계약사항〉

보험회사	보험종목	계약자 및 피보험자	보험기간	가입금액 (담보내용)
A	장기상해보험	김안심 (여, 57세)	2015.5.11. ~ 2030.5.11.	상해사망 1억원
B	장기종합보험		2016.7.15. ~ 2026.7.15.	상해사망 1억원

※ 정상 유지 계약임(계약 성립 과정상의 보험회사측 귀책사유 없음).

〈청구사항〉

피보험자는 2019.7.16. 23시경 본인이 종업원으로 일하고 있는 갑식당 주방에서 쓰러져 사망한 채로 발견되어, 사망수익자가 2019.7.30. A, B 보험회사에 보험금을 청구함.

〈직업관련 사항〉

- 피보험자는 A, B 보험회사에 보험가입시 직업을 전업주부로 고지함.
- 전업주부였던 피보험자는 2016.1.1.부터 갑식당에서 종업원으로 사고일까지 계속 근무함.
- A 보험회사에 직업변경 사실을 알리지 않음.
- 보험요율 : 1급 요율(0.1%), 2급 요율(0.2%), 3급 요율(0.3%)
- 직업급수 : 전업주부(1급), 식당종업원(2급), 이륜차배달원(3급)

〈경찰수사 결과〉

피보험자는 사망하기 전까지 평소 지병 및 근황에 특이점이 없었고, CCTV 확인결과 2019.7.16. 16시경 음식점 주방에서 미끄러져 넘어지는 것이 확인되었으며, 부검결과 두부손상으로 인한 외인사로 확인되어 자살 및 타살 혐의점이 없어 내사 종결됨.

(2) 「상해보험의 계약후 알릴의무(2018.3.2. 개정)」 조항에서 계약자 또는 피보험자는 피보험자에게 변경내용이 발생한 경우 지체 없이 회사에 알리도록 규정하고 있는데, "회사에 알려야 할 피보험자의 변경사항"을 모두 쓰시오. (6점)

03 다음의 질문에 답하시오.

(1) 피보험자는 교통사고를 당해 치료 후 장해가 발생하여 후유장해보험금을 청구했다. 보험회사가 지급해야 할 후유장해보험금을 산출하시오(산출과정 명기). (8점)

〈계약내용〉

보험종목	피보험자	보험기간	가입금액(담보내용)	
장기상해보험	이석수	2018.5.15. ~2038.5.15.	상해후유장해	1억원

※ 정상 유지 계약이며, 계약전 알릴의무 및 계약후 알릴의무 위반 없음.

〈사고내용〉

- 2018.7.10. : 교통사고로 인한 흉복부장기 손상으로 응급실 내원(한국대학병원)
- 2018.7.10. ~ 2019.1.31. : 흉복부장기 손상으로 수술 및 입원 치료(한국대학병원)
- 2019.2.10. : 후유장해진단(한국대학병원)

〈장해진단내용〉

- 방광의 용량이 50cc 이하로 위축됨.
- 요도괄약근 등의 기능장해로 영구적으로 인공요도괄약근을 설치함.
- 대장절제, 항문괄약근 등의 기능장해로 영구적으로 장루, 인공항문을 설치함(치료 종결).

※ 후유장해는 교통사고로 인해 기인한 것이며, 영구장해임.

〈장해분류표 장해지급률〉

① 흉복부장기 또는 비뇨생식기 기능을 잃었을 때(75%)
② 흉복부장기 또는 비뇨생식기 기능에 심한 장해를 남긴 때(50%)
③ 흉복부장기 또는 비뇨생식기 기능에 뚜렷한 장해를 남긴 때(30%)
④ 흉복부장기 또는 비뇨생식기 기능에 약간의 장해를 남긴 때(15%)

(2) 표준약관 장해분류표 총칙에서 규정하고 있는 "파생장해"의 장해지급률 적용기준을 기술하시오. (6점)

(3) 아래는 표준약관 장해분류표 "신경계 · 정신행동 장해" 장해판정기준의 장해진단 전문의에 대한 규정이다. 빈칸(①~⑥)에 들어갈 내용을 쓰시오. (6점)

- 신경계 장해진단 전문의는 (①), (②) 또는 (③) 전문의로 한다.
- 정신행동 장해진단 전문의는 (④) 전문의를 말한다.
- 치매의 장해평가는 (⑤ , ⑥) 전문의에 의한 임상치매척도(한국판 Expanded Clinical Dementia Rating) 검사결과에 따른다.

04 아래의 제 조건을 참고하여 질문에 답하시오.

〈계약사항〉

보험회사	계약자 및 피보험자	보험기간	보험종목 (특별약관)	가입금액(보장내용)
A	심건강 (45세)	2017.1.1. ~2027.1.1.	장기상해 (질병사망특약)	• 상해사망 : 1억원 • 질병사망 : 5천만원
B		2019.1.1. ~2029.1.1.	장기상해 (질병사망특약)	• 상해사망 : 2억원 • 질병사망 : 1억원

※ 유효한 정상 유지 계약이며, 질병사망담보는 제3보험의 특별약관임.

〈청구사항〉

피보험자 심건강씨는 2019.6.30. 21시경 다발성골절 등을 선행사인으로 사망하여 2019.7.15. 배우자(수익자)는 사망보험금을 청구함.

〈손해사정 내용〉

1. 기본조사내용

직업사항	3년 전부터 사무직으로 종사하고 있음.
병력사항	2016.4.1. "마음편한 정신건강의학과"에서 "우울증"으로 진단받고, 사망 시까지 매월 1회 통원 및 투약치료를 지속적으로 받아오고 있었음(가입시 각 보험회사에 치료사실을 알린 바 없음).

2. 사망원인(경찰수사 결과)

[사례1] 우울증 치료를 받는 현실을 비관하여 배우자에게 "먼저 가서 미안하다."라는 내용의 유서를 남기고 자신의 아파트 15층 옥상에서 스스로 뛰어내려 사망

[사례2] 유서를 남긴 사실이 없이 평소 치료받던 우울증이 원인이 되어 고도의 심신 상실 상태에서 자신의 아파트 15층 옥상에서 스스로 뛰어내려 사망

(1) "사망원인 – [사례1]"에 따라 손해사정을 할 경우 보험회사별로 지급보험금을 산출하시오(판단근거를 제시할 것). (10점)

(2) "사망원인 – [사례2]"에 따라 손해사정을 할 경우 보험회사별로 지급보험금을 산출하시오(판단근거를 제시할 것). (10점)

05 **피보험자 원대한(남, 50세)은 아래 〈표1〉과 같이 2개 보험회사에 실손의료보험을 가입하고, 〈표2〉와 같이 민국병원에서 총 5회 입원치료 후 각 보험회사에 실손의료비를 청구하였다. 각 보험회사가 지급하여야 할 실손의료비를 입원기간별로 구분하여 산출하시오(풀이과정을 제시할 것). (30점)**

〈표 1〉 계약사항

보험회사 (계약일자)	보험종류 (공제유형)	보험종목(보상한도)	선택특별약관(보상한도)
A (2018.4.1.) 갱신형	기본형 실손의료보험 (표준형)	질병입원형(2천만원) 상해입원형(2천만원)	없음
B (2018.5.1.) 갱신형	기본형 실손의료보험 (표준형)	상해입원형(3천만원)	비급여주사료 실손의료보험 (약관상 보상한도)

※ 유효한 정상 유지 계약이며, 가입전 치료력 및 계약전 알릴의무 위반사항 없음.

〈표 2〉 입원의료비 발생내역(민국병원)

(단위 : 만원)

구 분	입원기간	병 명 (병명코드)	요양급여		비급여	
			본인 부담금	공단 부담금	비급여 금액	비급여에 포함된 비용
1	2018.6.1. ~6.30.	제4~5요추 추간판탈출증 (M51)	300	1,200	1,200	• 상급병실료 차액 : 300만원(10일 이용)
2	2018.9.11. ~10.20.	우측 경골 미세골절 (S82)	100	400	400	• 보조기 구입비 : 100만원 • 주사료(20만원 × 10회) : 200만원(항생제비용 100만원 포함)
3	2019.3.1. ~3.20.	제4~5요추 추간판탈출증 (M51)	200	800	700	
4	2019.4.1. ~4.20.	제4~5요추 추간판탈출증 (M51)	100	400	400	• 주사료(20만원 × 15회) : 300만원
5	2019.7.1. ~7.15.	제4~5요추 추간판탈출증 (M51)	200	800	1,100	• 도수치료(10만원 × 10회) : 100만원

※ 입원의료비는 발생한 것으로 가정, 병명코드 M51은 질병, S82는 보상하는 상해임.
※ 피보험자 소득 10분위로 본인부담금 상한제는 고려하지 않음.

제43회 신체손해사정사 2차 시험문제

01 「질병 · 상해보험 표준약관」에 관한 "아래의 질문"에 답하시오. (35점)

(1) 회사는 계약자 또는 피보험자가 고의 또는 중대한 과실로 계약전 알릴의무를 위반하고 그 의무가 중요한 사항에 해당하는 경우에는 계약을 해지할 수 있는데, "회사가 계약을 해지할 수 없는 경우"를 모두 기술하시오. (10점)

(2) 「약관교부 및 설명의무 등」 조항에서 "전화를 이용하여 계약을 체결하는 경우에 자필서명을 생략할 수 있는 2가지 경우"를 기술하시오. (4점)

(3) 지급기일의 초과가 예상되는 경우에는 서류를 접수한 날부터 30영업일 이내에 지급예정일을 정하여 안내하도록 규정하고 있으나, "예외적으로 서류를 접수한 날부터 30영업일을 경과하여 지급예정일을 정할 수 있는 경우"를 기술하시오. (6점)

(4) 「소멸시효」 조항에 규정된 "청구권(6가지)"과 "소멸시효 완성기간"을 기술하시오. (7점)

(5) 「사기에 의한 계약」 조항에 규정된 "계약취소의 사유와 제척기간"을 기술하시오. (8점)

02 아래의 조건을 참고하여 A 보험회사의 사망보험금을 산출하시오(표준약관에 근거하여 풀이과정을 제시할 것). (15점)

〈계약사항〉

보험회사	보험종목	계약자 및 피보험자	보험 수익자	보험기간	담보내용 : 가입금액 (특별약관 : 가입금액)
A 종합손해	장기상해	김민국 (남, 50세)	상속인	2018.2.1. ~ 2038.1.31.	상해사망 : 2억원 (질병사망 : 1억원)
	장기상해	박사랑 (여, 45세)	상속인	2018.4.1. ~ 2038.3.31.	상해사망 : 1억원 (휴일상해사망 : 1억원)

※ 질병・상해보험 표준약관 및 특별약관이 적용되는 정상 유지 계약으로 계약전・후 알릴의무 위반사항은 없음 (휴일상해사망 특약의 보장은 사고 발생지의 표준시를 적용함).

〈사고사항〉

부부사이인 김민국과 박사랑은 여행 목적으로 베트남 호치민에 여행을 갔고, 현지기준 2020.8.9.(일) 23:00시경 호치민 호텔에서 부부싸움 도중 남편 김민국이 부인 박사랑을 흉기로 찌르고, 본인은 이를 비관하여 자유로운 의사결정 상태에서 유서를 남기고 호텔 5층 창문으로 투신함.

김민국과 박사랑은 호치민 병원으로 후송되어 치료 중 박사랑은 현지기준 2020.8.10.(월) 01:00시경 찔린 부위 과다출혈로 사망하고, 김민국도 현지기준 2020.8.10.(월) 04:00시경 다발성 손상으로 사망함.

〈참고사항〉

- 상기 사고내용은 객관적(사망진단서, 현지 경찰조사서류)으로 확인된 내용임.
- 김민국과 박사랑은 법률상 부부이며, 자녀 1명(여, 만 20세)이 있음.
- 대한민국 서울과 베트남 호치민의 시차는 2시간임.
  (서울 16:00 ↔ 호치민 14:00)

03 피보험자 강철중(남, 43세)은 2020.3.6. 오전 7시경 출근 중 교통사고를 당하여 2020.9.15. 영구 후유장해 진단을 받았다. 아래 질문에 답하시오. (25점)

피보험자는 보험 가입 이전에 상해사고로 인해 "우측 슬관절의 기능에 약간의 장해를 남긴 때"에 해당하는 기존 장해가 있었음.

〈계약사항〉

보험회사	피보험자/수익자	보험기간	담보내용(가입금액)
K	강철중	2018.7.20. ~ 2038.7.20.	상해후유장해 : 1억원
			80% 이상 상해후유장해 : 5천만원

※ 질병·상해보험 표준약관을 사용하며, 알릴의무 위반사항이 없는 정상 유지 계약임.
※ 80% 이상 상해후유장해 진단시 해당 특약 가입금액 전액 지급함.

〈후유장해 진단내용〉

① 코의 1/5 이상 결손 상태
② 후각신경의 손상으로 양쪽 코의 후각기능을 완전히 잃은 경우
③ 목에 손바닥 크기 1/2 이상의 추상(추한 모습)
④ 머리뼈(두개골), 제1경추, 제2경추를 모두 유합 또는 고정한 상태
⑤ 요추 2 ~ 3번 방출성 골절로 인해 12°이상의 척추측만증 변형이 있음
⑥ 우측 고관절에 인공관절을 삽입한 상태
⑦ 우측 슬관절에 스트레스 엑스선상 17mm의 동요관절이 있음
(정상측인 좌측 슬관절에 스트레스 엑스선상 3mm의 동요관절이 있음)

〈장해분류표상 장해지급률〉

- 코의 호흡기능을 완전히 잃었을 때(15%)
- 코의 후각기능을 완전히 잃었을 때(5%)
- 외모에 뚜렷한 추상(추한 모습)을 남긴 때(15%)
- 외모에 약간의 추상(추한 모습)을 남긴 때(5%)
- 척추(등뼈)에 심한 운동장해를 남긴 때(40%)
- 척추(등뼈)에 뚜렷한 운동장해를 남긴 때(30%)
- 척추(등뼈)에 약간의 운동장해를 남긴 때(10%)
- 척추(등뼈)에 심한 기형을 남긴 때(50%)
- 척추(등뼈)에 뚜렷한 기형을 남긴 때(30%)
- 척추(등뼈)에 약간의 기형을 남긴 때(15%)
- 한 다리의 3대 관절 중 관절 하나의 기능을 완전히 잃었을 때(30%)
- 한 다리의 3대 관절 중 관절 하나의 기능에 심한 장해를 남긴 때(20%)
- 한 다리의 3대 관절 중 관절 하나의 기능에 뚜렷한 장해를 남긴 때(10%)
- 한 다리의 3대 관절 중 관절 하나의 기능에 약간의 장해를 남긴 때(5%)

〈질문사항〉

(1) K 보험회사가 강철중에게 지급해야 할 후유장해보험금을 계산하시오(산출근거를 명기할 것). (15점)

(2) 상기 제 조건과 달리, 아래의 표준약관 장해분류표 내용상 빈칸(① ~ ⑩)에 들어갈 내용을 쓰시오(단위도 명기할 것). (10점)

귀에 "약간의 장해를 남긴 때"라 함은 순음청력검사 결과 평균순역음치가 (①) 이상인 경우에 해당되어, (②) 이상의 거리에서는 보통의 말소리를 알아듣지 못하는 경우를 말한다.
체간골의 장해 중 "골반뼈의 뚜렷한 기형"이라 함은 아래의 경우 중 하나에 해당하는 때를 말한다. ㉮ 천장관절 또는 치골문합부가 분리된 상태로 치유되었거나 좌골이 (③) 이상 분리된 부정유합 상태 ㉯ 육안으로 변형(결손을 포함)을 명백하게 알 수 있을 정도로 방사선 검사로 측정한 각(角)변형이 (④) 이상인 경우 ㉰ 미골의 기형은 골절이나 탈구로 방사선 검사로 측정한 각(角) 변형이 (⑤) 이상 남은 상태
"장해지급률 100%인 장해"는 ㉮ 두 눈이 멀었을 때, ㉯ 심장 기능을 잃었을 때, ㉰ 신경계에 장해가 남아 일상생활 기본동작에 제한을 남긴 때, ㉱ (⑥), ㉲ (⑦), ㉳ (⑧), ㉴ (⑨), ㉵ (⑩)

04 피보험자 이보상(남, 50세)씨는 행복 보험회사에 〈표 1〉과 같이 보험에 각각 가입하고, 〈표 2〉와 같이 입원치료 후 보험회사에 입원보험금과 실손의료비를 2020.8.30. 일괄 청구하였다. 입원차수별 지급보험금을 산출하시오(입원차수별 각 5점 / 풀이과정을 명기할 것). (25점)

〈표 1〉 계약사항

보험회사 (계약일자)	보험종류 (공제유형)	보장종목(보상한도)	선택 특별약관(보상한도)
행복 ('19.8.1.)	장기종합	상해보장(1천만원)	질병입원보장(1천만원)
	기본(갱신)형 실손의료보험 (표준형)	질병입원형(2천만원) 상해입원형(2천만원)	비급여 도수치료・체외충격파치료・증식치료 실손의료보험(약관상 보상한도)

※ 종합건강보험 질병입원보장 특약 보장내용
동일질병의 직접치료 목적으로 입원 : 1만원(3일 초과 1일당) 단, 동일질병의 입원보험금 지급한도는 90일

〈표 2〉 치료 청구 사항(추가 치료내역 없음)

(단위 : 만원)

구분 (병원)	입원기간	병명(코드)	요양급여		비급여	
			본인 부담	공단 부담		포함 비용
1차 (A정형)	'19.9.1. ~ 10.20.(50일)	주상병)목뼈 원판장애(M50) 부상병)팔의 신경병증(G56)	200	800	800	도수치료 (20회×10만원)
2차 (B내과)	'19.11.1. ~ 11.10.(10일)	주상병)알콜성 간염(K70) 부상병)대사성 산증(E87)	50	200	150	영양제(100만원) ※ 의사 소견상 치료 목적 50만원
3차 (C신경)	'19.12.1. ~ 12.30.(30일)	주상병)팔의 신경병증(G56) 부상병)관절염(M00)	100	400	300	증식치료 (20회×5만원)
4차 (D한방)	'20.2.1. ~ 2.10.(10일)	주상병)경추 염좌(S13) 부상병)요추 염좌(S33)	–	–	250	도수치료 (5회×10만원)
5차 (E재활)	'20.3.1. ~ 4.19.(50일)	주상병)목뼈 원판장애(M50) 부상병)관절증(M15)	200	800	1,200	도수치료 (20회×10만원)

※ 정상 유지 계약이며, 계약전 알릴의무 위반사항 없음.

※ 치료의사 소견상 입원치료가 필요했던 질환은 주상병으로 기재함.

※ 4차 입원사유는 교통사고(자동차보험 지불보증)로 비급여는 전액 본인부담액이며, 해당 병원은 「의료법」 제2조에 따른 한의사만 진료함.

※ 피보험자 소득 10분위로 본인부담금 상한제는 고려하지 않음.

제44회 신체손해사정사 2차 시험문제

01 아래 사례와 같이 피보험자가 보험계약을 유지할 의사가 없는 경우에 질병 · 상해보험 표준약관상 행사할 수 있는 권리와 그 행사로 인한 효과에 대해 약술하시오. (10점)

〈사례〉

이수일과 심순애는 결혼을 약속한 사이로 2021년 1월 4일 심순애가 본인을 보험계약자 및 수익자로 하고, 이수일을 피보험자로 하는 계약을 체결하였다.
상기 계약은 이수일의 사망을 보험사고로 하는 계약이며, 이수일은 보험계약을 체결할 때 자필서명을 이행하였고, 해당 계약은 현재 유효한 보험계약이다.
2021년 5월 31일 이수일과 심순애는 헤어졌고, 보험계약자인 심순애는 해당 계약을 계속 유지하려고 하나, 피보험자인 이수일은 해당 계약을 유지할 의사가 없다.

02 2021.7.1. 개정된 질병 · 상해보험 표준약관의 「위법계약의 해지」 조항에 관하여 아래의 질문에 답하시오. (10점)

(1) 「금융소비자 보호에 관한 법률」 제47조 및 관련 규정이 정하는 바에 따라 계약 체결에 대한 회사의 법위반 사항이 있는 경우 계약자가 위법계약의 해지를 요구할 수 있는 기간을 기술하시오. (4점)

(2) 보험회사는 위법계약의 해지요구를 받은 날부터 일정한 기간 내에 수락 여부를 계약자에게 통지하여야 하는데 그 통지기간을 기술하시오. (2점)

(3) 위법계약으로 인해 해지된 경우 회사가 계약자에게 지급해야 하는 해지환급금을 쓰시오. (4점)

03 아래사항을 참고하여 보험회사의 지급보험금을 산출하시오(판단근거 및 풀이과정을 제시할 것). (20점)

〈계약사항〉

보험회사	보험종목	계약자 피보험자 수익자	계약일자 (부활일자)	담보내용 (보장금액)	보장내역
A 손해보험	장기건강	홍길동	2020.1.2. (2021.2.1.)	암 진단 (4천만원)	(최초)계약일로부터 1년 이내 보장사유 발생시 해당 금액의 50% 지급

※ 질병·상해보험 표준약관 적용되는 정상 유지 계약임
※ 암 보장개시일은 계약일(부활일)을 포함하여 90일이 지난날의 다음날임
※ 계약자의 계속보험료 미납으로 실효 해지된 후 청약 및 보험회사의 승낙으로 부활됨

〈암 진단 및 청구내용〉

- 2021.5.2. : 조직검사 결과상 간암 진단(한국대학병원)
- 2021.6.3. : 보험금 청구·접수(지급기일은 2021.6.8.임)
- 2021.6.4. : 지급사유 조사·확인이 필요하여 지급기일이 초과될 것을 수익자에게 통지함
- 2021.7.12. : 보험금 지급

[참고자료]

〈달력 – 2021년〉

일	월	화	수	목	금	토
		6월/1	2	3	4	5
6	7	8	9	10	11	12
13	14	15	16	17	18	19
20	21	22	23	24	25	26
27	28	29	30	7월/1	2	3
4	5	6	7	8	9	10
11	12					

※ 법정공휴일 없음

〈보험금 지급 지연에 따른 추가 금액(보험금을 지급할 때의 적립이율 계산)〉

편의상 아래의 금액으로 계산할 것	
• 보험계약대출이율을 적용한 금액	1일당 1,000원
• 가산이율을 적용한 금액	1일당 500원

04 홍길동은 보험회사에 3건의 보험계약을 체결하였다. 아래의 질문에 답하시오. (20점)

〈계약사항〉

보험계약	보험기간	계약자 피보험자 수익자	보장내용
보험1	2019.7.1. ~2029.7.1.	홍길동	• 암 진단 : 1,000만원 • 암 입원 : (1일당) 10만원
보험2	2019.7.1. ~2029.7.1.	홍길동	• 상해사망 : 2,000만원 • 상해입원 : (1일당) 5만원
보험3	2020.8.7. ~2030.8.7.	홍길동	• 암 진단 : 2,000만원 • 암 입원 : (1일당) 5만원

※ 상기 보험계약은 표준사업방법서의 계약전 알릴의무 사항을 준용함
※ 계약전 알릴의무위반 확인시 계약해지 처리함

〈치료 · 청구내용〉

홍길동은 간암 확정 진단(진단일 : 2021.1.20.)받고, 2021.1.20.부터 2021.1.29.까지 항암 방사선 치료목적으로 입원함. 홍길동은 2021.7.19. 보험회사에 보험금 청구함

〈손해사정 내용〉

① 2014.7.20. 간경화증으로 진단받고 2014.7.20.부터 2014.7.29.까지 한국대학병원에서 입원치료 사실이 확인됨
② 2018.10.1. 급성 위염으로 2018.10.1.부터 2018.10.5.까지 5회 통원 치료하고, 의사로부터 4주치 약물을 투약 처방받은 사실이 있으나, 실제 약은 구입하지는 않음
③ 2019.12.10. 초음파 검사상 간낭종 의심소견이 있었으나, 추가검사(재검사) 사실이 없음
④ 주치의 소견상 간암과 간경화증은 인과관계가 있으나, 간낭종은 인과관계가 없음
⑤ 홍길동은 보험계약을 체결할 때 위 ①~③의 과거병력을 보험회사에 알리지 않음
⑥ 계약무효 및 계약취소 사유는 없음

(1) 상기 내용으로 보험1의 경우 계약전 알릴의무 위반 여부 및 보험금 지급책임의 면 · 부책을 판단하고 근거를 쓰시오. (7점)

(2) 상기 내용으로 보험2의 경우 계약전 알릴의무 위반 여부 및 보험금 지급책임의 면 · 부책을 판단하고 근거를 쓰시오. (6점)

(3) 상기 내용으로 보험3의 경우 계약전 알릴의무 위반 여부 및 보험금 지급책임의 면 · 부책을 판단하고 근거를 쓰시오. (7점)

05 피보험자 김사랑의 아래 치료 내용에 대해 질문에 답하시오. (20점)

〈치료내용〉

(단위 : 만원)

치료 순번	병명(코드)	의료기관	치료기간	요양급여		비급여	
				본 인	공 단		포함 비용
1	고도비만(E66) – 합병증 없음	A대학병원	2021.7.15. ~7.24. (입원)	100	400	400	병실차액 (200) 영양제주사 (100)
2	기질성 환각증 (F06)	B정신건강 의학과의원	2021.7.25. (통원)	5	20	10	–
		C약국 (B정신건강 의학과의원 처방·조제)		1	3	–	–
3	목뼈 원판장애 (M50)	D대학병원	2021.7.28. (통원)	10	40	30	MRI검사 (20)
		E정형외과의원		2	8	15	도수치료 (10)

※ 계약전 알릴의무 위반사항이 없으며, 청구사항 外 치료내역이 없음

(1) 김사랑이 제3세대 실손의료보험에만 가입된 경우에 A 보험회사가 지급해야 할 실손의료비를 치료순번별로 계산하시오. (10점)

〈계약사항(제3세대 실손)〉

보험회사 (계약일자)	보험종류	보장종목(보상한도)	특별약관(보상한도)
A (2021.4.5.)	기본형 실손의료(표준형)	• 질병입원형(5천만원) • 질병통원형(30만원)	• 비급여주사료(약관상 한도) • 비급여자기공명영상진단(약관상 한도)

※ 외래의료비는 1회당 20만원, 처방조제비는 1건당 10만원 보상 한도
※ 정상 유지 계약임

(2) 김사랑이 제4세대 실손의료보험에만 가입된 경우에 B 보험회사가 지급해야 할 실손의료비를 치료순번별로 계산하시오. (10점)

〈계약사항(제4세대 실손)〉

보험회사 (계약일자)	보험종류	기본형(보상한도)	특별약관(보상한도)
B (2021.7.5.)	실손의료	질병급여형(5천만원)	• 질병비급여(5천만원) • 3대 비급여(약관상 한도)

※ 질병급여형, 질병비급여형 통원 1회당 각각 20만원 보상 한도
※ 실제 계약 체결되어 정상 유지 중임

06 아래 홍길동의 후유장해진단서를 참고하여 질문에 답하시오. (20점)

〈사고 및 치료내용〉

홍길동은 여름휴가 중이던 2020.8.10. 계곡에서 다이빙을 하다가 얼굴, 허리 및 다리 등에 상해를 입고 119로 응급 후송되어 치료 종결 후 후유장해진단을 받았다.

〈계약사항〉

보험사	보험종목	피보험자	보험기간	담보내용(가입금액)
A	상해보험	홍길동	2018.1.1. ~2038.1.1.	일반상해후유장해(1억) : 3% ~ 100%
B	상해보험	홍길동	2019.1.1. ~2039.1.1.	일반상해후유장해(1억) : 3% ~ 100%

※ 상기 보험은 질병・상해보험 표준약관이 적용되며, 장해분류표는 2018.4.1. 일부 변경됨
※ 정상 유지 계약이며, 알릴의무 위반사항 없음

〈후유장해진단서〉

<table>
<tr><td>성 명</td><td>홍길동(만 47세)</td><td>주민번호</td><td>731007 – 1*****</td><td>병록번호</td><td>********</td></tr>
<tr><td>수상일</td><td>2020년 8월 10일</td><td>초진일</td><td>2020년 8월 10일</td><td>장해진단일</td><td>2021년 6월 14일</td></tr>
<tr><td colspan="6">□ 상병명(※ 상병명이 많을 때는 장해와 관계있는 주요 상병명을 기재)
코뼈골절(수술 후 상태)
우) 안와골절
척추압박골절(제1요추 골절)
우) 대퇴골경부골절(전치환술 후 상태)</td></tr>
<tr><td colspan="6">□ 주요 치료경과 현증 및 기왕증 주요검사 소견 등
상기 환자는 계곡에서 다이빙하다가 발생한 사고로 본원에 내원하여 위 상병명으로 치료 후 후유장해 진단을 받음(기왕증 없음)</td></tr>
<tr><td colspan="6">운동범위(ROM)</td></tr>
<tr><td rowspan="2">시 력</td><td>나안시력 :
(좌) (우)
교정시력 :
(좌) (우)</td><td>정상시력에 대비한 (좌) %
시각장해율 (우) %
(정상 100기준)</td><td rowspan="2">청 력</td><td>적용기준
ASA
ISO</td><td>(좌) db
(우) db</td></tr>
<tr><td colspan="2">복시유무 : 정면시에서 복시유무 – ( )</td><td colspan="2">보통대화청취거리 : m</td></tr>
</table>

장해진단(AMA 장해평가) ① 양쪽 코의 후각기능을 완전히 잃었을 때에 해당 ② 우) 안구의 조절기능장해 : 조절력이 정상의 1/2 이하로 감소된 경우에 해당 ③ 척추압박골절(제1요추) • 압박률 40%, • 척추전만 10도(생리적 만곡을 고려한 각도) ④ 우) 대퇴골 인공관절 삽입 상태	
비고(장해부위의 그림표시 등) ※ 영구장해에 해당	상기와 같이 진단함. 진단서발행일 : 2021.6.14. 병의원 명칭 : 한국병원

(1) 상기 후유장해진단서를 참고하여 보험사별로 장해진단 항목(①～④)별 장해지급률을 산정하시오. (16점)

(2) A 보험사, B 보험사가 홍길동에게 지급할 보험금을 각각 계산하시오. (4점)

제45회 신체손해사정사 2차 시험문제

01 2021.7.1.부터 판매중인 실손의료보험 표준약관에 대한 아래의 질문에 답하시오. (10점)

(1) 실손의료보험 표준약관의 '입원에 대한 정의'와 관련하여 빈칸 (　　)을 채우시오. (4점)

> '입원'이라 함은 의사가 피보험자의 질병 또는 상해로 인하여 치료가 필요하다고 인정한 경우로서 자택 등에서 치료가 곤란하여 의료기관 또는 이와 동등하다고 인정되는 의료기관에 입실하여 (　　) 체류하면서 의사의 관찰 및 관리하에 치료를 받는 것을 말함

(2) 실손의료보험 표준약관 제17조(청약의 철회)에서 계약자는 보험증권을 받은 날부터 15일 이내에 그 청약을 철회할 수 있는데, '청약을 철회할 수 없는 계약'에 대한 약관 내용을 쓰시오. (6점)

02 아래의 내용은 질병 · 상해보험 표준약관 장해분류표(2018.4.1. 개정)의 각 신체 부위별 판정기준에서 '별도로 정한 경우'에 관한 장해판정기준이다. 빈칸(① ~ ⑤)에 들어갈 내용을 쓰시오. (10점)

신체부위	장해판정기준
눈의 장해	안구(눈동자) 운동장해의 판정은 질병의 진단 또는 외상 후 (①) 이상 지난 뒤 그 장해 정도를 평가한다.
코의 장해	양쪽 코의 후각기능은 후각인지검사, 후각역치검사 등을 통해 (②) 이상 고정된 후각의 완전손실이 확인되어야 한다.
귀의 장해	평형기능의 장해는 장해판정 직전 (③) 이상 지속적인 치료 후 장해가 고착되었을 때 판정한다.
정신행동 장해	보험기간 중에 발생한 뇌의 질병 또는 상해를 입은 후 (④)이 지난 후에 판정함을 원칙으로 한다.
치 매	치매의 장해평가는 임상적인 증상 뿐 아니라 뇌영상검사(CT, MRI, SPECT 등)를 기초로 진단되어져야 하며, (⑤) 이상 지속적인 치료 후 평가한다.

03 질병 · 상해보험 표준약관 제23조(보험나이 등) 조항과 관련하여 아래 내용을 읽고 질문에 답하시오. (10점)

- 피보험자 김철수는 2022.7.10. A보험에 가입함
- 김철수의 실제 생년월일은 2001.1.1.이나, 보험계약 청약 당시 실수로 청약서상 생년월일을 2000.1.1.로 착오 기재함
- A보험 유지 중 2022.7.20. 실제 생년월일인 2001.1.1.로 보험회사에 연령을 정정함

※ A보험의 월 보험료 산정은 보험나이 18세 기준 18만원이며, 연령 증가시 매년 1만원씩 증가하는 것으로 가정함. 기타 보험료 변동사항은 없음

※ 피보험자의 실제나이와 착오나이는 모두 보험종목의 가입나이 범위 내임

(1) 질병 · 상해보험 표준약관상 보험나이 계산방법과 제23조 제1항 단서조항의 예외적용에 대하여 쓰시오. (6점)

(2) 위 사례에서 2022.7.20. 실제연령으로 정정된 김철수의 보험나이와 변경 후 월 보험료를 쓰시오. (4점)

04 아래 내용을 읽고 질문에 답하시오. (10점)

〈계약사항〉

- 보험종목 : 이겨내자 암보험
- 보험기간 : 2022.1.1. ~ 2052.1.1.

가입담보(특약)	가입(보장)금액	이미 납입한 보험료
일반암	5,000만원	10만원
대장점막내암	2,000만원	5만원
제자리암	1,000만원	5만원

※ 계약전 알릴의무 위반사항은 없으며, 정상 유지 계약임
※ 암 보장개시일은 최초 계약일로부터 그 날을 포함하여 90일이 지난날의 다음날로 함
※ 보험계약일로부터 암 보장개시일의 전일 이전에 암이 진단 확정되는 경우에는 해당 가입담보(특약)는 무효로 하며, 이미 납입한 보험료를 반환함

〈조직검사결과지〉

성 명	홍길동	주민번호	721201 – 1******	검체채취일	2022.3.29.
검사의뢰일	2022.3.30.	의뢰기관	한국외과의원	보고일자	2022.4.1.

Colon, distal sigmoid, colonscopic biopsy :
ADENOCARCINOMA, well differentiated
1) tumor size : 0.5 × 0.4 × 0.3cm
2) extent of tumor : submucosa
3) mitosis : < 1/10HPF
4) lymphatic invasion : not identified

〈약관규정〉

□ 암, 대장점막내암, 제자리암의 정의

- 이 특별약관에서 「암」이라 함은 제8차 한국표준질병・사인분류에 있어서 악성신생물(암)(이하 「악성신생물」이라 합니다)로 분류되는 질병을 말합니다. 다만, 「기타피부암」, 「갑상선암」, 「대장점막내암」, 또는 「전암(前癌)상태(암으로 변하기 이전상태)」는 제외합니다.
- 이 특별약관에서 「대장점막내암」이라 함은 대장의 상피세포층에서 발생한 악성종양세포가 기저막을 뚫고 내려가서 점막고유층 또는 점막근층을 침범하였으나 점막하층까지는 침범하지 않은 상태의 질병을 말하며, 대장은 맹장, 충수, 결장, 직장을 말합니다.
- 이 특별약관에서 「제자리암」이라 함은 제8차 한국표준질병・사인분류에 있어서 제자리신생물로 분류되는 질병을 말합니다.

(1) 피보험자 홍길동은 2022.4.3. 진단서를 발급받아 조직검사결과지를 첨부하여 2022.4.10. 보험회사에 청구하였다. 암 진단확정일자를 쓰고 그 판단근거를 약술하시오. (5점)

(2) 2022.4.10. 기준으로 보험회사가 지급해야 할 금액(보험금 또는 이미 납입한 보험료)을 쓰고 그 판단근거를 약술하시오. (5점)

05 피보험자 심순애는 아래와 같이 실손의료보험에 가입하고 2022.2.14.부터 2022.6.27.까지 치료를 받은 후 보험회사에 실손의료비를 청구하였다. 치료순번별로 실손의료비를 계산하고 그 근거를 약술하시오. (20점)

〈계약사항〉

보험종목(계약일자)	보장종목 / 가입금액
실손의료보험 (2022.1.1.)	〈기본계약〉 • 상해급여 : 5천만원(단, 통원 1회당 20만원 한도) • 질병급여 : 5천만원(단, 통원 1회당 20만원 한도) 〈특약형〉 • 상해비급여 : 5천만원(단, 통원 1회당 20만원 한도) • 질병비급여 : 5천만원(단, 통원 1회당 20만원 한도) • 3대 비급여 : 표준약관상 비급여의료비별 보상한도

※ 계약전 알릴의무 위반사항은 없으며, 정상 유지 계약임

〈일자별 치료내용 및 진료비 영수증상 의료비 청구사항〉

(단위 : 원)

치료 순번	의료 기관	입/통원	치료 일자	병명 (질병분류 번호)	급 여		비급여	비 고
					일부 본인 부담	전액 본인 부담		
①	A병원	통원	2.14.	불임 (N96)	20,000	30,000	50,000	
②	B의원	통원	3.14.	식사장애 (F50)	30,000	50,000	100,000	
③	C병원	통원	4.11.	회전근개 증후군 (M75.1)	10,000	10,000	200,000	비급여는 도수치료 1회 비용임
④	D약국	통원	4.12.	회전근개 증후군 (M75.1)	10,000			4.11. 처방받은 약제를 4.12. 조제
⑤	E 종합 병원	통원	4.20.	회전근개 증후군 (M75.1)	10,000	10,000	400,000	비급여는 도수치료 1회 비용임
⑥	F보훈 종합 병원	통원	5.10.	기관지염 (J40)	30,000			실제 수납금액은 0원
⑦	G 한방 병원	통원	5.12.	등통증 (M54)	10,000	10,000	300,000	비급여는 도수치료 1회 비용임
⑧	H 종합 병원	입원	5.16. ~ 5.30.	회전근개 증후군 (M75.1)	200,000	100,000	4,500,000	비급여는 MRI 1회 30만원, 도수치료 14회 420만원 비용임
⑨	I병원	통원	6.27.	비기질성 수면장애 (F51)	50,000	50,000	100,000	

※ F보훈종합병원 외에는 모두 병원비를 실제 납부하였음

※ F보훈종합병원의 경우 「국가유공자 등 예우 및 지원에 관한 법률」을 적용받아 피보험자가 실제 납부한 금액은 없음

※ G한방병원은 양・한방 협진병원으로 비급여 치료는 의사에 의해 시행함

※ 도수치료는 치료효과가 확인되어 보험회사에서 의료검토를 통해 20회까지 지급하기로 함

06 다음은 피보험자 김순희가 한국보험에 가입한 보험계약 사항이다. 아래 제 조건을 참고하여 물음에 답하시오. (15점)

〈계약사항〉

<table>
<tr><th>보험종목</th><th>보험기간</th><th>가입내용</th><th>가입금액</th><th colspan="2">보장내용</th></tr>
<tr><td rowspan="5">암보험</td><td rowspan="5">2020.10.7.
~
2040.10.7.</td><td rowspan="3">주계약</td><td rowspan="3">2,000만원</td><td>암 진단</td><td>가입금액의 100%
(1년 미만시 50%)</td></tr>
<tr><td>암수술</td><td>가입금액의 20%</td></tr>
<tr><td>암입원</td><td>3일 초과 1일당
가입금액의 0.5%</td></tr>
<tr><td rowspan="2">소액암
보장특약</td><td rowspan="2">1,000만원</td><td>소액암
진단</td><td>가입금액의 20%
(1년 미만시 10%)</td></tr>
<tr><td>소액암
수술</td><td>가입금액의 10%</td></tr>
</table>

※ 소액암 : 상피내암, 경계성종양, 갑상선암, 기타 피부암
※ 진단급여금은 각각 최초 1회한 지급, 암 입원급여금의 1회당 지급한도는 120일
※ 약관상 보상하는 손해이며, 계약전 알릴의무 위반사항 없는 정상 유지 계약임

〈진단 및 치료내용〉

① 2021.10.1. : A의원에 유방 멍울, 통증으로 내원하여 초음파검사 시행
〈초음파검사 결과 : 좌측, 우측 유방 모두 '양성석회화 및 결절' 진단〉
② 2021.10.4. : A의원에서 추가 검사 및 진단
〈FNA검사 결과 : 좌측 유방 'Suspicious carcinoma',
우측 유방 'ductal carcinoma in situ'〉
③ 2021.10.9. : B병원에서 추가 검사 및 우측 유방 부분절제술 시행
〈FNA검사 결과 : 좌측 유방 'Invasive ductal carcinoma',
우측 유방 'ductal carcinoma in situ'〉
④ 2021.10.10. ~ 2021.10.22. : C대학병원에서 좌측 유방 완전절제술 및 입원치료
〈Biopsy검사 결과 : 좌측 유방 'Invasive ductal carcinoma, 림프절 전이 상태,
우측 유방 'No tumor'(2021.10.12. 수술 및 진단)〉
⑤ 2021.11.1. ~ 2022.2.28. : D요양병원에서 유방암에 대한 직접치료 위해 입원치료
〈치료내용 : 필수불가결한 합병증 및 면역력 강화치료〉
⑥ 2022.3.10. : 보험금 청구
※ ①~③ 항목은 내원일, 검사일, 결과보고일 모두 동일 날짜임

(1) 위 사례에서, 한국보험이 지급해야 할 진단, 수술 및 입원급여금을 각 항목별로 구하시오. (9점)

(2) 암보험 약관 악성신생물분류표(제8차 한국표준질병 · 사인분류 기준)에서 분류하고 있는 악성신생물 대상이 되는 질병 중, 분류번호 C코드 외에 D코드에 해당되는 질병명(또는 분류번호 표기) 6가지를 기술하시오. (6점)

07 아래의 질문에 답하시오. (25점)

〈계약사항〉

회 사	보험기간	가입담보	가입금액	지급기준
K	2019.2.6. ~ 2039.2.6.	일반상해후유장해(3% ~ 100%)	1억원	가입금액 × 장해지급률
		일반상해후유장해(50% 이상)	1억원	가입금액 지급(최초 1회한)
		일반상해후유장해(80% 이상)	1억원	가입금액 지급(최초 1회한)

※ 계약전 알릴의무 위반사항은 없으며, 정상 유지 계약임

※ 2018.4.1. 이후 표준약관 장해분류표를 사용함

※ 일반상해후유장해(3% ~ 100%) : 보험회사가 지급하여야 할 하나의 상해로 인한 후유장해보험금은 보험가입금액을 한도로 함. 단, 다른 상해의 경우 보험가입금액 한도는 자동 복원됨

※ 일반상해후유장해(50% 이상, 80% 이상) : 보험기간 중 동일한 상해로 장해분류표상의 여러 신체부위의 장해지급률을 더하여 50% 이상 또는 80% 이상인 장해상태가 되었을 때를 말함

〈1차 사고내용〉

피보험자 김마비는 2020.10.20. 13:00경 강원도 오대산 등반 중 부주의로 추락하는 사고로 인해 척수손상, 요추 압박골절, 대퇴골 골절 등으로 수술 및 입원치료 후 장해가 남아 2021.5.10. 후유장해진단을 받고 K 보험회사에 보험금을 청구함

〈1차 후유장해 진단내용〉

① 우측 대퇴골에 가관절이 남은 상태
② 머리뼈의 손바닥 크기 1/2 이상의 손상 및 결손 상태
③ 요추 압박골절로 18° 이상의 척추후만증이 잔존(사고기여도 100%)
④ 좌측 고관절에 인공관절을 삽입한 상태
⑤ 척수손상으로 일상생활기본동작(ADLs) 제한 평가상 배설을 돕기 위해 설치한 의료장치나 외과적 시설물을 사용함에 있어 타인의 계속적인 도움이 필요한 상태

〈2차 사고내용〉

피보험자 김마비는 2021.12.4. 10:00경 재활치료를 위해 휠체어로 이동 중 계단에서 넘어지는 사고 후 아래와 같이 2022.7.10. 2차 후유장해 진단을 받고 K 보험회사에 보험금을 청구함

〈2차 후유장해 진단내용〉

⑥ 흉추의 탈구 등으로 25° 이상의 척추측만증 변형이 있음(사고기여도 100%)
⑦ 다리의 분쇄골절 등으로 우측 다리의 무릎관절과 발목관절 각각의 운동범위 합계가 각각 정상 운동범위의 1/2 이하로 제한된 상태
⑧ 척수손상으로 일상생활기본동작(ADLs) 제한 평가표상 독립적인 음식물섭취는 가능하나 젓가락을 이용하여 생선을 바르거나 음식물을 자르지는 못하는 상태

※ 상기 1차 및 2차 사고내용은 약관상 보상하는 손해임
※ 상기 1차 및 2차 후유장해 진단내용 이외 다른 후유장해는 없음

(1) K 보험회사가 1차 후유장해진단으로 김마비에게 지급하여야 할 후유장해보험금을 계산하시오. (단, ①～⑤ 장해지급률과 산출근거를 약술한 후 가입담보별 보험금을 기술할 것) (15점)

(2) K 보험회사가 2차 후유장해진단으로 김마비에게 지급하여야 할 후유장해보험금을 계산하시오. (단, ⑥～⑧ 장해지급률과 산출근거를 약술한 후 가입담보별 보험금을 기술할 것) (10점)

제4과목

자동차보험의 이론과 실무 (대인배상 및 자기신체손해)

2014년도 제37회 2차 시험문제

2015년도 제38회 2차 시험문제

2016년도 제39회 2차 시험문제

2017년도 제40회 2차 시험문제

2018년도 제41회 2차 시험문제

2019년도 제42회 2차 시험문제

2020년도 제43회 2차 시험문제

2021년도 제44회 2차 시험문제

2022년도 제45회 2차 시험문제

제37회 신체손해사정사 2차 시험문제

01 **다음 사례에서 현행 자동차보험약관에 따른 '갑', '을' 보험회사의 A 및 B에 대한 담보별 보상책임의 존부(存否)를 가려 그 내용을 약술하고, 각 담보별로 지급보험금을 산출하시오. (40점)**

〈사고내용 및 과실〉

- A는 자신의 소유 자동차에 친구 B를 동승시키고 운전 중, 교차로에서 C가 운전하는 자동차와 충돌하여 A가 부상하고, B가 현장에서 사망하였다.
- A와 C의 과실분담비율은 50% : 50%이며, 공동불법행위자 A와 C 전원에 대한 B의 피해자과실비율은 20%이다.

〈보험가입사항〉

- A는 자신을 기명피보험자로 하여 '갑' 보험회사에 개인용 자동차보험(대인배상 Ⅰ · Ⅱ, 자기신체사고, 무보험자동차에 의한 상해)을 가입하였다.
- C는 자신을 기명피보험자로 하여 '을' 보험회사에 대인배상 Ⅰ 만 가입하였다.

〈A, B의 과실상계전 실제손해액 및 보상 한도액〉

- A의 과실상계전 실제손해액 : 1억원(치료비 3,000만원, 치료비외 부상 손해액 2,000만원, 후유장애 손해액 5,000만원)

[A의 상해 · 후유장애 급수 및 보상한도액]

구 분	상해 1급	후유장애 8급
대인배상 Ⅰ	3,000만원	4,500만원
자기신체사고	3,000만원	1,500만원

- B의 과실상계전 실제손해액(사망) : 3억원

02 자동차보험약관상 보험회사의 보상책임을 대인배상Ⅰ과 대인배상Ⅱ로 구분하여 비교 설명하시오. (20점)

03 음주 · 무면허운전 사고에 대한 현행 자동차보험약관 규정에 관하여 설명하시오. (10점)

04 자동차보험약관상 현실소득액을 증명할 수 있는 급여소득자 및 사업소득자의 현실소득액 산정방법에 관하여 기술하시오. (10점)

05 대인배상Ⅰ의 보험금지급과 관련하여, 자동차손해배상보장법령에서 정한 '책임보험금'의 사망 · 부상 · 후유장애별 보험금산정기준에 대하여 설명하시오. (10점)

06 개인용 및 업무용 자동차보험에서 보험기간 중 피보험자동차의 매도 · 증여 · 상속 · 교체시 보험계약의 효력에 대하여 설명하시오. (10점)

제38회 신체손해사정사 2차 시험문제

01 다음 사례에서 B에 대한 '갑', '을', '병' 보험회사의 보상책임에 관하여 논하고, 보험회사별 각 지급보험금을 산출하시오. (40점) 기출수정

〈사실관계〉

- A는 청소용역업체를 운영하는 자로서, 2015년 7월 3일 B소유의 공지에 적재되어 있는 쓰레기를 치우는 조건으로 80만원을 받기로 하는 계약을 B와 구두로 체결하였다. 이에 따라 2015년 7월 4일 A는 그의 종업원 C에게 회사 소유의 타이어식 굴삭기를 사용하여 B의 공지에 대한 청소작업을 수행하도록 지시하였다. 동 현장에 나온 B의 요구에 따라 필요한 작업을 하던 C가 B의 창고로 사용 중이던 컨테이너 박스를 옮기기 위해 로프를 설치하면서 B에게 로프를 잡아달라고 하자, B가 컨테이너 박스 위에서 로프를 잡고 '중심이 맞는지 확인해보라'고 하므로 C가 동 굴삭기로 컨테이너 박스를 들어 올리는 순간 B가 중심을 잃고 땅에 떨어지는 사고가 발생하였다(B의 과실은 20%임).
- B는 A 및 C와 아무런 인적관계가 없으며, 재혼한 부인 및 계자녀 D와 함께 생활하고 있다.

〈보험계약내용〉

- '갑' 보험회사는 A 소유의 굴삭기에 대하여 영업용 자동차보험계약 전담보를 인수함(대인배상Ⅱ : 무한, 자기신체사고 : 사망/후유장애한도 1억5천만원, 부상한도 3,000만원).
- '을' 보험회사는 B 소유의 승용차에 대하여 B를 기명피보험자로 하는 개인용 자동차보험계약 전담보(대인배상Ⅱ : 무한, 자기신체사고 : 사망/후유장애한도 1억5천만원, 부상한도 3,000만원, 무보험자동차상해 : 가입금액 2억원)에 보험료분할납입특별약관을 첨부하여 인수하였는데, 사고 당시엔 납입약정일로부터 15일이 지나도록 분할보험료가 입금되지 않은 상태였음.
- '병' 보험회사는 D 소유의 승용차에 대하여 D를 기명피보험자로 하는 개인용 자동차보험계약 전담보를 인수함(대인배상Ⅱ : 무한, 자기신체사고 : 사망/후유장애한도 1억5천만원, 부상한도 3,000만원, 무보험자동차상해 : 가입금액 2억원).

〈B의 피해내용〉

- 척추손상으로 인한 하지마비(상해등급 1급, 후유장애등급 1급)
- 실제손해액 5억원(부상 4천만원, 후유장애 4억6천만원)

02 다음 사례에서 '갑' '을' 보험회사가 A에게 지급할 보험금을 약관상 지급기준에 따라 산출하시오. (20점)

기출수정

〈사고개요〉

- A는 2015년 7월 1일 본인 소유의 자동차로 편도 3차로의 2차로로 주행 중 3차로에서 2차로로 변경하여 오는 B소유(운전) 차량과 충돌하는 사고로 치료(심장파열로 수술시행) 중 사망함
- A와 B의 과실분담비율은 각 40%와 60%임(단, A의 안전띠 미착용 과실 10%는 별도)

〈보험계약사항〉

- A는 자신을 기명피보험자로 하여 '갑' 보험회사에 개인용 자동차보험 전담보 가입
  (대인배상Ⅱ : 무한, 자기신체사고 : 사망/후유장애한도 1억5천만원, 부상한도 3,000만원)
- B는 자신을 기명피보험자로 하여 '을' 보험회사에 개인용 자동차보험 전담보 가입
  (대인배상Ⅱ : 무한, 자기신체사고 : 사망/후유장애한도 1억5천만원, 부상한도 3,000만원)

〈손해상황〉

- A는 사망 당시 65세로서, 유족으로는 부모, 배우자, 2남 1녀의 자녀가 있음
- A의 과실상계전 실제손해액 중 치료비는 2,000만원, 치료비 외 부상손해액은 500만원(위자료 200만원, 휴업손해 300만원), 상실수익액은 1억원임

03 'ㄱ'물류회사에 근무하는 동료사이인 A와 B는 어느 날 퇴근하면서 회사 소유 승용차를 운전하여 교외로 나가 드라이브 겸 식사를 즐긴 뒤, 자정이 넘은 심야에 회사 기숙사로 돌아가던 중 전방의 도로변 방호벽을 충격하는 사고를 냈다. 사고승용차에는 동 식당 여종업원 C도 탑승 중이었는데, 이 사고로 A·B·C 모두 중상을 입었다. A는 사고 당시 운전면허 정지처분 상태였는데, 적격면허 소지자인 B가 운전하였다고 주장하고 있다. 한편 동 승용차는 '갑' 보험회사의 업무용 자동차보험 계약 전담보(대인배상Ⅱ : 무한)에 가입되어 있다.

이 사고의 조사 및 처리와 관련하여 '갑' 보험회사의 손해사정사가 착안하여야 할 사항과 구체적인 조사요령 및 보험금지급에 관한 유의점 등을 설명하시오(단, 손해액산정 관련 부분은 제외함). (20점)

04 다음 사례에서 '갑' '을' 보험회사가 B의 유족에게 지급하여야 할 보험금을 산출하고, 그 밖에 조치하여야 할 사항을 기술하시오. (10점)

〈사고개요〉

- A가 본인 소유 승용차에 친구 B를 태우고 가던 중 끼어들기 하던 C소유(운전) 승용차와 충돌하여 B가 현장에서 사망
- A와 C의 과실분담비율은 각 30%와 70%임

〈보험계약내용〉

- A 소유차량은 '갑' 보험회사에 개인용자동차보험 대인배상 Ⅰ 에만 가입
- C 소유차량은 '을' 보험회사에 개인용자동차보험 대인배상 Ⅰ 에만 가입

〈B의 손해액〉

- 2억원(과실상계 후)

05 자동차보험약관상 〈자동차사고 과실비율의 인정기준〉의 '유형별 과실적용 세부기준' 중 "과실상계 우선적용 사고"의 유형과 그 구체적 적용에 관하여 설명하시오. (10점)

제39회 신체손해사정사 2차 시험문제

01 다음 사례를 검토하고, 물음에 답하시오. (30점)

〈사고내용 및 과실〉

- 2016.8.1. 09:00경 A는 자신의 아버지 소유의 승용차 열쇠를 허락 없이 가지고 나와 자신의 친구인 B와 함께 놀러가기로 하고, B가 운전하여 가던 중 신호등 없는 교차로에서 C가 운전하는 화물차와 충돌하여 A는 부상하고, B와 C는 사망하였다.
- 각 차량의 과실비율은 승용차 90%, 화물차 10%로 최종 확정되었다.
  (A는 20세 성인으로서 자동차운전면허가 없고, 평소 위 승용차를 운전한 적이 없으며, A의 아버지도 A에게 평소 운전을 허락한 바가 없음. B, C는 적격 운전면허 소지자임)

〈보험계약사항〉

- 승용차 : '갑' 보험회사에 승용차 소유자의 명의로 개인용 자동차보험(대인배상 Ⅰ, 대인배상 Ⅱ, 자기신체사고)을, 기명피보험자 1인 한정운전 특별약관을 첨부하여 가입
- 화물차 : '을' 보험회사에 소유자 C의 명의로 대인배상 Ⅰ 만 가입

〈손해상황(과실상계전 실제손해액)〉

- A
  - 부상 : 2천만원(치료비 1천만원, 나머지 손해 1천만원)
  - 상해급수 5급(책임보험금의 한도금액 9백만원), 후유장애 없음
- B
  치료 중 사망 : 3억원(치료비 1억원, 나머지 손해 2억원)
- C
  현장 사망 : 2억원

(1) A, B, C의 책임에 관하여, 운행자책임과 불법행위책임으로 나누어 각 상대방에 대한 손해배상책임을 설명하시오. (15점)

(2) A, B, C에 대한 '갑', '을' 보험회사의 담보별 보상책임을 설명하고, 각각의 담보별 지급보험금을 산출하시오. (15점)

02 현행(2016년 4월 1일 사고부터) 「자동차손해배상보장법 시행령」 별표 '상해의 구분과 책임보험의 한도금액'에 나오는 상해내용 가운데 척추손상에 관한 규정을 상해급별, 한도금액, 상해내용(진단명), 영역별 세부지침 등으로 나누어 설명하시오. (20점)

03 현행 자동차보험약관상 대인배상 보험금지급기준 중 '가정간호비'의 인정에 관하여 설명하고, 판례상 '개호비'(간호비) 인정실태와 비교하시오. (20점)

04 개인용 자동차보험 '다른 자동차 운전 담보' 특별약관상 보상하는 손해(보상내용)와 '다른 자동차'에 대하여 설명하시오. (15점)

05 다음 자동차사고 피해자의 사례에서 자동차보험약관상 대인배상 보험금지급기준에 따른 취업가능연한을 고려하여 노동능력상실기간과 그 노동능력상실률을 산정하시오. (15점)

기출수정

- 생년월일 : 1957.1.1.
- 사고발생일 : 2017.8.1.
- 장애확정일 : 2019.8.1.
- 장애내용 : 피해자는 위 사고발생일 이전부터 노동능력상실률 20%의 기존 후유장애가 있었음. 이 사고로 피해자는 노동능력상실률 50%의 영구장애 및 노동능력상실률 10%의 3년 한시장애 평가를 받았음
- 소득 : 일용근로자 임금적용 대상자임

제40회 신체손해사정사 2차 시험문제

01 다음의 사례에 있어서 '갑' 보험사의 담보별 보상책임을 설명하고, 각 청구권자별 지급보험금을 계산하시오. (30점)

〈가족 관계〉

- A : C의 아버지
- B : C의 어머니
- C : A와 B의 외아들
- D : C의 배우자
- E : C와 D 사이에 출생한 딸(미성년자)
- F : D의 할아버지

〈보험계약 관계〉

자동차 소유자인 A는 본인을 기명피보험자로 하여 '갑' 보험사에 자동차보험 대인배상(Ⅰ · Ⅱ) 및 자기신체사고(사망 5,000만원/부상 3,000만원/후유장애 5,000만원) 담보(가족운전자 한정운전 특별약관)에 가입함

〈사고 발생경위〉

C는 2017년 8월 1일 A 소유 자동차에 B, D, E를 태우고 가다가 C의 운전 중 과실로 자동차가 전복되는 사고가 발생하여 C, D가 현장에서 동시사망하고, E는 치료 중 다음날 사망하였으며, B가 「자동차손해배상보장법 시행령」에서 정한 상해급별 1급에 해당하는 상해를 입었음

〈손해 상황〉

- B의 손해액 : 부상 손해액 4천만원
- C의 손해액 : 5억원
- D의 손해액 : 4억원
- E의 손해액 : 3억원(부상 손해액 1천만원, 사망 손해액 2억9천만원)

※ 위 각 손해액은 동승자 감액, 피해자 과실상계 등을 거친 확정 손해액임

02 다음 사례에서 피해자 F에 대한 '갑', '을' 보험사의 보상책임을 설명하고, 지급보험금을 계산하시오. (20점)

> A는 '갑' 보험사와 #1화물차량을 피보험자동차로 하여 업무용 자동차보험계약(보험기간 2017년 1월 1일 ~ 2018년 1월 1일)을 체결한 상태에서, 2017년 8월 1일 새로운 동종의 #2화물차량을 매수하면서 #1화물차량을 B에게 매도하고(매매대금 완제), 같은 날 '갑' 보험사의 승인을 얻어 피보험자동차를 #1화물차량에서 #2화물차량으로 교체하고 소유권이전등록을 마쳤음.
>
> B는 2017년 8월 8일 소유권이전등록을 하지 않은 채, #1화물차량을 중고차 수출업자인 C에게 매도하였고(매매대금 완제), C 역시 소유권이전등록을 하지 않은 상태(B, C는 동 차량에 대하여 자동차보험 미가입)에서 대리운전업자인 D('을' 보험사에 자동차취급업자보험 가입)에게 #1화물차량을 차고지까지 운송하여 줄 것을 의뢰하였음.
>
> 이에 D의 직원인 E가 2017년 8월 15일 #1화물차량을 대리운전하던 중 대인사고를 일으켜 보행인 F에게 500만원(피해자 과실상계 등을 거친 확정 손해액, 대인배상 Ⅰ 200만원 포함)의 손해를 끼쳤음.

03 2017년 3월 자동차보험 표준약관의 〈대인배상〉 및 〈무보험자동차에 의한 상해〉 보험금지급기준이 개정된 바, 그 가운데 "부상" 및 "후유장애"의 보험금 산출과 관련된 지급기준의 변경내용을 기술하시오. (20점)

04 자동차사고에 있어, 운전자의 법률상 지위 및 자동차보험약관상 지위에 대하여 설명하시오. (15점)

05 2016년부터 시행되고 있는 「보험사기방지특별법」에 관하여 설명하시오. (15점)

제41회 신체손해사정사 2차 시험문제

01 다음 사례를 검토하여 물음에 답하시오.

〈사고내용〉

2018년 8월 1일 15:00경 건물 외벽 청소업자 A는 자신과 아무런 인적관계가 없는 자동차 임대업자 B로부터 고소작업차를 임차한 후 고소작업차의 작업대(바스켓)에서 직접 청소작업 중 추락하여 중상을 입었다.
사고 당시 정차한 상태에서 B의 고용운전자 C가 고소작업차의 작업대를 운전(조종)하고 있었으며, 그 운전상의 과실이 인정되었다.
A는 「자동차손해배상보장법 시행령」에서 정한 상해급별 1급과 장해급별 1급이 인정되었으며, 위 사고 발생과 관련한 A의 과실은 50%이다.
아울러 A는 사업주로서 「산업재해보상보험법」상의 재해보상을 받을 수 없다.
※ 고소작업차(속칭 '스카이차')는 그 작업대에 작업자를 태우고 작업을 할 수 있으며, 「자동차관리법」 제3조 소정의 특수자동차에 해당함.

〈보험계약사항〉

- B는 고소작업차에 대하여 '갑' 보험사의 '영업용 자동차보험'(대인배상 Ⅰ/대인배상 Ⅱ/자기신체사고/무보험자동차에 의한 상해담보 특별약관)에 가입
- A는 자신 소유 승용차에 대하여 '을' 보험사의 '개인용 자동차보험'(대인배상 Ⅰ/대인배상 Ⅱ/자기신체사고/무보험자동차에 의한 상해담보 특별약관)에 가입

※ '갑' 보험사의 위 영업용 자동차보험약관은 '자기신체사고'의 지급보험금 계산에서 '무보험자동차에 의한 상해담보 특별약관'에 따라 지급될 수 있는 금액은 공제하도록 하고 있는데, 다만, 그 특별약관 보험금의 청구를 포기하는 경우에는 공제하지 않는다고 규정하고 있음.

〈A의 손해사항 등〉

- 과실상계전 실제손해액 : 40,000만원(부상손해 6,000만원 / 장해손해 34,000만원)
  - 치료비 5,000만원 / 휴업손해 1,000만원 / 상실수익액 30,000만원 / 장해위자료 4,000만원
- A, B가 가입한 자동차보험의 보상한도

(단위 : 만원)

구 분	부상 1급	장해 1급
대인배상 Ⅰ	3,000만원	15,000만원
자기신체사고	3,000만원	10,000만원
무보험자동차에 의한 상해	20,000만원	

(1) A에 대한 손해배상책임의 주체와 그 법률상 근거를 약술하시오. (10점)

(2) A에 대한 '갑', '을' 보험사의 담보별 보상책임을 설명하시오. (10점)

(3) A에 대한 '갑', '을' 보험사의 담보별 지급보험금을 산출하고, 보험자대위권 행사에 관하여 설명하시오. (10점)

02 **현행 자동차보험약관상 〈과실상계〉, 〈손익상계〉, 〈동승자에 대한 감액〉, 〈기왕증 공제〉에 관하여 설명하고, 그 적용 순서를 쓰시오. (15점)**

03 **현행 「자동차손해배상보장법」 및 자동차보험약관상 피해자보호에 관한 사항들을 설명하시오. (15점)**

04 **현행 개인용 자동차보험약관의 대인배상Ⅰ, 대인배상Ⅱ, 자기신체사고, 무보험자동차에 의한 상해에서 규정하고 있는 각 담보별 피보험자의 범위에 대하여 설명하시오. (15점)**

05

산업재해보상보험 가입자인 '갑' 물류회사의 직원 A는 자신의 자동차를 운전하여 통상적인 경로와 방법으로 출근하던 중 B가 운행하는 자동차의 일방과실에 의한 사고로 말미암아 현장에서 사망하였다.
이 건 사고에 대하여 다음과 같이 자동차보험 대인배상 보험금과 산업재해보상보험 급여가 산정되고, 산업재해보상보험 급여를 받을 수 있는 자(수급권자)는 근로복지공단으로부터 보험급여를 받은 외에 달리 배상금을 받은 바 없다. A의 유족으로는 배우자와 자녀 1명(성년자)이 있는데, 이 건 산업재해보상보험 급여를 받을 수 있는 자(수급권자)는 A의 배우자이며, 자녀는 수급권자가 아니다.
한편, 근로복지공단은 B가 가입한 '을' 자동차보험회사에 구상권(대위권)을 행사한 바(다음 예시 참조), 이 경우 '을' 보험사가 부담하여야 할 책임액을 산정함에 있어서 확인하여야 할 사항을 설명하고, 근로복지공단에 지급할 보험금을 산출하시오. (15점)

〈자동차보험 대인배상 지급기준에 의하여 산출된 보험금〉

- 위자료 : 50,000,000원
  (청구권자의 범위 및 청구권자별 지급기준 : 민법상 상속규정에 따름)
- 장례비 : 5,000,000원
  (청구권자의 범위 및 청구권자별 지급기준 : 민법상 상속규정에 따름)
- 상실수익액 : 35,000,000원
- 합계 : 90,000,000원

〈산업재해보상보험법상의 보험급여〉

- 장의비 : 12,000,000원
- 유족일시금 : 130,000,000원
- 합계 : 142,000,000원

06

현행 자동차보험약관(대인배상Ⅰ·Ⅱ, 자기신체사고, 무보험자동차에 의한 상해)상 손해배상청구권자의 직접청구권 및 피보험자의 보험금청구권의 소멸시효 기산점에 대하여 설명하시오. (10점)

제42회 신체손해사정사 2차 시험문제

01 다음 사례를 검토하여 물음에 답하시오.

〈사고내용〉

2019년 7월 14일 11:00경 A와 B는 각각 자가용승용차를 운전 중 교차로에서 충돌하는 사고를 야기하였다. A는 직장동료 C의 요청으로 C소유 자동차를 운전하였는데 C와 동료직원 D가 동승하였으며, 다른 동료직원의 결혼식장에 함께 가던 중이었다(업무관련성 없음). 이 사고로 C는 사고 현장에서 사망하였고, D는 후유장애(상해 1급, 장애 7급)가 남게 되었다.
A : B의 과실비율은 80% : 20%이며, 동승과정상 과실을 포함한 D의 호의동승감액비율은 50%이다.

〈보험계약사항〉

- A는 자가용승용차를 소유하고 있으며, 자신을 기명피보험자로 '갑' 보험회사의 개인용 자동차보험(대인배상 Ⅰ /대인배상 Ⅱ /자기신체사고/무보험자동차 상해)에 가입
- B는 위 사고자동차에 대하여 자신을 기명피보험자로 '을' 보험회사의 개인용 자동차보험(대인배상 Ⅰ /대인배상 Ⅱ /자기신체사고)에 가입
- C는 위 사고자동차에 대하여 자신을 기명피보험자로 '병' 보험회사의 개인용 자동차보험(대인배상 Ⅰ /대인배상 Ⅱ /자기신체사고)에 기명피보험자 1인 한정운전 특별약관으로 가입

〈손해상황 등〉

- C의 과실상계전 실제손해액 : 22,000만원
  (장례비 500만원 / 사망위자료 8,000만원 / 상실수익액 13,500만원)
- D의 과실상계전 실제손해액 : 10,000만원
  [부상손해 4,000만원(치료비 3,500만원 / 휴업손해 500만원) / 장해손해 6,000만원(장애위자료 1,000만원 / 상실수익액 5,000만원)]
- A, B, C가 가입한 자동차보험의 보상한도

(단위 : 만원)

구 분	부상 1급	장애 7급	사 망
대인배상 Ⅰ	3,000	6,000	15,000
대인배상 Ⅱ	무 한		
자기신체사고	1,500	1,200	3,000
무보험자동차에 의한 상해	20,000		

(1) C 및 D에 대한 법률상 손해배상책임 및 각 보험회사의 담보별 보상책임을 설명하시오. (15점)

(2) C 및 D에 대한 각 보험회사의 담보별 지급보험금을 산출하고, 보험회사의 권리를 설명하시오. (15점)

02 다음 사례에서 보험금지급채무의 존재 또는 부존재를 가리기 위해 손해사정사가 착안, 검토하여야 할 사항을 대인배상Ⅰ/대인배상Ⅱ로 나누어 기술하시오. (20점)

〈사례〉

- A는 B의 피용자로서 아래 자동차보험의 보험기간 내에 B소유 자가용 승용차를 운전 중, 도로를 횡단하던 C(A, B와 아무런 인적관계 없음)를 충격하여 부상케 한 바, 이에 C는 그 자동차보험회사에 피해자 직접청구권을 행사하였다.
- B는 자신을 기명피보험자로 하여 개인용 자동차보험(운전자연령한정운전 특별약관)으로 대인배상 Ⅰ, Ⅱ에 가입하였다.
- A는 사고 당시 위 특별약관에 위반되는 연령이었으며, 운전면허 정지기간 중이었다.

03 자동차사고의 손해배상에 있어 노동능력상실률 평가에 관하여 설명하시오. (20점)

04 현행 자동차보험약관 「자동차사고 과실비율 인정기준」의 "수정요소"에 관하여 설명하시오. (15점)

05 업무상 과실 또는 중대한 과실로 교통사고를 일으킨 운전자에 대한 형사처벌특례에 관하여 설명하시오. (15점)

제43회 신체손해사정사 2차 시험문제

01 자동차사고의 손해배상책임과 관련하여, 「자동차손해배상보장법」상의 책임과 「민법」상의 책임을 비교 · 설명하시오. (25점)

02 자동차보험제도에 있어서 피해자의 직접청구권에 대하여 설명하고, 약관상 유의사항을 기술하시오. (15점)

03 현행 자동차보험약관상 유상운송 면책에 대하여 설명하시오. (15점)

04 자동차보험에서 '피보험자동차의 양도'의 의의와 시점 및 효과에 대하여 설명하시오. (15점)

05 현행 자동차보험약관 지급기준상 '기술직 종사자'와 '현역병 등 군복무 해당자'의 현실소득액 산정방법과 취업가능월수에 대하여 설명하시오. (15점)

06 다음 사례에서 대인배상 지급기준에 따라 A에게 지급할 보험금을 계산하시오. (15점) 기출수정

〈사고내용〉

2020년 9월 9일 보행자 A는 도로횡단 중 B가 운전하는 자동차에 의하여 상해를 입었으며, 보행자의 과실은 50%로 인정되었다. A는 사고 당시 48세 여자이다.

〈보험계약사항〉

B운전 자동차는 개인용 자동차보험 전담보에 가입(보험기간 2020.9.1. ~ 2021.9.1.)되어 있으며, 보험회사의 보상책임이 인정된다.

〈손해사항〉

A는 안정성척추골절로 40일 동안 입원(입원기간 간병인원은 1일 1인 인정됨) 후 50일 동안 통원하였는데, 이후 영구장해로 감정되었다. 한편 A는 좌측 상악 제1대구치・제2대구치, 좌측 하악 제1대구치 등 3개 치아파절에 대하여 임플란트 시술을 받았다.

〈보험금 계산 기초〉

치료비(치과치료 제외)	4,600,000원	임플란트 시술비(1치당)	1,000,000원
노동능력상실률	30%	휴업손해 인정액	3,500,000원
일용근로자 임금	100,000원	월평균 현실소득액	3,000,000원
후유장애 위자료(30%)	2,000,000원	상해등급 위자료(5급)	750,000원

※ 치료비는 이미 보험회사가 치료병원에 지급하였음(임플란트 시술비는 A가 부담하였음).

※ 노동능력상실일로부터 20개월 후 보험금을 지급하게 된 바, 보험금지급일로부터 취업가능연한까지의 월수에 해당하는 호프만계수는 130임.

2021년도 자동차보험의 이론과 실무(대인배상 및 자기신체손해)

제44회 신체손해사정사 2차 시험문제

01 다음 자동차사고의 사례를 검토하고 물음에 답하시오. (30점)

〈사고발생 경위〉

자동차보험 '대인배상'의 기명피보험자 A의 직원인 B가 A의 업무지시를 받고, 피보험자동차를 면허정지 상태에서 음주운전 하던 중 신호위반으로, 횡단보도를 보행 중인 C를 충격한 사고가 발생하였다. B의 범죄행위로 판명된 이 사고로 B는 현장에서 사망하였으며, C는 치료 중 사망하였다. A는 B의 면허정지 상태에 대해서는 알지 못하였으며, B의 음주운전 행위에 대해서는 직접적인 말이나 행동이 아니라, 간접적으로 승인 및 방조한 것으로 확인되었다.

〈보험계약사항 및 손해상황〉

① A를 사업주로 하여 산업재해보상보험 및 A를 기명피보험자로 하는 업무용 자동차보험 '대인배상 Ⅰ', '대인배상 Ⅱ'(무한), '자기신체사고'(사망보험가입금액 1억원)에 가입되어 있음.

② B의 손해는 다음과 같으며, 제시되지 않은 사항 이외에 약관상 추가적인 비용이나 공제액은 없음.
- '자기신체사고' 지급보험금의 계산 규정에 따른 실제손해액 3억원
- '대인배상'에서 손해의 방지와 경감을 위하여 B측이 지출한 비용 인정액 300만원
- 「산업재해보상보험법」상 업무상 재해로 인정될 경우 B의 산업재해보상보험금 산정 예상액 2억원

③ C의 손해와 관련된 사항은 다음과 같음.
- 보험금지급기준상 치료비를 포함한 부상보험금 산정액 3,000만원
- 보험금지급기준상 사망보험금 산정액 3억원
- C는 이 사고로 「공무원연금법」상의 유족보상금 1억5,000만원을 지급받음.
- 단, C의 재산상속인은 A로부터 손해배상금의 일부라는 뜻을 명확히 하며 5,000만원을 지급받고 원만히 형사합의 후, A로부터 자동차보험금청구권에 대해 채권양도를 받았고, 보험회사에 채권양도 통지가 완료된 상태임.

(1) 현행 자동차보험 '대인배상'에 있어 사고부담금의 의의와 이에 관한 약관규정을 설명하시오. (10점)

(2) 위 사례의 사고부담금을 산출하고 납부의무자를 설명하시오. (10점)

(3) 위 사례에서 자동차보험회사의 B와 C에 대한 지급보험금을 산출하고, 그 근거를 설명하시오. (10점)

02 **자동차보험 '대인배상'에서 피보험자 개별적용에 관하여 설명하시오. (20점)**

03 **손해배상제도에 있어서 위자료에 대하여 설명하고, 현행 자동차보험약관상 위자료 지급기준에 관하여 기술하시오. (20점)**

04 **「자동차손해배상보장법」상 '자동차사고 피해지원사업'에 관하여 설명하시오. (15점)**

05 **자동차보험에 있어서 '제3자에 대한 보험대위'에 관하여 설명하시오. (15점)**

2022년도 자동차보험의 이론과 실무(대인배상 및 자기신체손해)

제45회 신체손해사정사 2차 시험문제

01 다음과 같은 사실관계를 기초로 각 물음에 답하시오. (20점)

〈대리운전 의뢰〉

A는 퇴근 후 회사 동료들과 함께 회식을 마치고 귀가하기 위하여 대리운전업체인 B에게 대리운전을 의뢰하였다.

〈자동차사고 발생 및 손해 상황〉

차량의 소유자인 A로부터 자동차 열쇠를 건네받은 B 대리운전업체 소속 대리운전기사 C가 그 자동차를 운행하던 중 운전부주의로 보행자인 D를 충격하는 사고를 야기함으로써 D와 동승자 A가 상해를 입었다.

(1) A, B, C의 D에 대한 손해배상책임에 대하여 논하시오. (15점)

(2) A에 대한 B의 손해배상책임에 대하여 설명하시오. (5점)

02 자동차보험 사고부담금 제도와 관련하여 다음 물음에 답하시오. (20점)

〈사고개요〉

A가 자신의 승용차를 음주(혈중 알코올농도 0.07%) 운전하다가 인도를 걷고 있던 보행인 B, C를 충격하여 두 사람 모두 치료 중 사망하였다.

〈자동차보험 계약사항〉

- 대인배상 Ⅰ(사망 1억5천만원, 부상 3천만원, 후유장애 1억5천만원)
- 대인배상 Ⅱ(무한)

〈손해상황〉

구 분	치료 관계비	휴업 손해액	간병비	장례비	사망 위자료	상실 수익액	합 계
B	500만원	200만원	300만원	500만원	8,000만원	50,000만원	59,500만원
C	3,000만원	1,400만원	600만원	500만원	8,000만원	40,000만원	53,500만원

(1) 최근 신설 또는 개정된 사고부담금에 대하여 설명하시오. (10점)

(2) 위 사례에서 2021년 12월 27일 개정된 약관(2022년 7월 28일 이후 책임개시 계약) 규정과 그 직전 약관 규정에 따라 구분하여, A가 부담할 사고부담금을 각각 계산하시오. (10점)

03 타인이 자동차보험에 가입된 자신 소유의 차량을 운전하던 중 사고를 일으켜 A가 사망하였다. 망인(A)의 유족으로는 망인(A)의 외할머니, 배우자(태아를 임신 중임) 및 친동생 1명이 있다. 이 경우 A의 상속인 및 태아의 상속권에 대하여 설명하시오. (15점)

04 자동차보험 대인배상 사고로, 2개월 뒤 군입대 예정자(사고 당시 18세 학생)가 현장 사망한 경우, 자동차보험약관상 "대인배상" 보험금지급기준의 상실수익액 산정방법을 2022년 1월 1일 이전 책임개시 계약 사고와 2022년 1월 1일 이후 책임개시 계약 사고로 나누어 설명하시오. (15점)

05 현행 자동차보험 보통약관상 "대인배상"의 승낙피보험자에 관하여 설명하시오. (10점)

06 현행 자동차보험 보통약관상 "대인배상", "무보험자동차에 의한 상해" 지급기준에서 후유장애보험금 중 가정간호비에 관하여 설명하시오. (10점)

07 현행 자동차보험 보통약관상 '위법계약의 해지'에 대하여 설명하시오(보험회사의 설명의무위반이 있는 경우를 전제로 함). (10점)

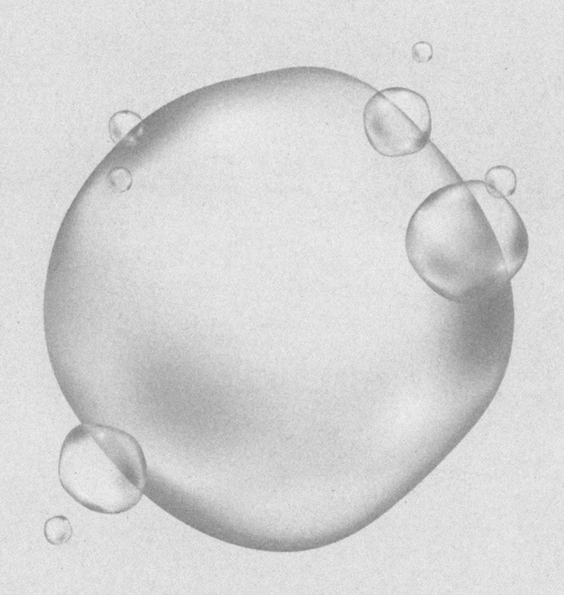

모든 전사 중 가장 강한 전사는 이 두 가지,

시간과 인내다.

– 레프 톨스토이 –

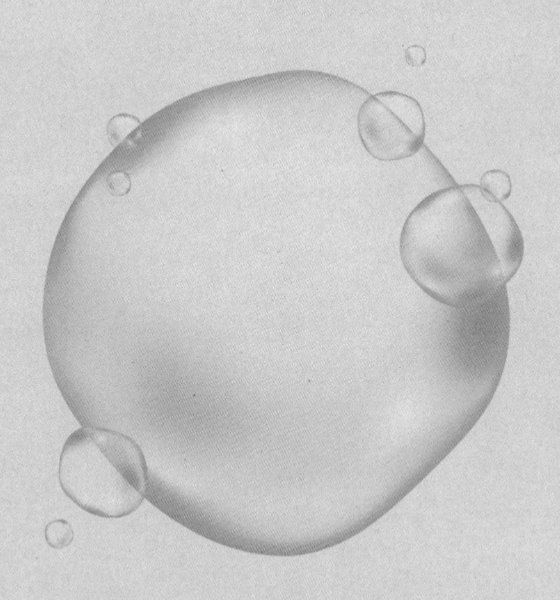

배우기만 하고 생각하지 않으면 얻는 것이 없고,

생각만 하고 배우지 않으면 위태롭다.

– 공자 –

2023 SD에듀 신체손해사정사 2차 시험 드릴 & 파이널 노트

초 판 발 행	2023년 03월 10일(인쇄 2023년 02월 15일)
발 행 인	박영일
책 임 편 집	이해욱
편 저	한치영
편 집 진 행	서정인
표지디자인	조혜령
편집디자인	김민설 · 하한우
발 행 처	(주)시대고시기획
출 판 등 록	제10-1521호
주 소	서울시 마포구 큰우물로 75 [도화동 538 성지 B/D] 9F
전 화	1600-3600
팩 스	02-701-8823
홈 페 이 지	www.sdedu.co.kr
I S B N	979-11-383-4363-3 (13320)
정 가	25,000원(1 · 2권 포함)

행운이란 100%의 노력 뒤에 남는 것이다.

– 랭스턴 콜먼(Langston Coleman) –